LA GARANTÍA DE LA NEUTRALIDAD POLÍTICA DE LAS FUERZAS ARMADAS DE ESPAÑA MEDIANTE LA LIMITACIÓN DE ALGUNOS DE SUS DERECHOS

Estudio comparado con otras democracias

LA GARANTÍA DE LA NEUTRALIDAD POLÍTICA DE LAS FUERZAS ARMADAS DE ESPAÑA MEDIANTE LA LIMITACIÓN DE ALGUNOS DE SUS DERECHOS

Estudio comparado con otras democracias

Rafael Vivar Castellanos

COLEX 2024

© Editorial Colex, S.L.
Calle Costa Rica, número 5, 3.º B (local comercial)
A Coruña, 15004, A Coruña (Galicia)
info@colex.es
www.colex.es

I.S.B.N.: 978-84-1194-800-5
Depósito legal: C 1898-2024

SUMARIO

ABREVIATURAS

CAPÍTULO I

INTRODUCCIÓN AL TEMA DE ESTUDIO, SITUACIÓN, OBJETIVOS Y METODOLOGÍA

CAPÍTULO II

EL FUNDAMENTO DE LA NEUTRALIDAD POLÍTICA Y SINDICAL DE LAS FUERZAS ARMADAS

CAPÍTULO III

LOS LÍMITES CONSTITUCIONALES A LOS DERECHOS FUNDAMENTALES DE LOS MILITARES. UNA INTENSA RELACIÓN ESPECIAL DE SUJECIÓN

CAPÍTULO IV

LA PROTECCIÓN DEL CONVENIO EUROPEO DE DERECHOS HUMANOS

CAPÍTULO V

NEUTRALIDAD POLÍTICA EN EL CONTEXTO DE LA OTAN

CONCLUSIONES Y RECOPILACIÓN

BIBLIOGRAFÍA

JURISPRUDENCIA

ABREVIATURAS

AAPP	Administraciones Públicas
ADM	Armas de destrucción masiva
ATC	Auto del Tribunal Constitucional
C.J.M.	Código de Justicia Militar
CADH	Convención Americana sobre los Derechos Humanos
CE	Constitución Española
CEDH	Convenio Europeo de Derechos Humanos y Libertades Fundamentales
CIEDR	Convención Internacional sobre la Eliminación de todas las formas de Discriminación Racial
CNI	Centro Nacional de Inteligencia
CoE	Consejo de Europa
CSCE	Conferencia sobre Seguridad y Cooperación en Europa
DDFF	Derechos Fundamentales
DDHH	Derechos Humanos
DGP	Grupo Superior de Defensa sobre Proliferación
EAPC	Asociación para la Paz y del Consejo de Asociación Euroatlántico
EBEP	Real Decreto Legislativo 5/2015, de 30 de octubre, por el que se aprueba el texto refundido de la Ley del Estatuto Básico del Empleado Público.
EEU	Unión Económica Euroasiática
EMPESS	Estatuto Marco del personal estatutario de los servicios de salud
FCSE	Fuerzas y Cuerpos de Seguridad del Estado
FJ	Fundamento Jurídico
GC	Guardia Civil
GC	Guardia Civil
ICCPR	Pacto Internacional de Derechos Civiles y Políticos
JCP	Comité Mixto de Proliferación

LETA	Ley 20/2007, de 11 de julio, del Estatuto del trabajo autónomo
LJS	Ley 36/2011, de 10 de octubre, reguladora de la jurisdicción social
LO	Ley Orgánica
LOAES	Ley Orgánica 4/1981, de 1 de junio, de los estados de alarma, excepción y sitio
LOFCS	Ley Orgánica 2/1986, de 13 de marzo, de Fuerzas y Cuerpos de Seguridad
LOLS	Ley Orgánica 11/1985, de 2 de agosto, de Libertad Sindical
LOPJ	Ley Orgánica 6/1985, de 1 de julio, del Poder Judicial.
LORAP	Ley 9/1987, de 12 de junio, de Órganos de Representación, Determinación de las Condiciones de Trabajo y Participación del Personal al Servicio de las Administraciones públicas
LORDFAS	Ley Orgánica 8/2014, de 4 de diciembre, de Régimen Disciplinario de las Fuerzas Armadas
NRF	Fuerza de Respuesta de la OTAN
OIT	Organización Internacional del Trabajo
OSCE	Organización para la Seguridad y la Cooperación en Europa
OTAN	Organización del Tratado del Atlántico Norte
p.	Página
PCE	Partido Comunista de España
PCSD	Política Común de Seguridad y Defensa
PEV	Política Europea de Vecindad
PfP	Asociación para la Paz de la OTAN o Partnership for Peace
pp.	Páginas
QBRN	Amenazas químicas, biológicas, radiológicas y nucleares
RD	Real Decreto
SGP	Grupo Político-Militar Superior sobre Proliferación
STC	Sentencia del Tribunal Constitucional
STEDH	Sentencia del Tribunal Europeo de Derechos Humanos
STMC	Sentencia del Tribunal Militar Central
STS	Sentencia del Tribunal Supremo
TC	Tribunal Constitucional
TEDH	Tribunal Europeo de Derechos Humanos
TNP	Tratado de No Proliferación Nuclear
TS	Tribunal Supremo
VJTF	Fuerza de Tarea Conjunta de Muy Alta Preparación

CAPÍTULO I

INTRODUCCIÓN AL TEMA DE ESTUDIO, SITUACIÓN, OBJETIVOS Y METODOLOGÍA

Con el presente estudio pretendo amplia los ya existentes sobre la necesaria neutralidad política de las Fuerzas Armadas de España, lo novedoso del mismo es que se realiza desde el prisma internacional, siendo un trabajo de investigación de derecho comparado con un análisis exhaustivo del tema en el contexto de los diferentes ordenamientos jurídicos de otras democracias actuales.

El tema de este además de original es de gran actualidad a la luz de los últimos acontecimientos en la esfera internacional.

En el tema vinculo tres áreas de gran interés para el lector, en primer lugar, la neutralidad política, concepto y generalidad de aplicación a diferentes órganos e instituciones, segundo el tema aplicado a las Fuerzas Armadas de manera concreta y el ejercicio de los derechos fundamentales en al ámbito castrense y por última un prisma internacional.

Esto configura la estructura propia del estudio como se puede observar en el índice de este.

El objetivo general del mismo responde al propósito global del estudio presentado y su aplicación concreta en el ámbito de las Fuerzas Armadas y en comparación con otras armadas de democracias actuales próximas a nuestra esfera.

La metodología empleada es la propia de las Ciencias Jurídicas y fundamentalmente teórica, apoyándose en bibliografía, extrapolando ideas al objeto de estudio, con desarrollo de argumentos sobre las hipótesis a demostrar —argumentos demostrativos constitutivos de la tesis, con sus objeciones, análisis y deducciones— y conclusiones —establecidas como objetivos a alcanzar—.

Primero mediante la observación del objeto de estudio, la propia neutralidad política de las fuerzas armadas y los mecanismos legales que el Estado pone para asegurar dicha neutralidad, para posteriormente observarlo en un prisma internacional (en comparación con las diferentes democracias de nuestro entorno).

Segundo: trabajo de recopilación de información relativa al estudio con un método clásico de elaboración de fichas bibliográficas nacida de la investigación en biblioteca, investigación de la jurisprudencia tanto nacional como internacional relativa al tema, así como consulta de diferentes fuentes media (informaciones en internet o documentales visuales). Todo ello recogido en una amplia bibliografía. De esta manera se plantea un análisis y revisión de la doctrina, centrándose en la gestión de la información, realizando una selección de fuentes de información primarias y secundarias.

Las técnicas de recopilación de información se centrarán en:

- Revisión Bibliográfica: búsqueda de libros, artículos y ensayos relevantes sobre la neutralidad política en España.
- Análisis de Casos: estudio de casos judiciales o situaciones políticas específicas que hayan generado controversia sobre la neutralidad política en España.

Por otra parte, el análisis y relación de la información se centra en los siguientes elementos:

- Síntesis de la información: organización de la información recopilada de manera sistemática, identificando patrones, tendencias y discrepancias.
- Comparación de Perspectivas: compara las diferentes interpretaciones y enfoques sobre la neutralidad política en España, tanto en la literatura académica como en otras fuentes especializadas.

He de señalar que el presente estudio ha sido elaborado en primera línea de acción militar. Tanto la redacción inicial como posteriores correcciones se hicieron durante mis misiones internacionales en Mali y Letonia, lo que me permitió un contacto muy directo con otras armadas de la esfera OTAN y realizar así un productivo trabajo de campo, así como las últimas correcciones hechas a bordo del BAM Audaz durante la misión de la Armada en el Golfo de África.

Un obstáculo que he encontrado a la hora de elaborar el trabajo ha sido la falta de bibliografía traducida al español o al inglés, ya que la mayoría de esta se encuentra en la lengua propia de cada Estado (checo, polaco, alemán, noruego, danés, italiano, portugués, sueco...), dificultad que he sorteado ayudado por algunos capellanes militares destinados conmigo en misión internacional.

1.1. Planteamiento de la cuestión

Iniciamos este trabajo doctoral haciéndonos eco de la información facilitada por diversos Estados miembros de la Unión Europea en lo que respecta a los derechos que ostentan las Fuerzas Armadas, teniendo en cuenta la relevancia en su actividad para garantizar la seguridad y la paz de los países. Especialmente problemático es el derecho de la libertad de expresión, contemplándose ciertas excepciones que posteriormente se analizarán por razón de la función que realizan, en comparación con el resto de las personas (Cruz Mantilla de los Ríos, 2021, págs. 14-17).

De este modo, se busca analizar los contornos de los derechos que pueden ejercer las Fuerzas Armadas sobre todo en aquellos supuestos de colisión, contemplándose ciertos límites o prohibiciones. Aunque tengan derecho a expresar o difundir ideas u opiniones, se contemplan límites de la defensa del orden o la seguridad nacional (Gutierrez David, M.ª E. y Alcolea Díaz, G., 2010, pág. 5).

Por ello, como veremos, se tiene en cuenta aspectos como el grado de jerarquización o disciplina interna, la condición en la que actúe cuando ejercite los derechos y cualquier otra circunstancia. El ejercicio de las libertades de expresión e información se debe amparar en los principios generales de actuación de las Fuerzas y Cuerpos de Seguridad del Estado. La importancia de los límites impuestos se debe a diferentes motivos como salvaguardar el orden y la imagen del cuerpo, el prestigio de la organización, y la seguridad de la población (Egido Trillo-Figueroa, 2006, págs. 1000-1022).

Igualmente, hay otros derechos de los que se les excluye, como el derecho de sindicación o el derecho de huelga, derecho que no se limita en relación a las Fuerzas o Institutos armados u otros cuerpos no militares. El motivo de esta exclusión es el mantenimiento de la neutralidad sindical de los militares. Son motivaciones políticas diversas las que han suscitado esta opción legislativa de nuestro sistema jurídico, las relativas a la «neutralidad política» de estos cuerpos del Estado, su aislamiento en definitiva de cualquier esquema que asuma una cierta bilateralidad en la regulación de sus condiciones de trabajo que se sometan de forma plena a un principio de jerarquía y de inmunización democrática con el fin de fidelizar al gobierno y al Estado democrático, que se considera un objetivo de mayor interés de cara al bienestar de la sociedad en su conjunto (Barrios Flores, L. F., 2021, pág. 151).

Asimismo, se busca explicar las diferentes dimensiones de los derechos de las Fuerzas Armadas y analizar su repercusión en la actividad práctica de dicho cuerpo.

Varios Estados participantes de la Organización para la Seguridad y la Cooperación en Europa (OSCE, 2014, pág. 11) proporcionan información sobre cómo respetan y garantizan los derechos civiles y políticos del personal de las Fuerzas Armadas. Esta información anual se recoge en el Código de conducta sobre los aspectos político-militares de la seguridad y se proporciona principalmente sobre el ejercicio individual de los derechos civiles por parte de militares dentro del concepto general, entendido de que las Fuerzas Armadas de un país deben ser políticamente neutrales. Las respuestas, así como la información de otras fuentes como del Comité de Derechos Humanos de la ONU, incluido el Consejo de Europa (CoE), revelan diferentes enfoques tanto en términos de legislación como de práctica real en la región de la OSCE. En esos Estados miembros de la OSCE, las limitaciones impuestas actualmente a los miembros de las Fuerzas Armadas prácticamente los excluyen de participar en la vida pública.

Es oportuno discutir los motivos de estas restricciones y las normas internacionales de derechos humanos pertinentes, teniendo en cuenta las preocupaciones legítimas con respecto a la neutralidad política, la disciplina militar, la jerarquía y la eficacia de las Fuerzas Armadas. La experiencia de diferentes Estados demuestra que la protección integral de los Derechos Humanos del personal de las Fuerzas Armadas es posible y compatible con el respeto de los requisitos del servicio, el mantenimiento de la neutralidad política y el tratamiento eficaz de las preocupaciones de seguridad nacional. Por lo tanto, es oportuno analizar las mejores prácticas y volver a enfatizar el hecho de que los Derechos Humanos son universales, inalienables, indivisibles, interdependientes e interrelacionados. En otras palabras, los Derechos Humanos no se detienen en las puertas del ejército (OSCE, 2014, pág. 11).

Los derechos civiles y políticos abarcan una amplia gama de derechos de las personas y las obligaciones de proteger por parte de los gobiernos. Algunas de las cuestiones clave de derechos humanos relevantes para los miembros de las Fuerzas Armadas incluyen: tortura y malos tratos, acoso e intimidación, violencia de género, falta de reconocimiento de la objeción de conciencia y acceso a servicios alternativos, restricciones a las reuniones, asociaciones, políticas afiliación y actividades y libertad de expresión (Perdomo Ramos, T. P, 2021, págs. 259-271).

Este trabajo analizará la neutralidad política de las Fuerzas Armadas españolas. Para ello, se debatirán cuestiones como las libertades de expresión y asociación en las Fuerzas Armadas o el derecho a la libertad religiosa (Guerrero Pino, S. H. y Hinestroza Cuesta, L., 2017, págs. 27-41).

1.2. Las Fuerzas Armadas durante la transición a la democracia

Tras la muerte de Franco, el papel de las Fuerzas Armadas se considera fundamental por la creencia de que el ejército asume un protagonismo activo ante los cambios. Sin embargo, la transición española se caracterizó por la falta de poder de las Fuerzas Armadas en las instituciones y en el ámbito político (Bañon Marínez, R., 1988, pág. 312).

La desconfianza hacia las Fuerzas Armadas se debe a la importante representación que asumían durante el franquismo. De dicha etapa se podría deducir fácilmente que las Fuerzas Armadas contaban con una gran capacidad para influir en las decisiones políticas que el Gobierno podía adoptar. Así, se puede considerar la columna vertebral que representaban dentro de franquismo, pudiendo disponer de una gran capacidad de influencia.

No obstante, la doctrina considera que las posibilidades reales de una intervención militar a niveles institucionales eran altamente improbables. Grupos muy reducidos se podían plantear la necesidad de una intervención de las Fuerzas Armadas por la falta de conocimiento de la realidad militar de los primeros Gobiernos de la transición. Sin embargo, el intento de golpe de Estado fallido de 1981 de Antonio Tejero y algunos otros mandos militares en España (el 23-F) fue muy significativo de que no es tan improbable la intervención militar (Frieyro de la Lara, B., 2006, pág. 182).

El peso de las Fuerzas Armadas era muy importante cuando falleció el general Franco en el mes de noviembre de 1975 (Moradiellos, E., 2016) (Puell de la Villa y Mejías, S., 2010, págs. 16-18)[1]. Tras este acontecimiento, no faltaron intentos de un amplio sector de las Fuerzas Armadas para influir en el ámbito político del país [piénsese, por ejemplo, en los conflictos entre el Gobierno de Adolfo Suárez y la cúpula militar producidos por la legalización del Partido Comunista el 9 de abril de 1977, conocido ese día como «Sábado Santo Rojo» (Sanmartín, I., 2019, págs. 145-151), que suscitaron la dimisión del Ministro de Marina, el almirante Pita da Veiga, y los avisos intimidatorios del Consejo Superior del Ejército], y que llegaron a su auge, y probablemente final con el intento de golpe de estado militar que tuvo lugar en el asalto al Congreso de los Diputados el 23 de febrero de 1981 por unidades de la Guardia Civil dirigidas por un oficial de este instituto armado, el teniente coronel Antonio Tejero Molina (Pinilla García, A., 2017) (Muñoz Bolaños, R., 2013, págs. 12-15).

Durante la transición democrática, las Fuerzas Armadas asumieron un papel relevante. El reto era cambiar éstas, desde un régimen autoritario y personalista, a un régimen democrático (Bolaños, R., 2018, págs. 15-37). Entre las dificultades encontramos el fenómeno terrorista o los reparos de parte de la cúpula militar al cambio, provocando algunas dimisiones y diferentes episodios golpistas, como el del 23-F (Malvárez, J. C., 2021, págs. 401-405). La reforma militar fue propugnada por el General Gutiérrez Mellado, que buscó reformar las Fuerzas Armadas para adaptarlas al nuevo orden constitucional (Barrios Flores, L. F., 2021, pág. 151).

---

1 Es muy amplia la bibliografía sobre la España del general Franco, se puede señalar algunos autores donde se habla del poder de las Fuerzas Armadas en dicha etapa. cuya lectura considero esencial para entender las claves de esta etapa de la Historia de nuestro país. MORADIELLOS, E., *Historia mínima de la Guerra Civil española*, Turner, 2016, y PUELL DE LA VILLA, F. y ALDA MEJÍAS, S., *Los ejércitos del franquismo (1939-1975)*, Instituto Universitario General Gutiérrez Mellado/UNED, 2010, pp. 16-18.

1.3. La configuración constitucional de las Fuerzas Armadas

El concreto proceso de la transición influyó en la posterior aprobación de la Carta Magna. En este sentido, la naturaleza institucional de los Ejércitos estuvo presente en el sentir de muchos constituyentes al adoptar una determinada decisión (Ruíz, M., 2015, págs. 811-818).

Quizás, como consecuencia del gran poder que habían ostentado los militares a lo largo del constitucionalismo español, a lo largo del constitucionalismo español y, por supuesto, durante la dictadura militar franquista, se planeó una disminución de las funciones de las Fuerzas Armadas en la Constitución de 1978 y en su inicial legislación de desarrollo, que tuvo, en mi opinión, tres ejes fundamentales de desarrollo (Álvarez García, 2019, pág. 2). A saber:

a) En primer término, la dirección civil de la Administración militar: el Gobierno de la Nación, en efecto, dirigirá la Administración civil, pero también la Administración militar y la defensa del Estado (art. 97 CE) (Hueso, 2007, págs. 177-202).

b) En segundo término, la separación estricta de las funciones de protección de la seguridad ciudadana (arts. 104 y 149.1.29 CE) y de la defensa nacional (arts. 8 y 149.1.4 CE) (Martínez Atienza, G., 2020, pág. 52).

c) En tercer término, el papel del Ejército se limitará principalmente a la defensa nacional frente a potencias extranjeras (art. 8 CE) y a afrontar las crisis internas extremas, que comporten la declaración del más severo estado excepcional existente en nuestro vigente modelo constitucional, esto es, el estado de sitio (art. 116.4 CE y arts. 32 a 36 de la Ley Orgánica 4/1981, de 1 de junio, de los estados de alarma, excepción y sitio, LOAES) (Martínez Atienza, G., 2020) (Morillo García, C., 2022, pág. 22).

1.3.1. La composición de las Fuerzas Armadas

El artículo 8 CE, de acuerdo con el precedente del artículo 37 de la Ley Orgánica del Estado 1/1967, de 11 de enero, concreta la composición de las Fuerzas Armadas, que quedan conformadas por el Ejército de Tierra, la Armada y el Ejército del Aire, separándose, sin embargo, de modo radical, del precepto que en este punto sirve de inspiración, por cuanto el citado artículo 37 integraba dentro de las Fuerzas Armadas a los Ejércitos de Tierra, Mar y Aire y a las Fuerzas de Orden Público (De la Villa, F., 2021, págs. 403-430). Con la Carta Magna, las ahora llamadas Fuerzas y Cuerpos de Seguridad se diferencian claramente de las Fuerzas Armadas, al ser objeto del artículo

104 de la «Lex superior», situado en el Título IV, referente al Gobierno y a la Administración, que, además, con muy buen criterio, asigna a las Fuerzas y Cuerpos de Seguridad unas misiones bien diferentes de las encargadas a las Fuerzas Armadas: proteger el libre ejercicio de los derechos y libertades y garantizar la seguridad ciudadana (Fernández Segado, F., 1995, pág. 23).

Esta cuestión se convertiría en una de las más controvertidas del artículo 8 CE, especialmente en su debate constituyente en el Congreso de los Diputados. En este sentido, de las siete enmiendas presentadas, seis afectaban a la composición de las Fuerzas Armadas de una u otra forma. De esas seis enmiendas, tres de ellas (la número 2, del señor CARRO MARTÍNEZ; la número 35, del señor DE LA FUENTE Y DE LA FUENTE, y la número 63, del señor FERNÁNDEZ DE LA MORA) postulaban la supresión de la referencia constitucional a la composición de las Fuerzas Armadas. Una cuarta (la enmienda número 64, del señor LETAMENDIA, en el texto del artículo 102, alternativo al artículo 10 del Anteproyecto, cuya supresión pedía) también propugnaba que se guardara silencio sobre la composición de las Fuerzas Armadas, si bien, de forma implícita, parecían distinguirse en ella con nitidez las Fuerzas Armadas de las de Orden Público. Las dos restantes enmiendas sostenían que las Fuerzas Armadas incluyeran también, en un caso (enmienda número 38, del señor GÓMEZ DE LAS ROCES), a «los demás cuerpos o institutos que reciban consideración militar», y en el otro (enmienda número 463, del Grupo Parlamentario Mixto, suscrita por el señor MORODO), a «las Fuerzas de Orden Público». También el Grupo Parlamentario de Alianza Popular presentó un voto particular al Anteproyecto de Constitución, por el que se buscaba del artículo 8 la referencia a la composición de las Fuerzas Armadas (Trillo-Figueroa, F., 1979, pág. 110).

En la Comisión de Asuntos Constitucionales del Congreso, Manuel Fraga defendió el voto de su grupo por no presentar la enumeración de las Fuerzas Armadas, como tampoco la evolución técnica del futuro del ejército, ya que la intervención dentro del pleno realizado en la Cámara baja, enumerando que la situación de unidades de las Fuerzas y Cuerpos de Seguridad del Estado, como la Guardia Civil, que, por naturaleza forman parte de los cuerpos militares del ejercito (Trillo-Figueroa, F., 1979).

En el turno de réplica, el señor LLORENS BARGES, diputado centrista, defendería que fuese la legislación de desarrollo constitucional la que realizara las concreciones necesarias respecto de la Guardia Civil (Fernández Segado, F., 1995, pág. 23), mientras que el diputado socialista señor SOLANA MADARIAGA (Luis) manifestaba que aunque la Guardia Civil tenía que participar en la defensa, como todos los demás ciudadanos, sólo las Fuerzas Armadas integran al pueblo en la defensa y sólo ellas por lo tanto tienen que estar recogidas en la Constitución (Fernández Segado, F., 1996, págs. 13-14).

En el Senado, esto paso casi de inadvertido. Aunque la enmienda (la número 172, del señor GAMBOA SÁNCHEZ-BARCAIZTEGUI) propugnó que las Fuerzas Armadas quedan integradas dentro de los centros y cuerpos de seguridad militar, posicionando la justificación de los participantes dentro de la misión general de los preceptos encomendados para el ejército, sin que suscite debates dentro de la Cámara Alta (Fernández Segado, F., 1996).

Resulta obvio que los problemas inherentes a la forma que se compone las Fuerzas Armadas estaban mejor encajado respecto a la Guardia Civil, siendo este relacionado con el Ejército de Tierra, como ya lo reconociera su Ley Constitutiva de 1878 y la Ley Adicional a la misma de 1889 (Pérez Martín, J. L., 2011, págs. 13-14).

Ciertos sectores doctrinales han interpretado que la Constitución no se ha pronunciado sobre la cuestión de la pertenencia de la Guardia Civil a las Fuerzas Armadas, correspondiendo por tanto al legislador ordinario, en su caso, la decisión al respecto (Pérez Martín, J. L., 2011), mientras que otros 116 han avanzado que el espíritu del artículo 8.1 no tiene intencionalidad orgánica limitativa, en cuanto se puede afirmar que los redactores del artículo y las Cortes que lo aprobaron no consideraron tal problema y su idea al enumerar los componentes de las Fuerzas Armadas fue diferenciarlas de las de Orden Público (Fernández Segado, F., 1995, pág. 23). No han faltado quienes han criticado la determinación de la enumeración (Lafuente Balle, J. M., 1987, pág. 345).

Parte de la doctrina no está de acuerdo con las opiniones inmediatamente precedentes, sino que consideran, de acuerdo con BLANCO VALDÉS, que el principio establecido en la Constitución en materia de composición de las Fuerzas Armadas no es sino el de que aquéllas están constituidas exclusivamente por el Ejército de Tierra, la Armada y el Ejército del Aire (Blanco Valdes, R., 1988, págs. 77-78). Y es que, como afirma TRILLO-FIGUEROA (Trillo-Figueroa, F., 1979, pág. 110), la Constitución, al acoger el término «Fuerzas Armadas», lo adaptó a los enunciados del Estado democrático, a cuyo efecto no incluye ya a las Fuerzas de Orden Público —ahora Fuerzas y Cuerpos de Seguridad—, integradas por la Ley Orgánica del Estado de 1967, como ya advertimos, dentro de las Fuerzas Armadas, cuerpos que, aun pudiendo estar sometidos a disciplina militar, no forman parte, sin embargo, de las Fuerzas Armadas (Sáez Aznar, G., 2008, págs. 117-118).

Esta interpretación se sustenta no sólo en la dicción literal del artículo 8.1 CE, sino también en el propio itinerario del precepto, que nos revela de modo inequívoco no tanto el rechazo del constituyente a incorporar los Cuerpos y Fuerzas de Seguridad a las Fuerzas Armadas, como incluso su deseo patente de explicitar quiénes integran las Fuerzas Armadas, frente a los que postulaban la indefinición del constituyente en este punto. Más aún, una interpretación sistemática del artículo 8 CE y del artículo 104 CE corrobora esta tesis (Herrero y Rodríguez de Miñón, M., 2001, págs. 223-240).

El constituyente ha procedido a deslindar con bastante nitidez las funciones constitucionales de las Fuerzas Armadas y de las Fuerzas y Cuerpos de Seguridad. Como advierte CANO HEVIA (Cano Hevia, J., 1984, pág. 349), la

Constitución deja bien claro que no quiere que los Ejércitos asuman funciones características de las Fuerzas de Orden Público. Ese deslinde funcional no queda desvirtuado por el hecho de que el artículo 2.2 de la Ley 2/1985, de 21 de enero, sobre Protección Civil, prevea la colaboración de las Fuerzas Armadas en la protección civil, dando cumplimiento a las misiones que se les asignen, previa solicitud de las autoridades competentes y en tiempo de paz (Gobierno de España Ley 2/1985, 1985, págs. 2092-2095).

No se puede alterar por la circunstancia de que la Guardia Civil, en tiempo de paz, asimismo, pueda ser encargada del cumplimiento de las misiones de carácter militar que por su naturaleza se le encomienden (art. 38 de la Ley Orgánica 6/1980) (De Esteban, J. y González Trevijano, P. J., 1994, pág. 358). E indudablemente, ese deslinde funcional ha de tener su correspondencia orgánica, desde el momento en que el artículo 8.1 enuncia quiénes integran las Fuerzas Armadas (López Ramón, F., 1987, págs. 311-312).

Ciertamente, como el Tribunal Constitucional ha resaltado (STC 194/1989), no puede decirse que la Constitución establezca como dos bloques institucionales rígidos e incomunicables los incluidos en los artículos 8 y 104 CE, pues el propio Texto constitucional prevé y permite (arts. 28.1 y 29.2) la existencia de Institutos armados y de Cuerpos sometidos a disciplina militar, pero, en todo caso, como el mismo Alto Tribunal precisa, distintos a las Fuerzas Armadas, con lo que nuestra Norma suprema reconoce así un *tertium genus* o una figura intermedia entre las Fuerzas Armadas y los Cuerpos de Seguridad no sometidos a disciplina militar.

El Proyecto de Ley Orgánica por la que se regulan los criterios básicos de la defensa nacional y la organización militar, en su artículo 35.1, disponía que: «La Guardia Civil es un cuerpo militar que, como tal, forma parte del Ejército de Tierra, dependiendo en los aspectos militares del Ministerio de Defensa, y en cuanto a sus funciones de orden y seguridad pública, del Ministerio del Interior». Ello suponía, a nuestro modo de ver, una conculcación del espíritu, e incluso del tenor literal de la Carta Magna, pues, aunque ésta formalmente no era alterada, al enmarcarse orgánicamente la Guardia Civil en el Ejército de Tierra, se venía a quebrar la separación entre Fuerzas Armadas y Fuerzas y Cuerpos de Seguridad llevado a cabo por el constituyente. Una enmienda del Grupo Parlamentario Socialista, en la que la Guardia Civil, pese a ser considerada como «cuerpo de estructura y organización militar», era desvinculada orgánicamente del Ejército de Tierra, quedando en dependencia alternativa del Ministerio de Defensa o del Ministerio del Interior, según los casos, está en la base misma del que habría de ser finalmente el artículo 38 de la Ley Orgánica 6/1980, que debe ser interpretado en conexión con el texto del artículo 9.b) de la Ley Orgánica 2/1986, de 13 de marzo, de Fuerzas y Cuerpos de Seguridad (en adelante, LOFCS) (Fernández Segado, F., 1996, pág. 23). De la interpretación conjunta de ambas previsiones pueden extraerse estas consecuencias.

La Guardia Civil, orgánicamente, no forma parte del Ejército de Tierra, por lo que, a diferencia de tiempos pretéritos, no puede ser considerada incluida dentro de las Fuerzas Armadas. La Guardia Civil es un Instituto armado de naturaleza militar, por lo que se sitúa como una suerte de figura intermedia entre el Cuerpo Nacional de Policía, que es un Instituto armado de naturaleza civil y las Fuerzas Armadas (Martínez Atienza, G., 2016, págs. 5-12).

En tiempo de paz, la dependencia funcional de la Guardia Civil es doble: del Ministro de Defensa, en el cumplimiento de las misiones de carácter militar que le encomienden el propio Ministro o el Gobierno, y del Ministro del Interior, en el desempeño de las funciones relativas al orden y a la seguridad pública que la LOFCS le atribuye. En tiempo de guerra y durante el estado de sitio, la Guardia Civil dependerá exclusivamente del Ministro de Defensa (Martínez Alcañiz, A., 2016, págs. 113-151).

A la vista de esta ordenación normativa, la cuestión que mayores dudas y problemas plantea es la atribución a la Guardia Civil de «misiones de carácter militar». Ciertamente, el artículo 14.3 de la LOFCS habilita al Ministro de Defensa para que disponga lo concerniente al régimen de ascensos y situaciones del personal, circunstancia que, sin embargo, no implica una dependencia orgánica de la Guardia Civil respecto de ese Ministerio (Marín Lizarraga, F. J., 2012, págs. 22-24). Es cierto asimismo que durante bastante tiempo la Guardia Civil se ha regido por la normativa disciplinaria aplicable a las Fuerzas Armadas (Ley Orgánica 12/1985, de 27 de noviembre, del Régimen Disciplinario de las Fuerzas Armadas) (Garrido, A., 2008, pág. 9). Sin embargo, el artículo 15.1 de la LOFCS determina que «la Guardia Civil, por su condición de Instituto armado de naturaleza militar, a efectos disciplinarios, se regirá por su normativa específica». Esta determinación condujo al Tribunal Constitucional a significar (FJ 2.° de la STC, 1989) que esta previsión legislativa «no puede quedar indefinidamente incumplida, dando pie para una aplicación transitoria, pero también indefinida, del régimen disciplinario militar». «El legislador —añadía el Juez de la Constitución— debe ser fiel a su propósito, zanjando de una vez por todas indefiniciones legislativas sobre la especificidad a estos efectos de la Guardia Civil, y regulando la materia disciplinaria de dicho Instituto armado de un modo directo y positivo y no, como hasta ahora, por medio de técnicas de exclusión y de remisión». La recomendación del Alto Tribunal al legislador surtiría un pronto efecto, al ser aprobada poco después de un año la Ley Orgánica 11/1991, de 17 de junio, del Régimen Disciplinario de la Guardia Civil (Rodríguez-Villasante y Prieto J. L., 1993) (Millán Garrido, A., 1992).

Retornando a la problemática relativa a las «misiones de carácter militar», hay que indicar que ni la Ley Orgánica 6/1980 ni la también LOFCS concretan el alcance de tales misiones, si bien hay que recordar que dichas misiones deberán ser acordes con la naturaleza de la Guardia Civil (Moreno Márquez, A. M.ª, 2006, pág. 22). El silencio del legislador se hace más significativo si cabe si se advierte que los arts. 11 y 12 de la Ley Orgánica de Fuerzas y Cuerpos de Seguridad enumeran con todo detalle las actuaciones relacionadas con el mantenimiento del orden y la seguridad pública, función en la que, como se afirma en el Preámbulo de la Ley (punto III.b), deben concentrarse, en su mayor parte, las misiones y servicios asumibles por la Guardia Civil que, como Cuerpo de Seguridad, centra su actuación en el ejercicio de funciones propiamente policiales (Fernández Segado, F., 1995, pág. 26).

La LOFCS precisa (art. 7.3) que la Guardia Civil sólo tendrá la consideración de «fuerza armada» en el cumplimiento de las misiones de carácter militar que se le encomienden, de acuerdo con el ordenamiento jurídico, debiendo complementarse esta determinación con la del artículo 10 de la Ley Orgánica 13/1985, de 9 de diciembre, de Código Penal Militar, de conformidad con el cual: «A los efectos de este Código se entenderá que constituyen fuerza armada los militares que, portando armas y vistiendo el uniforme, presten servicios legalmente encomendados a las Fuerzas Armadas, reglamentariamente ordenados, así como, en las mismas circunstancias, los miembros de la Guardia Civil, cuando prestando servicio propio de su Instituto, así lo disponga la Ley a la que se refiere el artículo 104.2 de la Constitución» (esto es, la Ley Orgánica 2/1986). Esto supone, por ejemplo, que la desobediencia de órdenes provenientes de una fuerza armada es tipificada específicamente como delito por el Código Penal Militar (art. 85), con lo que ello entraña de competencia de la jurisdicción castrense (Fernández Segado, F., 1991, págs. 57-113).

1.3.2. Las misiones de las Fuerzas Armadas

La defensa de la integridad territorial y orden constitucional, como ya tuvimos oportunidad de indicar, es la idea que da su razón de ser a las Fuerzas Armadas (Trillo-Figueroa, F., 1979, pág. 116). «La razón de ser de los Ejércitos es la defensa militar de España», dice el artículo 3 de las Reales Ordenanzas para las Fuerzas Armadas, acogiendo un concepto, el de defensa militar, no estrictamente coincidente con el de defensa nacional, quizá por la mayor amplitud de este último (López Aguilar, J. F., 1995, pág. 246)[2].

El concepto de «defensa nacional» sustituyó al más añejo concepto de «guerra», respondiendo quizá, como recuerda Díez Alegría (Díez Alegría, M., 1975) (Sánchez Agesta, L., 1980, págs. 249-250), a aquella expresión de Clausewitz de que la guerra se hace con toda la potencia de la nación (Von Clausewitz, C., 2014, págs. 12-13). Con el devenir del tiempo, el concepto de

2 El concepto de «defensa nacional» se nos ofrece como repleto de matices en los que la preservación de todos y cada uno de los elementos distintivos del Estado de Derecho que afirma la Constitución cobra entidad por sí mismo: no solamente el territorio (la soberanía política y militar sobre el mismo, la integridad territorial del artículo 8.1 de la Constitución), sino también por lo tanto el ordenamiento constitucional y los valores adyacentes al concepto de interés nacional. López Aguilar, J.F., «Defensa, interés nacional y seguridad colectiva: acotaciones conceptuales desde el ordenamiento constitucional español», en el *colectivo, Constitución y Derecho Público (Estudios en Homenaje a Santiago Varela)*, Tirant lo Blanch, Valencia, 1995, p. 246.

guerra total, fruto de la tecnificación de los armamentos y, sobre todo, de la irrupción del arma nuclear, ha consolidado el concepto de «defensa nacional». Este tendrá su recepción constitucional entre nosotros en la Constitución de 1931, cuyo artículo 14.7.ª consideraba de la exclusiva competencia del Estado español la legislación y ejecución directa en materia de Ejército, Marina de guerra y defensa nacional (Huerta Barajas, J. A., 2016).

La defensa nacional, atendiendo al artículo 2 apartado segundo de la Ley Orgánica 6/1980, tiene por objetivo garantizar permanentemente la unidad, soberanía e independencia de España, su integridad territorial y el ordenamiento constitucional, protegiendo la vida de la población y los intereses de la Patria. Este paralelismo entre el artículo mencionado y el 8.1 de la Carta Magna es significativo de la asunción por la norma constitucional de los objetivos esenciales y básicos de la defensa nacional (Martínez Atienza, G., 2020).

El elemento central e insustituible de la defensa nacional lo forman las Fuerzas Armadas, lo que se explica, como razona Fernández Espeso, por varias razones: poseen la capacidad superior de acción por la fuerza, están en condiciones de utilizarla en la forma más adecuada, garantizan la continuidad sin interrupciones del esfuerzo defensivo y aseguran también una estructura básica a partir de la cual se puede ampliar o modificar el sistema de defensa para hacer frente a las necesidades propias de cada momento (Férnandez Espeso, C., 1985, pág. 800).

Sin embargo, el concepto de «defensa nacional» supera al de la organización y acción de los Ejércitos. La definición que de la defensa nacional da el apartado primero del artículo 2 de la Ley Orgánica 6/1980 confirma esta apreciación, pues la defensa nacional, como se ha mencionado previamente, se entiende como «la disposición, integración y acción coordinada de todas las energías y fuerzas morales y materiales de la Nación, ante cualquier forma de agresión». De todo ello, Sánchez Agesta (Sánchez Agesta, L., 1985, pág. 800) dedujo que la función de defensa es un contenido central de la función de gobierno, y que corresponde al órgano de esta función, al Gobierno, dirigir la política de defensa y las Fuerzas Armadas (Sánchez Agesta, L., 1982, pág. 250).

El ejercicio efectivo de la defensa conduce en su modalidad extrema al empleo de la fuerza como último recurso con el que enfrentar una agresión (Artega Martín, F. y Fojón Lagoa, E., 2007)[3]. Es aquí donde entran en juego las Fuerzas Armadas, pero no conviene olvidar la función disuasoria que las mismas cumplen, y que de alguna manera supone otra modalidad de ejercicio de la fuerza. La disuasión comporta hacer ver al eventual agresor que

3 Arteaga Martín, F. y Fojón Lagoa, E., *El planeamiento de la política de defensa y seguridad en España*. Instituto Universitario General Gutiérrez Mellado de Investigación sobre la Paz, Seguridad y la Defensa, 2007.

no cumplirá sus objetivos al tener que hacer frente a un sistema de defensa que hará inútil la agresión o supondrá al agresor un coste demasiado elevado (Utrero González, N., Callado Muñoz, F. J. y Aiger Valles, M., 2019, pág. 37). Por lo tanto, bien puede decirse que las Fuerzas Armadas, elemento central de la defensa nacional, encuentran su razón de ser en la defensa militar, cuyas dos facetas complementarias (Flores, F., 2013, pág. 81) son la acción, esto es, el empleo de la fuerza, y la disuasión (Correa, J., 2010, págs. 244-262).

Tras todo lo mencionado, parece claro que esta función de defensa que asumen las Fuerzas Armadas significa defensa material, pues, con independencia de su dimensión disuasoria, implica un llamamiento al empleo de la fuerza institucionalizada, sin que, de ninguna forma, como ya se ha mencionado en varias ocasiones, pueda considerarse que ello conlleva la creación de un poder autónomo de defensa radicado en las propias Fuerzas Armadas.

Después de realizar estas reflexiones, se debe entender que el artículo 8.1 atribuye a las Fuerzas Armadas el aseguramiento de la soberanía e independencia de España, la defensa de su integridad territorial, y reforzar el ordenamiento constitucional (Pérez González, M., 2002, págs. 21-62).

1.3.2.1. La garantía de la soberanía e independencia de España

Estamos sin ningún género de dudas ante la misión más tradicional de las Fuerzas Armadas. Recordemos que ya el artículo 356 de la Constitución de Cádiz atribuía a la fuerza militar nacional permanente la defensa exterior del Estado (además de la conservación del orden en el interior) (Iglesias Machado, S., 2010, págs. 373-402).

A través de esta defensa exterior del Estado se pretende salvaguardar dos de los elementos configuradores del mismo: la población y la soberanía. La determinación constitucional del artículo 1.2, que convierte al pueblo en el origen de todo poder, puede reconducir el sentido de esta misión, que bien podría ser entendida que se orienta a salvaguardar la residencia de la soberanía en el pueblo español y la libre capacidad de autodeterminación del mismo en el orden internacional que aquella entraña (Callejón, Francisco, 1998, págs. 27 - 28).

La doctrina ha interpretado que el término «garantizar» que aquí se emplea, en contraste con el de «defender», que se utiliza en las dos restantes misiones, supone una actividad de preparación y vigilancia, que llevan primariamente a la idea de disuasión y sólo después a la de defensa, como reacción frente a una agresión (González Vallejo, R., 1992, pág. 125). Ello se relaciona con la enmienda número 448, del senador XIRINACS. Nuestra pertenencia a la ONU obliga al Estado español a abstenerse de recurrir a la amenaza o al uso de la fuerza contra la integridad territorial o independencia política de cualquier Estado, lo que entraña que el recurso a las Fuerzas Armadas a efectos del empleo material de la fuerza ha de entenderse como el último recurso con el que enfrentar una agresión exterior. Asimismo, ha de recordarse una vez más que la Nación española, en el Preámbulo de su Carta Magna, manifiesta solemnemente su voluntad de «colaborar en el fortalecimiento de unas relaciones pacíficas (y de eficaz cooperación) entre todos los pueblos de la Tierra». Y por si todo este instrumental de argumentos no fuera suficiente, podría recordarse que, en el Estatuto del Consejo de Europa, hecho en Londres el 5 de mayo de 1949, al que España se adhirió el 22 de noviembre de 1977, los países signatarios del mismo manifiestan estar convencidos de que la consolidación de la paz, basada en la justicia y en la cooperación internacional, es de interés vital para la preservación de la sociedad humana y de la civilización (Velázquez, F. J., 1978, págs. 45-87).

Todo ello nos lleva a entender que nuestra política de defensa no sólo ha de velar para que la defensa nacional, como establece el artículo 3 de la Ley Orgánica 6/1980, constituya un conjunto armónico que proporcione una efectiva seguridad nacional, sino que ha de estar asimismo orientada al mantenimiento de la paz y de la seguridad en el mundo.

Resulta innecesario destacar la instrumentalidad de la institución castrense respecto del Estado en el ejercicio de estas misiones internacionales. El artículo 63.3 de la Ley Fundamental atribuye al Rey, previa autorización de las Cortes Generales, declarar la guerra y hacer la paz, atribución que, en el marco de la Monarquía parlamentaria, forma política de nuestro Estado, no entraña capacidad decisoria regia alguna. En cualquier caso, la utilización de las Fuerzas Armadas para la defensa exterior del Estado no queda limitada al caso de la declaración formal de guerra (Martínez Atienza, G., 2020, págs. 33-35).

La defensa nacional tiene como objetivo evitar los ataques militares que pudieran efectuar otros estados-nación o amenazas que procedan de distintos grupos de poder (Pastrana Buelvas, E., Cabrera Ortiz , F. y Vera Piñeros, D., pág. 19). Entre las funciones que asume la defensa encontramos la inteligencia externa, esto es, cada país requiere saber que hacen otros países con el fin de organizar su defensa. La inteligencia se relaciona normalmente con el espionaje, algo que puede ser un delito pero que, no obstante, todos los países lo hacen. No obstante, la inteligencia es algo más amplio que supone obtener y procesar los datos sobre otros países, necesarios para entender cuál es su capacidad de ataque (Gilar-Corbi, R., 2019).

En el ámbito de la defensa, se plantean diferentes problemas como el terrorismo internacional y el narcotráfico, actividades realizadas por organizaciones que rompen el esquema tradicional interior-exterior. La defensa nacional requiere desmantelar dichas organizaciones con el fin de salvaguardar cualquier ataque o perjuicio para la población nacional.

1.3.2.2. La defensa de la integridad territorial

La integridad territorial exhibe una doble proyección, como la casi totalidad de la doctrina admite: exterior e interior. Ya incluso en el debate constituyente el diputado socialista señor MÚGICA HERZOG destacó que para su Grupo la defensa de la integridad territorial «tiene una doble connotación: la que procede de que un poder extranjero no podrá agredirnos impunemente con el propósito de apropiarse de parte del territorio nacional, y la que se deriva de la firme voluntad de la gran mayoría de los ciudadanos que habitan las comunidades que integran España, de seguir siendo españoles con todas sus consecuencias» (Fernández Segado, F., 1996, pág. 23).

La proyección externa, es evidente, pretender hacer frente a cualquier intento de agresión por parte de otro Estado con vistas a apropiarse de una parte de nuestro territorio. En cualquier caso, parece claro que la integridad territorial, desde este punto de vista externo, está protegida por la primera de las misiones atribuidas a las Fuerzas Armadas (Fernández Segado, F., 1996, pág. 23), pues cualquier ataque externo a nuestra integridad territorial deberá concebirse como un ataque a nuestra soberanía e independencia (Fernández Segado, F., 1996, pág. 23).

La proyección interna pretende impedir una secesión o fragmentación de nuestro territorio, en el bien entendido de que una agresión interna a la integridad territorial lo será, al unísono, al ordenamiento constitucional (Blanco Váldes, R., 1988, págs. 70-71), pues, como prevé el artículo 2 de nuestra Carta Magna política, «la Constitución se fundamenta en la indisoluble unidad de la Nación española». Es precisamente por ello mismo por lo que se rechazaron tanto en el Congreso (enmienda número 35, del señor DE LA FUENTE Y DE LA FUENTE), como en el Senado (enmiendas números 172, del señor GAMBOA SÁNCHEZ-BARCAIZTEGUI; 217, del señor MATUTES JUAN; 226, del señor CARAZO HERNÁNDEZ, y 382, del señor DÍEZ ALEGRÍA), diferentes enmiendas encaminadas todas ellas a incluir la garantía de la unidad entre las misiones encomendadas a las Fuerzas Armadas. Como señalara el senador centrista señor GONZÁLEZ SEARA, «cuando se dice que a las Fuerzas Armadas corresponde la defensa del ordenamiento constitucional, ahí está ya comprendida la defensa de la unidad de España que se mantiene en algunas enmiendas, porque el ordenamiento constitucional establece claramente, sin ninguna duda, la unidad indisoluble de la Nación española» (Coma, M. B. y Serrano Alberca, J. M., 1982, pág. 50)[4].

En esta misma dirección, y como ya se ha señalado previamente, el apartado segundo del artículo 2 de la Ley Orgánica 6/1980, requiere como finali-

4 Citado en BASSOLS COMA, M. y SERRANO ALBERCA, J. M., «El artículo 149 de la Constitución en relación con el artículo 150, 2: Análisis de la delegación en materia de las competencias estatales exclusivas». *Revista de administración pública*, núm. 97, 1982, p. 50.

dad de la defensa nacional «garantizar de forma constante la unidad, soberanía e independencia de España, su integridad territorial y el ordenamiento constitucional [...]»[5].

1.3.2.3. La defensa del ordenamiento constitucional

La atribución a las Fuerzas Armadas de la misión de defensa del ordenamiento constitucional es habitual encontrarla, como significara Oehling, en las Constituciones de aquellos países en cuya historia política ha sido frecuente la incursión del establecimiento armado, o en aquellos otros en que se manifiesta el ánimo temeroso de tal posibilidad (Oehling, H., 1967, pág. 70).

El precedente más próximo se encuentra en el artículo 37 de la Ley Orgánica del Estado de 1967, que atribuía a las Fuerzas Armadas la defensa del orden institucional, aunque ya la Ley Adicional a la Ley Constitutiva del Ejército, de 19 de julio de 1889, atribuía al Ejército en su artículo 1 la finalidad, entre otras primordiales, de mantener el imperio de la Constitución y las leyes (Boletín de Información, 1967). García Arias entendería la defensa del orden institucional como una función política suprema, que podríamos denominar disuasoria, de las Fuerzas Armadas, no sólo por ser éstas el último garante del orden institucional español, sino también su custodio (García Arias, L., 1967, pág. 148). Y consideraría disuasoria esta función política eminente y excepcional de las Fuerzas Armadas porque el término viene a tener el mismo significado que ofrece la disuasión nuclear en el orden internacional (Fernández Segado, F., 1996, pág. 23).

Esta defensa del ordenamiento tiene una proyección inequívocamente interna, esto es, los potenciales agresores no provienen del exterior sino del interior, pues es obvio que un atentado externo contra nuestro ordenamiento constitucional sería reconducible a un ataque contra la soberanía, la independencia o, incluso, la integridad territorial (Blanco Váldes, R., 1988, pág. 71).

La doctrina ha entendido que el ordenamiento constitucional no ha de limitarse sólo a la letra de la Constitución, sino que se extiende a los principios que la inspiran, institucionalizando así en los Ejércitos la función política de defensa en el orden interno (Serrano Alberca, J. M., 1985, pág. 121).

Como ha señalado García de Enterría, el ordenamiento funciona necesariamente como un sistema total, desde el momento en que su función es regular la totalidad del núcleo social del que surge (García de Enterría, E. y

---

5 A juicio, harto discutible ciertamente, de Suárez Pertierra, G., «Regulación jurídico-constitucional de las Fuerzas Armadas», *Jornadas de Estudio sobre el Título Preliminar de la Constitución*, vol. 4, 1988, p. 2387), la idea de unidad no debe sujetarse de una manera directa al criterio «integridad territorial», que en los supuestos constitucional y orgánico se utilizan.

Fernández, T. R., 1986, págs. 62-63). Del ordenamiento ha de predicarse, pues, un sentido de totalidad, acogido por lo demás por nuestra Constitución, entre otros, en los artículos 1.1 y 9.1. De ahí que concordemos con la apreciación de Ballbé de que las Fuerzas Armadas pueden y deben intervenir en la defensa del ordenamiento constitucional, bajo las directrices del Gobierno, no cuando se ponga en peligro algún aspecto parcial o concreto del «orden» constitucional, sino cuando esté en peligro el «ordenamiento», es decir, el conjunto del sistema institucional y normativo (Ballbé, M., 1983, pág. 463). Ello, al mismo tiempo, supone la radical exclusión del recurso gubernamental a las Fuerzas Armadas cuando lo que esté en peligro sea el orden, la seguridad ciudadana, a diferencia de lo que ocurría históricamente en nuestro país, y a diferencia también, por ejemplo, de la regulación constitucional austríaca (art. 79), que permite que el Ejército Federal, a solicitud de la legítima autoridad civil, pueda ser llamado para que se mantenga el orden y la seguridad (Carreón Guillén, J., 2013, págs. 99-115).

Existe una generalizada opinión doctrinal (Trillo-Figueroa, F., 1979, pág. 120) en el sentido de que la defensa del ordenamiento constitucional es una defensa de carácter material, cuya naturaleza es por ello mismo política, bien diferenciada de la defensa jurídica, que se encomienda al Tribunal Constitucional.

De igual forma, hay coincidencia (De Esteban, J. y González Trevijano, P. J., 1994, pág. 360) en la naturaleza excepcional y eminentemente disuasoria de esta misión que se encomienda a las Fuerzas Armadas. Y es una evidencia asimismo el carácter instrumental de las Fuerzas Armadas. Como señala Vergottini (Vergottini, G., 2005, págs. 296-297), el principio de intervención de las Fuerzas Armadas exclusivamente previa petición del poder político no es sino una especificación de la naturaleza meramente ejecutiva de los poderes propios de las autoridades castrenses, y se refiere no sólo a la intervención en las relaciones internacionales del Estado, sino, sobre todo, a las relaciones internas (Fernández Segado, F., 2004, págs. 189-230).

Ahora bien, llegados aquí surge un problema de interés: ¿Dispone el Gobierno de la libre capacidad de disposición sobre las Fuerzas Armadas con vistas a su utilización para la defensa del orden constitucional?

López Ramón (López Ramón, F., 1987, pág. 324), en una postura más bien minoritaria, entiende con carácter general que además de en el estado de sitio, la posibilidad de que las Fuerzas Armadas intervengan para el cumplimiento de las misiones encomendadas por el artículo 8.1 (también, pues, para la defensa del ordenamiento constitucional) permanece abierta, en manos de la autoridad política a quien corresponda la disposición efectiva de los Ejércitos (el Gobierno, pues a él se atribuye el poder de disposición de las Fuerzas Armadas, ex art. 97 CE). Esa es, a juicio del citado autor, la única solución coherente con el contenido del Texto constitucional, que no encauza necesariamente por la vía del estado de sitio el uso de las Fuerzas Armadas.

Enumera misiones de las Fuerzas Armadas, misiones que éstas llevan a cabo en la forma decidida por el órgano político que puede disponer de ellas[6].

Sin embargo, la mayor parte de la doctrina no coincide con la opinión precedente. Y así, ALZAGA (Alzaga, O., pág. 130) cree que la defensa del orden constitucional que corresponde a las Fuerzas Armadas es a través de las funciones que, llegado el caso, deban asumir, declarado el estado de sitio. También CRUZ VILLALÓN considera que la institución del estado de sitio es el instrumento a través del cual las Fuerzas Armadas pueden ser llamadas por el Congreso de los Diputados a colaborar, bajo las órdenes del Gobierno, en el rechazo de una agresión interna contra el ordenamiento constitucional de España (Cruz Villalón, P., 1981, pág. 101). Para TRILLO-FIGUEROA, es a través del estado de sitio, con sometimiento al Gobierno, y en los términos que fije el Parlamento, como se instrumentaliza la función de defensa del ordenamiento constitucional por las Fuerzas Armadas (Trillo-Figueroa, F., 1979, pág. 124). Y en idéntica dirección, BLANCO VALDÉS (Blanco Váldes, R., 1988, pág. 72) cree que sólo declarado el estado de sitio es posible constitucionalmente la intervención interna de las Fuerzas Armadas (Ballbé, M., 1983, pág. 463)[7].

Por nuestra parte, como ya se señaló tiempo atrás (Fernández Segado, F., 1984, págs. 518-520), el estado de sitio es el procedimiento necesario a cuyo través se canaliza la participación de las Fuerzas Armadas en la defensa del ordenamiento constitucional español. No otro significado ha de darse al artículo 32.1 de la Ley Orgánica 4/1981, de los estados de alarma, excepción y sitio, que, al contemplar los supuestos de hecho que habilitan para la declaración de este estado, reproduce miméticamente la previsión constitucional del artículo 8.1, lo que nos lleva a la conclusión de que el legislador, en sede orgánica, ha querido limitar el poder de disposición gubernamental sobre las Fuerzas Armadas en orden a la misión que a éstas corresponde cumplir, de defensa del ordenamiento constitucional (Hergueta Haro, J., 2021).

En definitiva, cuando el Gobierno entienda que se ha producido o existe la amenaza de que se produzca una insurrección o acto de fuerza contra el ordenamiento constitucional, que no pueda resolverse por otros medios, vendrá obligado a proponer al Congreso de los Diputados la declaración del estado de sitio. Sólo así, con el necesario control parlamentario, podrá recu-

6 Análoga es la posición de SÁNCHEZ AGESTA, L. (en «La Constitución y las Fuerzas Armadas», en *Primeras Jornadas Fuerzas Armadas-Universidad*, CESEDEN., Madrid, 1982, pp. 147 y ss.; en concreto, p. 151), quien cree que el estado de sitio no agota enteramente la participación de las Fuerzas Armadas en la defensa del ordenamiento constitucional bajo la autoridad del Gobierno.

7 BALLBÉ, M., (en *Orden público y militarismo..., op. cit.*, pág. 463) cree que la intervención de las Fuerzas Armadas en defensa del ordenamiento constitucional sólo se puede dar en el supuesto de que previamente se haya declarado el estado de excepción o de sitio previstos en el artículo 55 de la CE, opinión ciertamente harto discutible, por lo que al estado de excepción atañe.

rrirse a las Fuerzas Armadas para la defensa del ordenamiento constitucional (Fernández Segado, F., 2006, pág. 454) (Anguita Osuna, J. E., 2019, págs. 66-67).

1.3.2.4. Otras misiones de las Fuerzas Armadas

Las Fuerzas Armadas pueden cumplir otras misiones diferentes de aquéllas que la Constitución específicamente contempla en su artículo 8.1, pues este artículo, como bien advierte López Ramón, no limita categóricamente el ámbito de actuación de las Fuerzas Armadas, bien que las misiones que en él se enumeran constituyan el ámbito competencial típico de los Ejércitos, es decir, las funciones que éstos realizan en cuanto tales, concretadas en intervenciones armadas (López Ramón, F., 1987, pág. 328).

El artículo 22.1 de la Ley Orgánica 6/1980 establece que: «Las Fuerzas Armadas, a requerimiento de la autoridad civil, podrán colaborar con ella en la forma que establezca la Ley para casos de grave riesgo, catástrofe o calamidad u otra necesidad pública de naturaleza análoga»[8]. Y en esa misma dirección, el artículo 193 de las Reales Ordenanzas para las Fuerzas Armadas prevé que en caso de catástrofe o calamidad pública el militar, a no ser que tenga orden superior en contra, debe otorgar su ayuda, intentando reducir los daños y auxiliar a los afectados (De Heras Durán, J. M., 2002, págs. 177-223).

En el ámbito de la política de seguridad española, la promulgación de la Estrategia de Seguridad Nacional en 2017 identificó las amenazas y retos para la seguridad de España. Entre las amenazas, se incluyen aquellos elementos que pueden atacar la seguridad nacional. Se recogen, entre otros, los conflictos armados, el terrorismo, el crimen organizado, la proliferación de armas de destrucción masiva, el espionaje, las ciberamenazas, las amenazas sobre las estructuras críticas y el terrorismo yihadista.

Las amenazas tradicionales, resultados de las disputas entre los países por motivos políticos o territoriales, se añaden a los procedentes de actores no estatales, que tienen una mayor influencia en la seguridad internacional. La presencia de ambas conllevará un juego de intereses más complejo, donde la sociedad siempre estará presente.

En el supuesto del COVID-19, se adoptaron por parte de China las primeras medidas el 1 de enero, siendo alertado por la OMS el 31 de diciembre de 2019. Desde entonces, los gobiernos adoptaron diferentes medidas con implicaciones en el ámbito sanitario, social, político o administrativo. Entre

8 En este sentido, el Gobierno de España ha contemplado una medida para hacer frente al COVID-19 en la actualidad. Se ha empleado a las Fuerzas Armadas en distintas misiones y cometidos, siendo relevante su actuación, pese a que no sea una cuestión novedosa en la historia contemporánea de nuestro país.

dichas medidas incluimos el confinamiento de la población, la realización de tests, el uso de medios sanitarios para evitar un aumento de los contagios, pero especialmente, las dirigidas a evitar que el sistema sanitario se colapsa. Sin lugar a duda, varias de ellas han tenido incidencia en millones de personas, afectando al bienestar de las personas y a su estilo de vida (Amador Bautista, M.ª R., 2020).

En este sentido, la cooperación de las Fuerzas Armadas con las autoridades civiles tiene un largo recorrido en la historia de nuestro país. Por ejemplo, se emplearon las unidades militares en la protección de las personas durante los procesos electorales o cuando surgieron grandes eventos en los inicios de la transición democrática como son los Juegos Olímpicos o diferentes cumbres políticas. Recientemente, han intervenido para actuar en la catástrofe del Prestige, inundaciones, incendios, o terremotos, en las diferentes clases (Ruíz Benítez, A., 2020, pág. 1).

Tal y como se ha dicho anteriormente, la Estrategia de Seguridad Nacional en 2017 identifica diferentes amenazas para la seguridad nacional, incluyendo las epidemias y pandemias. El aumento del número de enfermedades emergentes ha supuesto un riesgo para la salud de las personas. Aunque dicho riesgo no se puede eliminar completamente, se requiere desarrollar planes de preparación y respuesta ante posibles contagios de la población. En este sentido, las Fuerzas Armadas deben contemplar de planes de preparación y respuesta ante riesgos concretos, con los mecanismos necesarios para coordinarse con las FCSE, los responsables judiciales y las autoridades de salud pública para responder ante ataques intencionados con agentes infecciosos, cuestión que puede abarcar una crisis no intencionada como la que nos encontramos.

La ejecución de estas acciones se realiza mediante el empleo de fuerzas, personal y material. En las mismas se recogen operaciones militares resultado de las necesidades de la defensa nacional y de las situaciones previstas en la legislación para los estados de alarma, excepción y sitio. Estas operaciones tienen el carácter de interministerial y generalmente conjuntas y en las mismas, se emplean medios militares con el fin de ayudar a las autoridades civiles a salvaguardar a la población y contribuir a la seguridad de las personas (Fernández de Gatta Sánchez, D., 2020, págs. 27-40).

Las Fuerzas Armadas han puesto en marcha una operación «Balmis»[9] contextualizada dentro de las de clase de apoyo a las autoridades civiles. En el

9 Su nombre procede del médico militar que llevó las primeras vacunas contra la viruela a Filipinas, situada dentro de las que apoyan a las autoridades civiles. Las circunstancias especiales de la pandemia han atribuido a la operación Balmis una serie de cuestiones diferenciales entre las que cabe mencionar las siguientes: obligatoriedad de simultanear misiones de diferentes características; afrontar tareas que no son habituales de entre los que desempeña por las Fuerzas Armadas; su desarrollo en un contexto multiámbito, de carácter conjunto y en colaboración con otros estamentos y organismos del estado; rela-

área de seguridad, que recoge la seguridad ciudadana y la protección civil, el Ejército de Tierra, conjuntamente con las FCSE, ha contribuido mediante la realización de patrullas de presencia y vigilancia terrestre en aproximadamente 3.000 poblaciones en toda España, el control de fronteras y la protección de infraestructuras críticas.

En el área de salud pública, las aportaciones de las capacidades sanitarias y logísticas de las Fuerzas Armadas han resultado primordiales para fortalecer las capacidades asistenciales de los hospitales, evitando su colapso en aquellas regiones más afectadas. También se encargaron de la desinfección de más de 5.000 instalaciones tales como residencias de ancianos, centros de salud, aeropuertos o centros de menores (Ruíz Benítez, A., 2020, pág. 1).

Por lo tanto, se puede concluir la estrecha cooperación con las autoridades civiles, tanto de carácter autonómico como local, para ejecutar las misiones y funciones atribuidas a las unidades militares. La utilización de personal altamente especializado y cualificado busca su adaptación a otras misiones para los que no se concebían inicialmente. Tal y como ha demostrado la pandemia, sigue existiendo este tipo de riesgos pese a las múltiples herramientas utilizados por la comunidad internacional para afrontarla. Por ello, la cooperación internacional es fundamental para esquivar esta clase de amenazas globales (Frenkel, A., 2019, págs. 183-202).

La Ley 2/1985, de 21 de enero, sobre protección civil, tras disponer en su artículo 2.1 que «las Fuerzas y Cuerpos de Seguridad, siempre que las circunstancias lo hicieren necesario, participarán en la protección civil» (Gobierno de España, 1985, págs. 2092-2095), esto es, en la protección física de las personas y de los bienes, en situación de grave riesgo colectivo, calamidad pública o catástrofe extraordinaria, en la que la seguridad y la vida de las personas pueden peligrar y sucumbir masivamente, establece en su artículo 2.2 que, asimismo, en tiempo de paz, cuando la gravedad de la situación de emergencia así lo requiera, las Fuerzas Armadas, a solicitud de las autoridades competentes, cooperarán en la protección civil, para efectuar las misiones concedidas (Fernández Segado, F., 2006, pág. 454). La colaboración de las Fuerzas Armadas, que actuarán en todo caso introducidas y dirigidas por sus mandos naturales, deberá solicitarse de la autoridad militar que corresponda (art. 2.3) (García de Lorenzana, J. G. y Díez Alcalde, J., 2013, págs. 181-214).

El segundo tipo de misiones, a diferencia de las anteriores, de proyección interna, se proyecta a un ámbito externo. Se trata de las misiones de mantenimiento de la paz. El artículo 9 de las Reales Ordenanzas para las Fuerzas Armadas se refería a las mismas, que contempla que cuando unidades mili-

ción directa con las autoridades civiles de carácter gubernamental, autonómico o local, en todo el país; o la necesidad de máxima prevención con el fin de evitar un aumento de los contagios entre el personal ejecutante. Ruiz Benítez, A., «Pandemia y Fuerzas Armadas ¿nuevos retos o no tanto?", *Global Strategy Report*, núm. 35, 2020, p. 1.

tares españolas actúen en misiones de colaboración para mantener la paz y seguridad internacionales, se sentirán nobles instrumentos de la Patria al servicio de tan elevados fines (De Salas López, F. y Laguna Sanquirico, F., 1986, págs. 119-139).

Las operaciones de mantenimiento de la paz, en su sentido clásico, han sido definidas por Naciones Unidas como aquellas operaciones que involucran a personal militar, bien que sin poderes de utilización de la fuerza de las armas para establecer esa misma paz que se pretende alcanzar; estas operaciones son organizadas por las Naciones Unidas para ayudar a mantener o restablecer la paz y seguridad internacionales en áreas de conflicto (Smith Serrano, A., 1998, págs. 51-65).

Las operaciones de mantenimiento de la paz no son acciones coercitivas que precisen una toma de decisión sobre la base del Capítulo VII de la Carta de la ONU. No son operaciones de combate, pues tratan únicamente de controlar y garantizar el fin de las hostilidades y el restablecimiento de la paz. Las fuerzas de mantenimiento de la paz son órganos auxiliares de la Asamblea General de la ONU. (art. 22 de la Carta) o del Consejo de Seguridad (art. 29). Gozan de un estatuto, privilegios e inmunidades, aunque los países participantes conservan la competencia disciplinaria y jurisdiccional penal exclusiva sobre el contingente de fuerzas que aportan a la operación (Gifra Durall, J., 2013).

Las fuerzas de mantenimiento de la paz no pueden emplear la violencia, pero tienen el derecho a su propia defensa armada contra un ataque, incluyendo las tentativas de desalojarlas de las perspectivas que asumen por orden del mando (Ortega Carcelen, M., 2011).

CAPÍTULO II

EL FUNDAMENTO DE LA NEUTRALIDAD POLÍTICA Y SINDICAL DE LAS FUERZAS ARMADAS

2.1. Introducción al principio de neutralidad política

Para introducir el tema, cabe señalar que la neutralidad del Estado es uno de los valores fundamentales del orden jurídico-político. En este sentido, el mismo principio se propugna de militares y en general de las Fuerzas Armadas, lo que está relacionado con su falta de afiliación a partidos políticos y a sindicatos o hacer la huelga.

Nuestra Constitución reconoce la libertad sindical (art. 28.1), aunque también contempla la posibilidad de que la legislación prevea límites al ejercicio de este derecho para las fuerzas o institutos armados o para los cuerpos que se sometan a la disciplina militar. El constituyente se encarga de configurar un derecho fundamental desde un prisma diferente, esto es, desde el punto de vista del personal militar e institucional. Como veremos, el legislador, en posteriores desarrollos legislativos, se ha decantado por regular este derecho de forma más restrictiva que el margen constitucional le permitía[10]. A partir de ahí, el legislador ha aprobado normas disciplinarias y sanciones en el supuesto de que se contravengan (Huidobro Salas, R. G., 2016, págs. 31-32) (art. 7 de la Ley 8/2015, de Régimen Disciplinario de las Fuerzas Armadas).

Para los militares de carrera, de complemento y profesionales se prohíbe la afiliación o colaboración con organizaciones sindicales, en virtud del prin-

10 Este hecho se debe a que la doctrina constitucionalista motiva las limitaciones que aparecen en posteriores desarrollos legislativos en los bienes constitucionalmente protegidos, esto es, la disciplina, la unidad, la jerarquía y la neutralidad política, necesarios todos ellos para asegurar que se cumpla la misión constitucional atribuida a las Fuerzas Armadas contemplada en el art. 8.1.

cipio de neutralidad política. En concreto, nuestro legislador considera falta «grave» realizar con publicidad manifestaciones o expresar opiniones que conlleven una infracción del deber de neutralidad política o sindical (art. 7.32 de la Ley 8/2014, de Régimen Disciplinario de las Fuerzas Armadas, en adelante LORDFAS) (Centro de Investigación y doctrina legal, 2015, pág. 103).

Otras prohibiciones relevantes son fundar un partido político o sindicato, así como constituir una asociación que, por su objeto, fines, procedimientos o cualquier otra circunstancia que haga incumplir los deberes de neutralidad política o sindical. Afiliarse a este tipo de organizaciones o promover sus actividades, publicitarlas, así como inducir o invitar a otros militares a que lo hagan. Ejercer cargos de carácter político o sindical, o aceptar candidaturas para ellos, sin haber solicitado previamente el pase a la situación legalmente establecida, así como «organizar o participar activamente en reuniones o manifestaciones de carácter político o sindical, así como organizar, participar o asistir, vistiendo de uniforme o haciendo uso de su condición militar, a manifestaciones o reuniones de carácter político, sindical o reivindicativo que se celebren en lugares públicos». En este sentido, es falta muy grave: «infringir reiteradamente los deberes de neutralidad política o sindical» (arts. 7.32 y 34 y 8.13 LO 8/2014, de Régimen Disciplinario de las Fuerzas Armadas). En cambio, sí tienen reconocido el derecho de asociación (art. 14 LO 9/2011) y los de reunión y manifestación, con ciertas limitaciones (art. 13 LO 9/2011) (Centro de Investigación y doctrina legal, 2015, pág. 103).

Como tendremos ocasión de analizar, la neutralidad política y sindical buscan preservar la institución y se erige como institución que respeta los principios de jerarquía y disciplina, y que debe regir las Fuerzas Armadas y su actividad. Fernández García añade que para vulnerar el principio de neutralidad política por parte de un militar no se requiere inclinarse sin más a favor de una opción política o sindical específica sino realizarlo de forma pública y que además se den ciertas circunstancias como la trascendencia o publicidad del acto, pronunciarse al respecto haciendo uso de la condición de militar o la importancia del empleo o cargo militar que realiza las manifestaciones (Álvarez Rodríguez, I., 2014, págs. 147-190).

En este mismo sentido, este autor considera que existe una clara cobertura constitucional a la pertenencia del militar a una candidatura o partido político, debiendo mantener un comportamiento de exquisita neutralidad política tanto en sus expresiones como conducta. Consecuencia de esta neutralidad es que el militar se ve impedido a la hora de colaborar o participar en las actividades de las distintas tendencias políticas, así como ocupar cargos directivos o rectores en las formaciones políticas; aunque ello, no se debe suponer siguiendo doctrina constitucional reiterada, una adhesión positiva o comunión ideológica con el sistema de valores que la Constitución Española establezca y, mucho menos, con todos y cada uno de los artículos constitucionales (Fernández García, I., 2015, pág. 390).

2.2. La obediencia y la disciplina como elementos esenciales de eficacia en el cumplimiento de la misión constitucional de las Fuerzas Armadas

El orden y la disciplina son propios, como decía BURDEAU, de cualquier sociedad (Burdeau, G., 1981, pág. 21)[11], de ahí que el principio de autoridad no sea exclusivo de la organización militar, pues se da tanto en otros órganos públicos como privados. Tanto las relaciones administrativas, como las laborales (Rodríguez-Piñero, M., 1996, págs. 12-21) o las educativas (López Benitez, M., 1994, pág. 569) (Sánchez Ferriz, R. y Jimena Quesada, L., 1995, pág. 77)[12] se configuran con base al principio de autoridad, si bien, lejos quedan todos estos ámbitos de la organización militar donde el principio de eficacia y con él la jerarquía y disciplina adquieren una especial significación. No en vano, como en particular WEBER estudiase, la organización burocrática militar es la técnica de dominación más perfecta, lo cual, entre otros, ratifican HELLERS o GALBRAITH (Galbraith, J., 1983, pág. 86)[13].

11 «Una sociedad, y, con tanta más razón, la más extensa de todas, la sociedad política, no se concibe sin un orden y una disciplina. Un orden que encuadre las actividades individuales con vistas al fin propuesto; una disciplina que las estimule y, llegando el caso, sancione las faltas contra la comunidad». BURDEAU, G., *Derecho constitucional e instituciones políticas*, (trad. de FALCÓN TELLO, R.), Editora Nacional, Madrid, 1981, p. 21

12 La educación franquista fue clara en afirmar que la educación había de ser dirigida a la consideración trascendente del hombre y a la consecución de un espíritu nacional fuerte mediante una disciplina rigurosa (artículo 11 de la ley de 26 de febrero de 1953, de ordenación de la Enseñanza Media y artículos 1 y 6 de la ley de 17 de julio de 1945 sobre enseñanza primaria). Como nos recuerda LÓPEZ BENÍTEZ, esta disciplina rigurosa se alcanzaba incluso trasladando el orden público al ámbito académico (ver, LÓPEZ BENÍTEZ, M., *Naturaleza y presupuestos constitucionales de las relaciones especiales de sujeción,* Civitas, Córdoba, 1994, pp. 569 y ss.). En la actualidad, el artículo 27.2 CE impone que el objeto de la educación sea el libre desarrollo de la personalidad, los Derechos Humanos y el principio democrático. Esta referencia no excluye el mantenimiento del principio de autoridad en el ámbito educativo, sin embargo, al redefinir el objeto. se reestructuran los medios y procedimientos de enseñanza. (Ver, SÁNCHEZ FERRIZ, R. Y JIMENA QUESADA, L., *La enseñanza de los Derechos Humanos,* Ariel, Barcelona, 1995, pp. 77 y ss.). Todo ello supone también una modulación del régimen de derechos y libertades que concurren en el ámbito educativo.

13 GALBRAITH, J., *La anatomía del poder*, Ariel, 1983, p. 86 y ss. del ejército destaca la fuerza que emana de su estructura tanto para dentro como para fuera. Entre sus notas destaca su poder condigno (castigo, con la disciplina militar), compensatorio (recompensas) y, «especialmente en la actualidad", el poder condicionado (el poder que reside en la convicción) (p. 87). De este modo, la organización militar reúne las tres clásicas fuentes del poder que este autor genialmente expone. Asimismo, destaca como ejemplo del ejército su «simetría bimodal: sólo obtiene sumisión a sus fines fuera de la organización cuando obtiene sumisión dentro. La fuerza y la seguridad de su poder externo dependen de la profundidad y certeza de la sumisión interna» (págs. 87 y 89). Respecto de la importancia de

2.2.1. La obediencia y la disciplina de los militares

No cabe duda de la decisiva importancia de la aparición y consolidación de la disciplina militar como elemento determinante de la misma existencia de una organización política. En este sentido, seguir en especial a Max Weber resulta fundamental para apreciar la centralidad de la disciplina en Grecia, en Roma y su reaparición al final de la Edad Media, dando lugar a la génesis del Estado moderno hasta la fecha (Weber, M., 1985, págs. 71-80). Corresponde ahora observar, aun someramente, cuál ha sido la evolución histórica del propio significado del concepto de disciplina, puesto que como con acierto se ha señalado (aunque el vocablo es antiguo, el concepto de disciplina ha evolucionado al compás de los avances de la civilización). Por ello, definirla no es algo fácil, por lo que se configura como un conjunto de reglas que evolucionan y se adaptan tanto a las exigencias militares, como necesariamente a las del contexto jurídico, social y político de cada momento histórico (Soria González, I., 2014, págs. 114-142).

La disciplina es obediencia a quien se considera superior en una organización, pero, principalmente, disciplina es organización en la que se da la obediencia. No es cualquier obediencia sino una obediencia en el marco de una organización racionalizada. Poco de disciplina militar había en las hordas prerromanas que se constituían alrededor de un jefe valeroso y carismático, aquellos grupos guerreros consagrados al jefe, a quien obedecían ciegamente (González-Deieito Domínguez, N., 1978, pág. 14). Casi lo mismo puede decirse de los guerreros bárbaros que hicieron que la disciplina romana estuviese ausente en Europa durante prácticamente un milenio. Y es que la disciplina viene vinculada inicialmente a la infantería y contingentes humanos más amplios que, por ello, precisaban una organización racional también fundamentada en la obediencia y la jerarquía. De ahí que las primeras formas de disciplina militar tuvieran lugar en los hoplitas griegos y, más tarde en las fuerzas romanas, que hicieron valer su superioridad militar durante largo tiempo. Por encima del valor y el guerrero heroico estaba la estrategia y el orden. Y ya desde esos primeros tiempos de organización y obediencia se percibió que los principios que se aplicaban para la organización militar conformaban principios también válidos para la Administración que la misma existencia de los Ejércitos había generado al consolidar la organización política. La jerarquía que había tenido su origen en los Ejércitos iba a ser aplicada y modulada para la burocracia civil romana (Sanz Casasnovas, G., 2022, pág. 22).

---

la disciplina, ver también p. 219. Asimismo, por último, respecto del poder condicionado de la institución militar, Galbraith destaca que «una necesidad esencial, vital incluso, para el poder condicionado de la institución militar es la existencia de un enemigo concreto. Si el poder militar ha de revestir algo más que un carácter meramente tradicional, ceremonial o cautelar, es indispensable una amenaza hostil» (p. 220).

El redescubrimiento de la organización militar sobre la base la disciplina por los piqueros suizos hizo finalmente de ésta el baluarte de las Fuerzas Armadas hasta el presente». Los Ejércitos españoles fueron los primeros en tomar conciencia de la magnitud del redescubrimiento de la disciplina por los piqueros suizos y, en un contexto político adecuado para ello, aprovecharon las bondades de la infantería y la disciplina; avances que luego, por su superioridad sobre las organizaciones militares basadas en la caballería, se extendió por toda Europa. La ética caballeresca no era funcional, la guerra se convirtió en una ciencia (Maravall, J. A., 1961, págs. 5-46). Así Maquiavelo afirmaría que:

> «No basta para organizar un buen Ejército tener hombres endurecidos en las fatigas y haberlos hecho vigorosos, ágiles y diestros; se necesita que aprendan a estar en filas, a obedecer las señales, los toques y las voces de los jefes, estando a pie firme, retirándose, avanzando, combatiendo y caminando, porque sin esta disciplina cuidadosamente observada y practicada, nunca habrá buen ejército. No cabe duda de que los hombres valerosos, pero desordenados, son más débiles en conjuntos que los tímidos disciplinados, porque la disciplina aleja el temor y el desorden inutiliza la valentía» (Maquiavelo, N., 2003, pág. 151).

La obediencia seguía siendo la base de una fuerza armada, pero se trataba de una obediencia diseñada, producto de la mecanización de la conducta por la «instrucción», entonces llamada «alardes». La disciplina supera la mera sujeción a un superior, conllevando una interiorización por el individuo de una plena disposición a ser obediente (Aldaz Casalod, M. y Rueda Martín, M. A., 2020, págs. 33-34).

Cabe recordar que aquella obediencia resultaba también producto de la misma jerarquía social: las bases del ejército eran las bases, encargándose de obedecer naturalmente al superior social, en palabras de Blanco Valdés, el súbdito militar estaba «universalmente subordinado» (Blanco Valdés, R. L., 1987, pág. 42).

Hasta el siglo XIX, primó una disciplina muy severa, férrea, que no admitía la desobediencia en caso alguno. La disciplina ciega que caracteriza a los Ejércitos hasta la introducción de los postulados liberales se exigía mediante el temor al castigo (Leira-Castiñeira, F. J., 2020, pág. 8). Los castigos disciplinarios eran muy duros, no sólo incluían la muerte, sino que no eran ajenas las torturas y mutilaciones como consecuencias del correctivo disciplinario. Como ha señalado Rodríguez de Vesa «las penas acostumbraban a ser muy crueles, predominando las de muerte, había casos de responsabilidad colectiva; por ejemplo, ante una grave insubordinación general, se procedía a diezmar a la tropa sin más averiguaciones» (Rodríguez Devesa, J. M., 1995, pág. 1285). Así pues, la disciplina oriental o basada en el temor al castigo era preponderante, el Conde de Saint Germain afirmaría que «en el actual estado de las cosas, los Ejércitos sólo pueden estar compuestos por el fango de las naciones y por todo lo que es inútil a la sociedad. Corresponde luego a la disciplina militar depurar esa masa corrompida, modelarla y hacer la útil» (Touchard J., 1970, pág. 337). No obstante, en estas épocas cuanto menos se tenía en cuenta la necesidad de una disciplina occidental, que precisaba del convencimiento interno (Casado Burbano, P., 1986, pág. 110).

De otro lado, al igual que sucedió en Roma, con la reaparición de los ejércitos mismos acabaría generándose un aparato administrativo que defendería los principios y recursos de origen castrense (jerarquía, centralización, desconcentración, demanialidad, expropiación y requisa, etc.). Los cuerpos de funcionarios civiles no serían sino una copia de los cuerpos militares y la misma Administración civil no adquirió su verdadera relevancia más que por el paulatino hurto de competencias a la Administración militar y los ejércitos. De nuevo, la estructura piramidal sobre la base del principio jerárquico iba a ser el criterio configurador de la Administración civil, lo cual ha perdurado hasta el presente (Barrios Flores, L. F., 2021, págs. 154-156).

Sin embargo, los criterios organizativos que para las FAS obedecían a la naturaleza de la función armada habrían de ir modulándose para los fines y medios propios de la Administración civil, distintos de las FAS (Barrios Flores, L. F., 2021, págs. 151-188).

Pero aún, es más, no sólo la Administración civil emularía la disciplina militar, sino también, en este período, comenzaría a aplicarse en los sectores económicos multiplicando el rendimiento de los mismos. Al igual que sucedería con la Administración civil, los principios de organización militar se situarían en la génesis de la organización empresarial capitalista, si bien, obviamente, se fueron adecuando a las peculiares necesidades de cada contexto[14]. Así pues, como diría Weber «la disciplina militar es el hontanar de la disciplina en general [...] y ha sido el modelo ideal tanto para las antiguas plantaciones romanas como las empresas industriales modernas».

Con la revolución liberal, en principio, las bases de los ejércitos dejaban de estar constituidas por los marginados sociales, ahora se trataba de ciudadanos nacionales que por ello tenían reconocidos una dignidad y derechos; en consecuencia, se exigía una redefinición de la anterior crueldad de los correctivos disciplinarios, una mitigación de la crueldad disciplinaria que, sin embargo, no cambiaba prácticamente la concepción de la disciplina militar[15].

14 Sobre la evolución de los modelos de función pública civil y militar y la influencia del modelo corporativo castrense en la empresa privada —con especial referencia a Japón—, véase Parada Vázquez, R., «Modelos de función pública y función pública militar», cit.

15 En este sentido, López Henares afirma que «Cada institución jurídica tiene el color de su época (...). La Revolución francesa, que transformó los elementos sustanciales del Estado, no modificó de forma relevante la legislación disciplinaria, sino para aumentar los tipos delictivos contra el honor nacional, y al aparecer los Ejércitos de contingente obligatorio comenzó a identificar la disciplina con un determinado estado aceptable de la cohesión moral y entusiasmo de las tropas, suficiente para su eficacia operativa». Ver, López Henares, V., «Problemas jurídico-políticos del poder militar», *Revista Española de Derecho Militar*, 1976, p. 46.

Las bases de los ejércitos requerían una mínima consideración como personas, aunque, quienes conformaron en la práctica estas bases de las FAS siguieron siendo las bases de la sociedad, aquéllos que no conseguían eximirse de la prestación del deber en razón de sus bajos ingresos económicos. Por ello, los correctivos disciplinarios no se humanizarían realmente hasta el siglo XX (Cotino Hueso, L., 1999, pág. 536).

Sin embargo, con el régimen liberal la disciplina habría de sufrir una nueva evolución en razón de la adecuación de las FAS a un nuevo contexto (Fojón, E., 2019). La disciplina hasta entonces había supuesto un principio organizativo de la Institución militar y poco iba a cambiar para dentro de la organización militar, pero se le iba a añadirla obediencia a las autoridades políticas a las que, cuanto menos en la teoría, los militares quedaban subordinados. Además, quebraría la obediencia ciega, puesto que ahora el militar no sólo había de obedecer a sus mandos sino también a la ley y la Constitución; en caso de divergencia entre las órdenes del superior y los mandatos de la ley había que estar con esta última. Las implicaciones políticas de esta evolución eran muchas, aunque en España no se apreciaron en ningún momento: la disciplina seguiría siendo lo que hasta entonces había sido, sujeción al mando, y si a la cabeza de la cúpula militar estaba el Rey, la subordinación a dicha figura era absoluta (Chanca Guerra, J. A., 2021, págs. 270-290).

Los cambios verdaderamente revolucionarios de la concepción de la disciplina no vendrían de la mano de la evolución política o, a lo sumo, ésta incidiría solo indirectamente. En el siglo XX se iniciaría una etapa en la que se modulaba el corazón mismo de la disciplina, como se explica en el siguiente epígrafe.

2.2.2. La eficacia, jerarquía y disciplina militar y su fundamentación constitucional

La eficacia es un principio básico en la configuración de todo órgano del Estado y, sobre todo de la Administración (Álvarez Rico, M., 1986, págs. 157-171)[16]. Así lo preceptúa la Ley Fundamental en referencia a la Administración pública, civil y militar, en su artículo 103.1. Eficacia puede significar idoneidad para conseguir el resultado pretendido, o éxito en la actuación o poder adecuado para alcanzar tal fin. Se ha entendido la eficacia como la consecución del resultado que corresponde a los objetivos o normas preestablecidas por la organización o el sistema (Álvarez Rico, M., 1986, págs. 159-160). Esta acepción es la que interesa al Derecho desde el punto de vista dinámico, puesto que la adecuación entre el fin y los medios significa la atribución de un poder jurídico adecuado. La legitimación de la estructura administrativa

16 Sobre el principio de la eficacia de la Administración, Álvarez Rico, M., «Principios constitucionales de organización de los Administraciones públicos», *Revista Española de Derecho Militar*, 1986, pp. 157-171.

globalmente considerada viene dada por su eficacia, vinculada por definición a los fines que debe acometer (Abbou Frances, A., 2019, págs. 631-644).

Parejo considera la referencia a la eficacia en el artículo 103 CE como «principio jurídico que, sin perjuicio de su indeterminación, postula una específica actitud de la Administración para obrar en cumplimiento de sus fines y una exigencia asimismo especifica, de la realización efectiva de éstos, es decir, de producción de resultados efectivos» (Parejo Alfonso, L., 1995, pág. 105). Y como recuerda Álvarez Rico, el principio constitucional de eficacia como principio de organización representa el núcleo central de todos los enumerados en el artículo 103, la eficacia es la síntesis de los demás principios de la Administración, como dice este autor «resume, ordena y sirve de crisol a los demás» (Álvarez Rico, M., 1986, pág. 169). De ahí que estos principios de descentralización, desconcentración y coordinación alcanzarán su virtualidad precisamente en función del principio de eficacia, pues es lo que les dota su razón de ser. Es por ello que, sin perjuicio de la posible desconcentración en la Administración militar y la siempre necesaria coordinación, cuando se trata de la eficacia de las FAS de forma ineludible hay que acudir a la idea de jerarquía y con ella la disciplina, elementos nucleares de la organización militar (Gómez Pardo, J. C. y Monforte Moreno, F., 2021, pág. 8).

El Derecho militar viene básicamente inspirado en el principio de necesidad, la necesidad de defender eficazmente el Estado constitucional. El artículo 3 de la Ley Orgánica 6/1980, de 1 de julio, por la que se regulan los criterios básicos de la defensa nacional y la organización militar dispone que: «La defensa nacional será regulada de tal forma que, tanto en su preparación y organización como en su ejecución, constituya un conjunto armónico que proporcione una efectiva seguridad nacional» (Herbón Costas J. J., 2021, págs. 139-168). En tanto en cuanto es la Institución militar el principal instrumento de la defensa militar, elemento fundamental de la defensa nacional, la eficacia se convierte en objeto básico que inspira y modula a las FAS y su Derecho regulador. Pues bien, los medios de alcanzar la máxima eficacia en las diversas parcelas de la Administración son bien diferentes puesto que así lo son los fines y los instrumentos con los cuales llevarlos a cabo. En el caso de las FAS, se trata de unos específicos fines reconocidos esencialmente en el artículo octavo de la Constitución que para ser realizados requieren el empleo de unos singulares medios como lo es el material bélico (Herbón Costas J. J., 2021).

A diferencia de las FAS, la Administración civil, e incluso la policial, no requieren para ser eficaces lo que sí puede ser imprescindible para los ejércitos. En especial, el empleo de las armas conduce al seguimiento de unos principios organizativos en el ejército que no son ni necesarios ni posiblemente idóneos en otros sectores de la Administración para ser eficaces a los fines para los que existen. No obstante, el empleo de las armas para satisfacer la seguridad pública (art. 104 CE) también puede aconsejar el seguimiento dentro de las Fuerzas y Cuerpos de Seguridad del Estado de un principio organizativo basado en la disciplina militar propia de las FAS.

En los ejércitos hay una agravada necesidad de coordinar una multiplicidad de medios personales y materiales para que actúen en armonía y unidad (Andreski, S., 1968). Asimismo, es necesario conseguir éstos sean dirigidos del modo más eficaz y, por lo tanto, por quien esté más cualificado para ello. Igualmente, en los Ejércitos es necesario conseguir que sean cumplidas órdenes que pueden llevar, en ocasiones, al peor de los perjuicios para quien las recibe, la muerte. Como GARDON indica es preciso garantizar la ejecución de la voluntad del jefe por medio de la jerarquía y la disciplina militar; con estos principios de organización se faculta la imprescindible cohesión y mantenimiento del buen orden en el ejército, como también afirma BOLSY. Además, como recuerda LANDI, no sólo se trata de la posibilidad de dar órdenes, sino en especial, de poder velar por el exacto cumplimiento de lo mandado (López Henarez, V., 1976, págs. 47-48). Para ROJAS CARO con la disciplina militar se pretende «mantener a punto la máquina militar para hacerla eficaz y operativa» (Rojas Caro, J., 1985, pág. 3224). Todo ello fundamenta, en principio, la especialidad de la jerarquía y disciplina militar, así como otras particularidades castrenses.

2.3. El principio de neutralidad política como expresión de la subordinación al poder civil

El principio de neutralidad política no se encuentra recogido expresamente en el texto constitucional pese a que constituye el punto de partida de la limitación de otros derechos políticos a los miembros de las FAS como la libertad de expresión, el derecho de reunión, el derecho de asociación y el derecho de petición. Como hemos visto a lo largo del trabajo, la doctrina del Tribunal Constitucional justifica las restricciones a los derechos políticos de los militares en esos bienes constitucionalmente protegidos (la disciplina, la jerarquía, la unidad y la neutralidad política) todos ellos necesarios para el cumplimiento de las altas misiones encomendadas a las Fuerzas Armadas en el artículo 8.1 de la Carta Magna (Roca Suárez, C. F., 2018, págs. 33-35). Por ello, consideramos que este principio de neutralidad política exigible a los miembros de las Fuerzas Armadas pese a no encontrar ese soporte en la CE sí lo encuentran en esa doctrina que emana del Tribunal Constitucional y que indica que esta exigencia encaja con el propio texto constitucional.

Así, algunos autores señalan que «la imparcialidad en el ejercicio de las funciones públicas constituye un principio esencial en el funcionamiento y actualización de las Administraciones Públicas, y de quienes se integran en ellas materializando su actividad, como resalta el artículo 103.3 de la Constitución» (Yaben Peral, M., 2015, pág. 17).

Dicho artículo dice lo siguiente: «La ley regulará el estatuto de los funcionarios públicos, el acceso a la función pública de acuerdo con los principios de mérito y capacidad, las peculiaridades del ejercicio de su derecho a sindicación, el sistema de incompatibilidades y las garantías para la imparcialidad en el ejercicio de sus funciones» (Constitución Española, pág. art. 103.3).

El profesor COTINO HUESO, indica que «resulta interesante apreciar cómo este principio se configuró como consecuencia de un inicial empuje revolucionario idealista [...] en este primer momento se reconocieron las libertades públicas a los militares» como así recogen los Decretos de 28 de febrero y 30 de julio de 1792, los cuales supusieron el reconocimiento de derechos de ciudadano activo a todo francés que defendiese la Patria, todo ello en el marco jurídico de la Constitución francesa de 1791 (Cotino Hueso, L., 1997, pág. 97).

Asimismo, el propio COTINO HUESO destaca que, ocurrió años más tarde, cuando comenzó a existir una incompatibilidad en la exigencia a la neutralidad en materia política con reconocer las libertades públicas del propio militar. Por lo que, se llegó a percibir el problema que supondría que las propias Fuerzas Armadas tuviesen una voluntad distinta a la comulgada por el resto de los cuerpos, y más riesgo aún si la proyectasen por medio de ejercer sus libertades políticas. Por ese motivo, se comenzó a predicar un principio basado en la neutralidad política, que llegase a justificar las limitaciones progresivas en los derechos dentro del estatuto de los militares (Cotino Hueso, L., 1997). En este sentido, el profesor CASADO BURBANO indica literalmente que «[...] debe evitarse que los militares ejerzan cualquier tipo de presión a favor o en contra de un grupo o partido político o que los superiores influyan sobre las opiniones de los subordinados» (Casado Burbano, P., 1986, pág. 124).

El Preámbulo de la Ley Orgánica 9/2011, de 27 de julio, de derechos y deberes de los miembros de las Fuerzas Armadas recoge en su punto III, una «[...] serie de artículos que constituyen preceptos esenciales tanto para la regulación de los derechos como para la determinación de las obligaciones del militar, como son el deber de acatamiento de la Constitución, el principio de igualdad, las reglas de comportamiento del militar y el deber de neutralidad política y sindical» (Ley Orgánica 9/2011).

El artículo 7 de la citada Ley, nos dice lo siguiente (Ley Orgánica 9/2011, 2011):

> «1. El militar está sujeto al deber de neutralidad política. No podrá fundar ni afiliarse a partidos políticos y mantendrá una estricta neutralidad pública en relación con la actuación de los partidos políticos.
>
> 2. El militar no podrá ejercer el derecho de sindicación y, en consecuencia, no podrá fundar ni afiliarse a sindicatos ni realizar actividades sindicales. Tampoco permitirá su ejercicio en el ámbito de las Fuerzas Armadas, salvo las que para el personal civil se contemplan en la Ley Orgánica 11/1985, de 2 de agosto, de Libertad Sindical y demás legislación aplicable. En todo caso mantendrá su neutralidad en relación con la actuación de los sindicatos».

Por tanto, los miembros de las Fuerzas Armadas no pueden recurrir a sus propios medios dentro de la acción del Sindicato, entendiéndose cómo una negociación colectiva, ni la adopción de una serie de medias de conflicto colectivo, y ejercer su derecho a huelga. Asimismo, tampoco pueden llevar a cabo acciones similares o sustitutivas a este último derecho enunciado, ni otras acciones que se concierten y que tengan como fin alterar el funcionamiento normal de las unidades de las Fuerzas Armadas (Cueto Méndez, S., 2021).

Dicho artículo, fue objeto de debate en las sesiones plenarias del Proyecto de la Ley Orgánica 9/2011, de 27 de julio, de derechos y deberes de los miembros de las Fuerzas Armadas, como así indica el Diario de Sesiones del Congreso de los Diputados (Roca Suárez, C. F., 2018).

La entonces diputada del partido Unión Progreso y Democracia (UPyD), Rosa Díez, sobre la regulación y la limitación de los derechos fundamentales a los militares suscribe la idea de que no se puede negar ningún derecho, que son propios de todos los ciudadanos, por adquirir la condición de militares, puesto que también ellos lo son. Por lo que, se debe regular ese derecho, pero, sin que ello, les obligue a una renuncia alguna de sus derechos de manera previa, y menos aún que se plantea dicha renuncia enmarcada dentro de la propia ley (Díez González, R., 2011).

Respecto a la conveniencia de restringir el derecho de afiliación política a los militares, defiende la postura, compartida por el autor que suscribe la presente investigación, de permitir a los miembros de las FAS la afiliación a partido político, presentando una enmienda al Proyecto de Ley en dicho sentido. Si la CE no prohíbe expresamente este derecho a los militares, como sí recoge el artículo 127 y limita a los Jueces, Magistrados y Fiscales, la portavoz se pregunta quién debe de llevar a cabo dicho proceso. En su opinión, no piensa que la realidad del ejército propio del siglo XXI posea un condicionante al respecto, por lo que no se debe prejuzgar el comportamiento de los militares, y más aún en una sociedad democrática como la nuestra, por el simple hecho de encontrase afiliados a un partido político o a otro (Díez González, R., 2011).

Asimismo, la Constitución, mediante su artículo 127, establece para el Poder Judicial, que los jueces y magistrados no pueden encontrarse afiliados a ningún partido político, por el simple hecho de separar los poderes. En cambio, entrando en el mundo militar ducha prohibición no viene determinada para ellos, puesto que se trata de un poder que se encuentra supeditado al poder civil. Por lo que, pueden tener libre derecho a su afiliación, según su pensamiento y/o interés político. De todos modos, sigue enunciado Rosa Díez en su comparecencia, que no se puede entender que se apruebe una Ley Orgánica para limitar ese derecho, cuando no se encuentra establecido dentro de la Constitución. Por lo que, a su modo de ver, se trata de un temor que existe ante el ejército que, en una sociedad del siglo XXI, no debería de poseer. En cambio, sí que argumenta que tanto la disciplina como su libertad de expresión sí que deberían regularse, dentro de su ejercicio. Su argumentación finalizó proponiendo a la Cámara que se elimine el punto, dentro de la Ley, en donde se establece una prohibición de afiliación política para el cuerpo militar (Díez González, R., 2011).

Asimismo, y en relación al artículo 7 de la Ley Orgánica 9/2011, de 27 de julio, de derechos y deberes de los miembros de las Fuerzas Armadas, el Grupo Parlamentario de Convergència i Unió (CIU), discrepa de la posición el Grupo Popular, así como el Grupo Socialista, con respecto a que se prohíba a los militares afiliarse a un partido político, como ocurre en otros países miembros dentro del Consejo de Europa como Alemania, o, también, en diferentes países nórdicos. Por lo que, dicho grupo no puede aprobar que la limitación expuesta se cumpla también en España, argumentando que no se debe poseer miedo alguno a realizar dicho debate, manteniendo una postura reaccionaria y precisa ante la propuesta de Ley Orgánica enunciada (De la Cerda Juan, J. C., 2022, págs. 15-16).

El preámbulo de la citada Ley, como hemos visto con anterioridad en el presente trabajo, nos viene a indicar que los miembros que integran las Fuerzas Armadas poseen una serie de derechos fundamentales, y también libertades públicas que se aplican de manera general al conjunto de los ciudadanos (Ley Organica 9/2011, 2011). De igual modo, se encuentra recogido que, cuando se apliquen limitaciones en su ejercicio, deben ser respetuosas y proporcionadas dentro de su contenido esencial. Para que, al establecerse, las Fuerzas Armadas mantengan sus características propias como la jerarquía, la disciplina, la unidad y, sobre todo, el principio de neutralidad (Ley Organica 9/2011, 2011).

Siguiendo con la comparecencia de diferentes miembros del Congreso de los Diputados, expresaremos las ideas que posee para esta Ley, el diputado CUADRADO BAUSELA, del Partido Socialista Obrero Español (PSOE), el cual indica que, la ley en cuestión resuelve una deuda en la legislación que se tiene con el conjunto de militares en España, por parte de las Cortes Generales. Por el simple hecho, de que a fecha 31 de octubre del año 2011, el Tribunal Constitucional señaló que la Constitución limita ciertos derechos a los militares, como la neutralidad política, la prohibición de llevar a cabo acciones sindicales, como el derecho de huelga o la negociación colectiva. Por tanto, con lo que se pretende realizar con la promulgación de dicha Ley, según expone Cuadrado Bausela, es tramitar lo que viene expuesto por el Tribunal Constitucional, pero sin poner trabas en la defensa de sus derechos sociales, laborales y económicos (Cuadrado Bausela, 2011).

De igual modo, amplía su intervención añadiendo que la promulgación de dicha Ley, se cierra un intenso ciclo sobre la reforma en términos políticos para el brazo militar de España, que ha seguido el siguiente camino: empezando en 2005 con la Ley Organiza de la Defensa Nacional, continuando en 2006 con la Ley de Tropa y Marinería, en 2007 con la Ley de la Carrera Militar, siguiendo en 2009 con el Real Decreto de las Nuevas Reales Ordenanzas, y, finalizando en 2011 con la Ley de Derechos y Deberes de los militares españoles (Cuadrado Bausela, 2011).

Para entender el encaje que dicha limitación encuentra en el texto legal vigente actualmente, basta con acudir al antecedente del antecedente, el Real Decreto-ley 10/1977, de 8 de febrero, por el que se regula el ejercicio de actividades políticas y sindicales por parte de los componentes de las FAS, en particular recogemos lo dispuesto en el Preámbulo (De Lera-Ikergunea, 2020).

En el marco jurídico de este Decreto Ley, MORALES VILLANUEVA lleva a cabo una acertada reflexión sobre la conveniencia de la exigencia del principio de neutralidad política a la Institución militar, recoge asimismo las naturales inquietudes políticas que los miembros de las FAS como ciudadanos integrantes de una sociedad pudieran tener e incluso las loables aspiraciones a ejercer un cargo electo con la finalidad de aportar su colaboración y entrega, todo ello sin obviar el importante capital humano que los militares suponen pese a que existía y aún existe (aportación del autor) un importante y alarmante desconocimiento por parte de la sociedad así como de los propios políticos.

Por tanto, Morales, nos indica que se pretende manifestar una adhesión total sobre la teoría de que las Fuerzas Armadas se mantengan neutras en términos políticos, por parte de todos sus miembros. No obstante, mantiene que no se puede llegar a ignorar que cualquier militar sienta o piense participar en algún cargo político o pretenda aportar su entrega y colaboración a la causa enunciada. Por lo que, para el autor referenciado, el rol del militar, con su sacrificio, austeridad, honestidad, espíritu de servicio, entrega, etc., no debe tener prohibido el sentimiento político. Puesto que, se trata de un trabajador de la Administraciones, cuyo trabajo es desconocida para la mayoría de los ciudadanos, por diferentes razones. Además, concluye su exhortación, enunciando que no se llega a entender como un militar profesional, ya sea del Cuerpo de la Guardia Civil, de las Fuerzas Armadas, o de cualquier otro cuerpo, por el simple hecho de presentar su candidatura a un partido político o a unas elecciones, pierda su carrera militar y pase a encontrarse con una situación de retirado (Morales Villanueva, A., 1984, págs. 89-110).

Cabe indicar que las prohibiciones de sindicación y asociación son instrumentos para garantizar, en lo posible, la neutralidad política, por lo que a continuación, se desarrollarán.

Entrando a analizar el Real Decreto-Ley 10/1977, de 8 de febrero, se establecen una serie de normas fundamentales del Estado, para que las Fuerzas Armadas garanticen la independencia y también la unidad de la Patria, la seguridad nacional, entre otras misiones. Por lo que, confiere a las Fuerzas Armadas la protección del orden del Estado, es decir, por un lado, el orden en las instituciones y, por otro lado, dentro de las actividades políticas (Jiménez

Villareal, R. X. y Franchi, T., 2020, págs. 57-72). Por tanto, deben encontrarse alejadas de las opciones políticas, ya que se encuentran unidas al pueblo, y deben de garantizarle una seguridad y confianza. No obstante, las mencionadas Fuerzas no pueden desatender sus funciones militares en conjunto, por ser una obligación exigida por la Constitución, por tener una capacidad política potencial. Es por ello, que deben obedecer los mandatos expresados por cualquier opción política de las que se encuentran dentro del orden institucional, pero se les impide mostrarse en público partidarios de cualquier preferencia política. La base fundamental de todo lo enunciado en el presente capítulo, se basa en que forma parte de los tradicionales principios de las Fuerzas Armadas (Real Decreto ley 10/1977).

Asimismo, el presente texto que acabamos de enunciar también prohíbe todo tipo de actividades sindicales y/o políticas dentro de diferentes espacios como establecimientos, recintos aeronaves o busques pertenecientes a las Fuerzas Armadas (Real Decreto ley 10/1977). Por lo que, constituyó el punto de partida importante para que fuera actualizado con la Ley de Derechos y Deberes que deben poseer los miembros de las FAS, mancando, así, el camino para que se restringiera, a los militares, sus derechos políticos (Mamani Flores, R.).

Dejando a un lado el importante desarrollo legislativo de la ley de derechos y deberes de los miembros de la FAS y el grandísimo avance que este texto supuso, como hilo conductor, a la hora de desarrollar este capítulo, resulta de especial interés delimitar el significado de los conceptos neutral, neutro, imparcial e imparcialidad. A continuación, indicaremos las definiciones que a estos conceptos la RAE otorga:

- Neutral: «Que no se inclina por ninguna de las partes o alternativas que se oponen en una confrontación».
- Neutralidad: «Cualidad de neutral».
- Neutralismo: «Tendencia a permanecer neutral, especialmente en conflictos internacionales».
- Neutro: «Indiferente en política o que se abstiene de intervenir en ella».
- Imparcial: «Que juzga o procede con imparcialidad».
- Imparcialidad: «Objetividad, carencia de prejuicios».

El principio de neutralidad política es la expresión de la subordinación civil que constituye la parte esencial de la cultura de la legalidad de una sociedad. Por ello, en nuestra sociedad democratizada, la neutralidad por parte del Estado es uno de los pilares del orden jurídico-político (García Manrique, R., 2021, pág. 3).

El artículo 103.3 de la CE «La ley regulará el estatuto de los funcionarios públicos, el acceso a la función pública de acuerdo con los principios de mérito y capacidad, las peculiaridades del ejercicio de su derecho a sindicación, el sistema de incompatibilidades y las garantías para la imparcialidad en el ejercicio de sus funciones» (Constitución Española, pág. art. 103.3).

Con anterioridad, hemos analizado el artículo 127.1 de la Consejo Europeo, el cual limita el derecho del Poder Judicial a afiliarse a un partido político, por tanto «Los Jueces y Magistrados, así como los Fiscales, mientras se hallen en activo, no podrán desempeñar otros cargos públicos, ni pertenecer a partidos políticos o sindicatos. La ley establecerá el sistema y modalidades de asociación profesional de los Jueces, Magistrados y Fiscales» (Constitución Española, pág. art. 127.1).

Atendiendo a la redacción del mismo y no encontrando un artículo limitando expresamente este derecho de afiliación política a los miembros de las FAS así como referencia a la obligación de neutralidad política para los mismos, sino la única obligación de imparcialidad en el ejercicio de sus funciones, recogido en el artículo 103 de la CE y entendiendo al militar como funcionario perteneciente a la Administración, nos planteamos la siguiente cuestión: ¿el legislador constitucionalista no ha incluido un artículo que limite este derecho a los militares, con el conocimiento de los posibles conflictos de constitucionalidad que esta (no regulación) pudiera acarrear con el devenir del tiempo, debido a que el espíritu del texto constitucional no preveía mayores limitaciones para los miembros de las Fuerzas Armadas que para el resto de funcionarios? (Ragone, S. y Ruiz Tarrías, S., 2020, págs. 421-448).

Se recogía el deber de la neutralidad política, en la antigua Ley 85/1978, de 28 de diciembre, de las Reales Ordenanzas para las Fuerzas Armadas, la cual fue derogada, en su artículo 182, constituyendo el punto de partida de la actualización culminada treinta años después por la ya citada, Ley de derechos y deberes de los miembros de las Fuerzas Armadas, donde en su primer artículo se indicaba que dicha Ley constituye la regla moral en la que se basa la Institución Militar, y también, el marco que define los derechos y obligaciones de los miembros que la integran (Ley 85/1978).

El artículo 182 de las Reales Ordenanzas de 1978, recogía el principio de neutralidad política y sindical para los militares, en los siguientes términos «cualquier opción política o sindical de las que tienen cabida en el orden constitucional será respetada por los componentes de los Ejércitos. El militar deberá mantener su neutralidad no participando en actividades políticas o sindicales, ni tolerando aquellas que se refieran al ejercicio o divulgación de opciones concretas de partidos o grupos políticos o sindicales, dentro de los recintos militares (García Salguero, V. M., pág. 267). No podrá estar afiliado o colaborar en ningún tipo de organización política o sindical, asistir a sus reuniones ni expresar públicamente opiniones sobre ellas» (Ley 85/1978).

No obstante, si llevamos a cabo un repaso por nuestra Historia, observamos que la relación existente entre Ejército y política no ha sido del todo sencilla, llegando a cumplir el estamento militar incluso una función política, interviniendo en ocasiones, ante el cariz que tomaban los acontecimientos (Oehling Hernann, H., 1967, págs. 44-45), de ahí, que para garantizar el proceso de transición que en España se dio, el legislador haya introducido dichas limitaciones en el ejercicio de los derechos fundamentales a los militares.

Para Álvarez, la noción ciudadana en uniforme se trata de una visión que privilegia un modelo de militar que debe implicarse en los diferentes aspectos de la vida política de su Estado, aunque, con pocas, pero necesarias limitaciones. Este concepto cuyo origen proviene de Alemania, tenía la idea de que retraer al soldado de la sociedad, no posibilitaba su integración en el sistema, dado que lo veían extraño (Álvarez Rodríguez, I., 2019, pág. 15).

En España, se requiere conocer la Constitución, Ley básica de la nación, y las Reales Ordenanzas, norma moral y marco de derechos y deberes (art. 26). Las dos Leyes han sido aprobadas por el pueblo español (con arreglo a las formas legales previstas) y, por tanto, no son normativas confrontadas ni siquiera paralelas, sino que ambas se dirigen al mismo objetivo, que no puede ser otro que favorecer y garantizar la armonía de los españoles y su continuidad como nación. Por tanto, ciudadano y soldado no son «personajes» diferentes, sino formas distintas de ayudar a la comunidad (Laguna Sanquirico, F., 1987, págs. 121-135).

El art. 28.1 CE, tras reconocer con carácter general la titularidad del derecho de libertad sindical («Todos tienen derecho a sindicarse libremente»), permite a la Ley limitar o exceptuar el ejercicio de este derecho a las Fuerzas o Institutos armados o a los demás Cuerpos sometidos a disciplina militar. Pues bien, haciendo precisamente uso de estas posibilidades abiertas por el texto constitucional, el art. 1.3 de la Ley Orgánica 11/1985, de 2 de agosto, de Libertad Sindical excluye taxativamente del ejercicio del derecho de libertad sindical a los miembros de las Fuerzas Armadas e Institutos Armados de carácter militar (STC 219/2001, FJ 9.º), esto es, a los integrantes de los Ejércitos de Tierra y Aire, la Armada, tropa y marinería profesionales (Ley 8/2006, de 24 de abril, de Tropa y Marinería), junto con la Guardia Civil (Antolí Cortés, Raúl, 2020, pág. 15).

Debe apreciarse que la exclusión del reconocimiento del derecho a estos colectivos no viene impuesta por nuestra Norma Fundamental, sino sólo contemplada como una posibilidad, la más radical de todas en tanto en cuanto con el art. 28.1 CE en la mano también hubiera sido posible —y es— reconocer este derecho, pero sujeto a determinadas y específicas limitaciones, como es el caso de los miembros de los institutos armados no militares (cuerpos policiales). El art. 1 de la Ley Orgánica 11/1985, de 2 de agosto, de Libertad Sindical exceptúa del ejercicio de libertad sindical los miembros de las Fuerzas Armadas y de los Institutos Armados de carácter militar. En consecuencia, a diferencia de lo que ocurre con la generalidad de los funcionarios públicos, que de acuerdo con la propia Constitución ejercen la libertad sindical conforme a las peculiaridades que determine la Ley, los miembros de las Fuerzas Armadas e Institutos Armados de carácter militar quedan exceptuados del ejercicio de este derecho; carecen, pues, de la condición de titulares del mismo (Jordan Parra, Luis Oscar, 2019, págs. 55-56).

Esta exclusión se encuentra plenamente avalada por los Tratados y Convenios internacionales ratificados por España, que de forma expresa establecen la posibilidad de que se limite el derecho de sindicación de los miembros de las Fuerzas Armadas (García Viña, J., 2022, págs. 74-104). Es el caso del art. 8.2 del Pacto Internacional de Derechos Económicos, Sociales y Culturales de la ONU; del art. 5 de la Carta Social Europea Revisada; del art. 11.2 del Convenio Europeo para la Protección de los Derechos Humanos y las Libertades Fundamentales; así como de los arts. 9.1 y 1.3 de los Convenios 87 y 151 de la OIT, respectivamente.

La ratio de la exclusión hay que hallarla en dos órdenes de razones. En primer lugar, en la necesidad de garantizar la independencia y neutralidad de las Fuerzas Armadas, que, teniendo en cuenta las funciones que tienen constitucionalmente determinadas, deben ser salvaguardadas del debate y el juego partidario. Expresamente lo ha dicho el Tribunal Constitucional en su STC 101/1991, FJ 4.°, donde afirma que el «principio de neutralidad, [...], al igual que otros particulares rasgos organizativos de la institución militar, encuentra su justificación en los fines que el art. 8 de la Constitución encomienda a las Fuerzas Armadas (STC 97/1985, 107/1986, 161/1978 y 77/1988)». La historia política de nuestro país, que da cuenta de la enorme politización del asociacionismo militar en el pasado y de las graves consecuencias derivadas del mismo, es la mejor legitimación de este principio. En segundo lugar, en los «particulares rasgos organizativos», señaladamente los principios de «jerarquización, disciplina y unidad» (STC 272/2006, de 25 de septiembre), que caracterizan a la institución militar (Goerlich Peset, J. A., 2009, pág. 807), y que han llevado al legislador a la «absoluta heteronomía estatal en materia de intereses profesionales, con exclusión de cualquier atisbo de autonomía colectiva» (Sala Franco, T. y Albiol Montesinos, I., 2003, pág. 511).

Son precisamente estas razones las que llevaron a Sala III del Tribunal Supremo a extender esta prohibición radical incluso a organizaciones militares no exactamente sindicales pero con un claro componente reivindicativo, fundadas al amparado del derecho de asociación del art. 22 CE, declarando al respecto que «la asociación con finalidad reivindicativa a la que se refieren las Reales Ordenanzas, encuentra encaje en la norma más específica del art. 28 CE y no en el art. 22 CE, ya que debe entenderse que el art. 28 no sólo permite la prohibición de sindicatos de militares en sentido formal, sino también de cualquier tipo de asociación que por su naturaleza y fines pueda encuadrarse en un concepto sustantivo y material del sindicato, caracterizado por la índole de los intereses que protege» (STS n.° 219/2001, rec. 4077/1997). Esta sentencia, sin embargo, fue anulada por la STC 219/2001, de 31 de octubre (STS n.° 219/2001, rec. 4077/1997), desde la consideración de que «no cabe duda de que la Hermandad, al igual que los sindicatos de trabajadores a que hace referencia el art. 7 CE, persigue la satisfacción de intereses económicos y sociales; pero esta afinidad no hace a la Hermandad un sindicato ni permite la confusión: de los fines estatutarios no se deduce que la Hermandad se constituya en contrapoder frente a la Administración militar, ni que la Hermandad pretenda —más allá del estricto ámbito subjetivo de sus socios— la defensa o promoción de los intereses propios de los militares».

La exclusión legal de la Ley Orgánica 11/1985, de 2 de agosto, de Libertad Sindical (LOLS), por otro lado, se extiende a los miembros de las Fuerzas Armadas e Institutos Armados de carácter militar, esto es, a la Guardia Civil, único Instituto que, entre nosotros, tiene esta naturaleza (el art. 9 LOFCS, define a la Guardia Civil como «Instituto armado de naturaleza militar dependiente del Ministerio del Interior»). La normativa interna de estos Cuerpos corrobora esta exclusión de la LOLS, pese a que a la Guardia Civil recientemente se le ha reconocido un derecho de asociación y participación (mediante la información y consulta) en la determinación de su estatuto profesional, que ha seguido aparentemente el patrón que rige para los Cuerpos y Fuerzas de Seguridad del Estado (Álvarez, J. L., Díaz-Canejas, A. M. y Valdés, J., 2022). En efecto, como ha destacado la doctrina, el reconocimiento del derecho de asociación de este colectivo, que data de la STC 291/1993, de 18 de octubre, no puede en ningún caso interpretarse como un reconocimiento implícito de los sindicatos en la Guardia Civil (Lahera Forteza, J., 2000, pág. 170).

Por lo que se refiere a las Fuerzas Armadas, la exclusión de los militares del ejercicio del derecho de sindicación viene expresamente contemplada en el artículo 182 de las Reales Ordenanzas de las Fuerzas Armadas (Ley 85/1978, de 28 de diciembre, ya derogada), que previene que «Cualquier opción política o sindical de las que tienen cabida en el orden constitucional será respetada por los componentes de los Ejércitos. El militar deberá mantener su neutralidad no participando en actividades políticas o sindicales, ni tolerando aquellas que se refieren al ejercicio o divulgación de opciones concretas de partidos o grupos políticos o sindicales, dentro de los recintos militares. No podrá estar afiliado o colaborar en ningún tipo de organización política o sindical, asistir a sus reuniones ni expresar públicamente opiniones sobre ellas» (García Salguero, V. M., pág. 267).

Los miembros de las Fuerzas Armadas en activo no tienen, hoy por hoy, reconocido ningún derecho de asociación profesional. La Ley 17/1999, de 18 de mayo, de Régimen del Personal de las Fuerzas Armadas, desarrollada por RD 1735/2000, creó (y constituye una suerte de mecanismo de participación) los «Consejos Asesores de Personal» (art. 151), cuyo cometido es «analizar y valorar propuestas o sugerencias en materias referidas al régimen de personal y a la condición de militar». Estos Consejos, integrados por militares de distintas categorías, designados por sorteo, están regulados por RD 252/2002, de 8 de marzo, por el que se regulan los Consejos Asesores del Personal de las Fuerzas Armadas (De la Fuente Fernández, J., 2021). No obstante, el art. 14 de la Ley Orgánica 9/2011, de 27 de julio, de derechos y deberes de los miembros de las Fuerzas Armadas.

La Guardia Civil, por su parte, está sujeta a la misma exclusión del derecho de libertad sindical y a las mismas obligaciones de neutralidad e imparcialidad (García Viña, J., 2022, págs. 22-25). No en balde, se trata de un instituto armado de carácter militar (sobre la trascendencia del carácter militar del instituto armado, *vid.* STC 272/2006, de 25 de septiembre). Así, la Ley Orgánica 11/2007, de 22 de octubre, reguladora de los derechos y deberes de los miembros de la Guardia Civil, subraya hasta en tres ocasiones, concretamente en sus art. 7.2, 9 y 18, los principios de neutralidad e imparcialidad que atañen tanto a los miembros de la Guardia Civil como a las asociaciones de Guardias Civiles que al amparo precisamente de esta Ley puedan constituirse, excluyendo, además, de forma expresa y tajante en el art. 11 el «derecho de sindicación». «Los Guardias Civiles no podrán ejercer el derecho de sindicación» (García Viña, J., 2022, págs. 74-104).

La neutralidad e imparcialidad de los miembros de la Benemérita se recoge en los siguientes términos: «los miembros de la Guardia Civil no podrán fundar ni afiliarse a partidos políticos o sindicatos ni realizar actividades políticas o sindicales» (art. 18.1). «En cumplimiento de sus funciones —sigue el párrafo segundo del precepto—, los Guardias Civiles deberán actuar con absoluta neutralidad política y sindical [...]» (Ballena León, D. A., 2022, pág. 4). Estos mismos principios se predican de «las asociaciones de Guardias Civiles creadas con fines profesionales», que «no podrán llevar a cabo actividades políticas o sindicales, ni formar parte de los partidos políticos o sindicatos». Estas previsiones vienen, además, corroboradas por la Ley Orgánica 11/1991, de 17 de junio, del Régimen Disciplinario de la Guardia Civil, que en su art. 9.6 tipifica como falta muy grave, que dará lugar a la incoación de expediente gubernativo, «promover o pertenecer a partidos políticos o sindicatos, o desarrollar actividades políticas o sindicales» (Herbón Costas, J. J., 2021, págs. 179-204).

CAPÍTULO III

LOS LÍMITES CONSTITUCIONALES A LOS DERECHOS FUNDAMENTALES DE LOS MILITARES. UNA INTENSA RELACIÓN ESPECIAL DE SUJECIÓN

El ejercicio de los derechos fundamentales, tanto en el ámbito civil como en el militar, no es algo absoluto y carente de límites. Y no es solo que la Ley Fundamental así lo establece, sino que, por esencia, para que resulten compatibles, el ejercicio de un derecho debe ser delimitado en los casos que colisione con otro derecho.

En el caso de los miembros de las Fuerzas Armadas, la limitación de algunos derechos y libertades viene ya prevista *ex constitutione*. En este sentido, se pronuncia la STC de 20 de abril de 1989 (STC n.º 69/1989, rec. 66/1987 de 20 de abril de 1989) indica que los límites concretos al ejercicio de los derechos constitucionales como la libertad de expresión y la de sindicación han de interpretarse restrictivamente, debiendo asimismo señalar que las Fuerzas y Cuerpos de Seguridad, dependen del Gobierno, de acuerdo con el art. 104.1 CE. El fundamento de dicha limitación se encuentra la relación de sujeción especial en la que se encuentra el militar, debiendo limitarse sus derechos fundamentales únicamente en lo que respecta a la hora de cumplir la misión o función que procede de aquella situación especial, en lo estrictamente indispensable (Del Arco Moreno, Á. L., 2021, págs. 217-250).

3.1. Introducción a los derechos de las Fuerzas Armadas

Aunque las asociaciones de Fuerzas Armadas no cuentan con el derecho de huelga, de negociación colectiva, de conflicto colectivo, deben obedecer al principio de neutralidad política y sindical[17]. No obstante, estos funciona-

17 La STC 272/2006, de 25 de septiembre, determina cómo ha de articularse la libertad de expresión en la actuación de los representantes de estos colectivos.

rios tienen reconocidos los derechos de asociación (Herbón Costas, J. J., 2021, págs. 19-104), reunión y de manifestación, siempre y cuando no tengan carácter político o sindical[18]. Sin embargo, el ejercicio de los derechos de reunión y manifestación en lugares públicos está limitado si quienes lo ejercen lo hacen de uniforme o hacen uso de su condición militar[19]. Cuando las reuniones se celebren en las unidades, deben contar con previa autorización y cuentan con un órgano específico de participación, denominado Consejo de personal de las Fuerzas Armadas, según los artículos 46 a 51 de la Ley Orgánica y la Orden DEF/3217/2011, de 18 de noviembre, por la que se regula el Registro de Asociaciones Profesionales de miembros de las Fuerzas Armadas (García Viña, J., 2022, págs. 74-104).

En el primer apartado, se hará referencia a la libertad de expresión y neutralidad política de las Fuerzas Armadas, no sin antes, explicar brevemente en qué consiste dicho derecho y su regulación en la Carta Magna (Roca Suárez, C. F., 2018).

La libertad de expresión se encuentra regulada en el artículo 20 de nuestra CE, en el cual se recoge igualmente un conjunto diverso de libertades del sujeto. Como se puede observar, esta libertad se encuentra dentro del ámbito de los derechos fundamentales reconocidos por nuestra Carta Magna, garantizándose que el ciudadano puede disponer de tal libertad sin intromisiones de los poderes públicos (Hasse, K., 2001, pág. 142).

En el art. 20 de nuestra Ley Fundamental se reconoce el derecho de todos a expresar y difundir libremente pensamientos, ideas y opiniones. Es, probablemente, la libertad pública más ejercida de las que el nuevo sistema político trajo consigo. No obstante, y aun cuando alcance a todos los ciudadanos, no todos pueden usar de ella en igual medida, como ocurre con quienes están sujetos a Fuero militar (González Hernández, E., 2019, págs. 681-713).

En el reconocimiento de derechos fundamentales y libertades públicas que hicieron los constituyentes, se recoge, en forma de límites, buena parte de las singularidades de los militares. Siguiendo la doctrina *iusprivatista* (Hernández Olivencia, A. R., 1996, págs. 1588-1593), los límites proceden de la

---

18 La STS 22 de junio de 2016 confirma la denegación del depósito de los estatutos del denominado sindicato unificado de Guardias Civiles. Sobre este tema, véase Climent Gallart, J. A., «El derecho de libertad sindical en la guardia civil a la luz de la jurisprudencia del TEDH (Casos Matelly y Sdefdromil) y de la STS (Sala de lo Social) de 22 de junio de 2016», *Lex social: revista de los derechos sociales*, vol. 7, núm. 1, 2017, pp. 174-207. Igualmente, Almendros González, M. A., «Derecho de asociación y derecho de sindicación de los miembros de las Fuerzas Armadas y de la Guardia Civil (Comentario a las Sentencias del Tribunal Europeo de Derecho Humanos de 2 de octubre de 2014, caso Matelly y caso Adefdromil)», *Revista de Trabajo y Seguridad Social (CEF)*, núm. 382, 2015, pp. 240 ss.

19 *A sensu contrario*, se les reconoce, libertad de opinión personal sobre actuaciones de los militares, siempre que no contenga expresiones irrespetuosas, especialmente si se trata de militares vinculados a alguna de las asociaciones permitidas, en este caso, a la AUME. STC 38/2017, de 24 de abril.

propia naturaleza de derecho, de su coexistencia con los derechos de los demás o, como ocurre en el presente caso, de la naturaleza propia de las Fuerzas Armadas y de los que las integran. Las limitaciones, por su parte, son trabas extrínsecas, determinadas por razones funcionales o de conveniencia.

Así, el artículo 20.1 CE establece un conjunto de diferentes tipos de libertades en cada una de sus letras regulatorias, como son:

> 20.1.a) CE: Libertad a «expresar y difundir libremente los pensamientos, ideas y opiniones mediante la palabra, el escrito o cualquier otro medio de reproducción.
>
> 20.1.b) CE. La libertad de «producción y creación literaria, artística, científica y técnica».
>
> 20.1.c) CE. La «libertad de cátedra».
>
> 20.1.d) CE. La libertad de «comunicar libremente información veraz por cualquier medio de difusión».

En este epígrafe nos centramos en la libertad de expresión, la cual se encuentra recogida en el artículo 20.1.a) CE; a pesar de la importancia que tienen en nuestro ordenamiento jurídico de todas y cada una de las libertades expuestas anteriormente (Navas-Sánchez, M.ª M., 2019).

Como se puede observar, esta libertad fundamental se protege y da amparo a cualquier tipo de expresión o difusión de ideas y de opiniones, protegiendo tanto la actividad única de comunicación, como la difusión de un hecho expresivo realizado a un público numeroso a través de una forma de reproducción (FJ 3.º de la STC de 31 de marzo de 1982, n.º 12/1982, rec. 227/1981). En este sentido, respecto a la emisión y difusión de opiniones, nuestro Tribunal Constitucional ha sostenido que la libertad de expresión no solamente se encarga de proteger la expresión de opiniones «inofensivas o indiferentes» o que puedan llegar a acogerse de forma favorable, sino que también otorga protección a todas aquellas expresiones que puedan llegar a turbar al Estado o a un sector de la población, en aras de la protección de los fundamentos básicos de nuestra sociedad democrática y de derecho (FJ 5.º de la STC de 15 de octubre de 1982, n.º 62/1982, rec.185/1980 y 402/1981; FJ 5.º de la STC de 8 de junio de 1992, n.º 85/1992, rec. 1105/1889).

Respecto al elemento objetivo del precepto constitucional, hay que destacar que el artículo 20.1.a) CE vincula libertad de expresión con tres términos concretos, siendo éstos los pensamientos, las ideas y las opiniones, lo cual, muestra una relación directa con las concepciones subjetivas de las personas. Por ello, dicho precepto constitucional tiene como finalidad que la actividad de expresar o de difundir ideas u opiniones sea libre, por lo que no deben existir restricciones previas por parte del Estado o por los sujetos privados, de lo contrario, nos encontraríamos ante una modalidad de censura (Espín Templado, E., 2020, pág. 104).

En definitiva, estamos ante un derecho de libertad, lo que supone ausencia de interferencias o de intromisiones de los poderes públicos en el proceso de comunicación. Asimismo, supone la garantía de una institución política básica como es la opinión pública libre, vinculada con el pluralismo político, que es un valor fundamental y exigencia del Estado democrático (FJ 3.º de la STC de 31 de marzo de 1982, rec. 227/1981).

De acuerdo con el Acta Final de Helsinki de 1975 de la OSCE, los derechos civiles y políticos, así como otros derechos y libertades fundamentales, «derivan de la dignidad inherente a la persona humana y son esenciales para su libre y pleno desarrollo». Los Estados participantes reafirmaron estos derechos en varios compromisos de la OSCE. Más específicamente relacionado con los compromisos de la OSCE en materia de libertad de expresión y asociación, el Documento de Copenhague (1990) afirma que toda persona tiene derecho a la libertad de expresión, incluida la «libertad de tener opiniones y de recibir y difundir información e ideas sin interferencia de la autoridad pública». En el mismo documento, los Estados participantes también se comprometieron a garantizar que todos puedan difundir dicha información o ideas individualmente o en asociación con otros (Arlettaz, F., 2022, págs. 165-184). En la Decisión MC 7/09, los Estados participantes reforzaron su determinación de incluir a las mujeres en la vida pública, incluso en las Fuerzas Armadas, por lo que su presencia entre las filas garantiza que se benefician de los mismos derechos y protecciones que sus homólogos masculinos.

Estos compromisos políticos refuerzan las obligaciones legales asumidas por los Estados participantes de la OSCE que han ratificado los instrumentos internacionales y regionales de derechos humanos aplicables, como el Pacto Internacional de Derechos Civiles y Políticos (ICCPR) y el Convenio Europeo de Derechos Humanos y Libertades Fundamentales (CEDH).

En este sentido, la doctrina considera que el bien jurídico protegido por la libertad de expresión e información recae sobre la existencia de una opinión pública, que se considera fundamental para el adecuado funcionamiento de la democracia (Santaolalla López, F., 1992, págs. 185-223). Por lo tanto, estas libertades no solamente son un derecho de libertad, sino que poseen «una importante dimensión institucional» (Díez-Picazo, L. M., 2003, pág. 313). Asimismo, como apunta Díez-Picazo, estas libertades protegen otros valores o bienes jurídicos, que con frecuencia se subestiman y que exceden del ámbito político, como es el caso de la «búsqueda de la verdad, el contraste de ideas, el libre desarrollo de la personalidad o la necesidad de comunicación con otros miembros de la sociedad» (Díez-Picazo, L. M., 2003).

El TEDH tiene una abundante doctrina, tanto sobre el contenido de la comunicación como respecto a los soportes técnicos, ya que ambos elementos se recogen en el art. 10 del Convenio Europeo de Derechos Humanos (CEDH), bajo la denominación genérica de la libertad de expresión (Cuenca Curbelo, S., págs. 795-799).

El art. 10 del CEDH fundamenta la jurisprudencia del TEDH sobre las libertades de la comunicación, que busca salvaguardar la libertad de expresión y de la libertad de información sin que las autoridades se entrometan y sin tener en cuenta las fronteras (Sanjuán, T. F., 2003, págs. 463-497). No obstante, el propio art. 10 CEDH permite la fijación de ciertos límites a estas libertades, los cuales han de estar contemplados por la legislación, además de instaurar medidas necesarias en una sociedad democrática para la seguridad nacional, la integridad territorial, la defensa del orden, la prevención del delito, la salvaguarda de la salud o de la moral, la defensa de la reputación o de los derechos ajenos, evitar la divulgación de las informaciones confidenciales o para garantizar la autoridad y la imparcialidad del poder judicial. Con ello se acredita que este art. 10 establece una regulación normativa de estructura jurídica compleja, ya que reconoce derechos, posibilita límites e instaura garantías (Llop Cardenal, E., 2022, págs. 269-298).

Cuando el TEDH aplica el art. 10 del Convenio, en el que se contiene dentro de la libertad de expresión tanto la libertad de opinión como la libertad de recibir o comunicar informaciones o ideas, no emplea los conceptos libertad de expresión y derecho a la información indistintamente, sino que considera que la libertad de expresión alcanza tanto la libertad de opinión como la libertad de información, en relación al primer párrafo del artículo 10 CEDH (Llop Cardenal, E., 2022).

Pese a que esta opción no se establece de forma expresa en el art. 20 apartado cuarto de la Carta Magna, el Tribunal Constitucional ha aceptado que los empleados públicos pueden ver constreñidas sus libertades de expresión e información como resultado de la relevancia de las funciones, constitucionalmente reconocidas, que tienen atribuidas (Núñez Martínez, M., 2008, pág. 312), y de cuya correcta realización depende la satisfacción de los derechos que los ciudadanos hagan valer ante las distintas Administraciones Públicas (AAPP), sirviendo, en último término, al interés general.

Aunque se ha afirmado que la situación respecto del régimen de ejercicio de las libertades comunicativas en la que se encuentran los empleados públicos se acerca en gran medida a la del común de los ciudadanos. Éstos pueden encontrarse con restricciones específicas derivadas de su condición, que se sumarán a los límites ordinarios (STC de 10 de octubre de 1983, n.º 11/1983), justificadas por la necesidad de preservar la vigencia de los principios constitucionales de funcionamiento de la administración consagrados en el art. 103 CE, especialmente la objetividad, la imparcialidad y la eficiencia de la labor pública. Eso sí, la existencia de una relación de sujeción especial no permite limitar el ejercicio de estas libertades más allá de lo rigurosamente necesario, lo cual implica que, también en este supuesto, los límites deben ser interpretados de modo restrictivo[20].

20 FJ 2.º de la STC de 20 de abril de 1989, n.º 69/1989, ya que «la situación del funcionario en orden a la libertad de expresión y a la de sindicación es hoy en días mucho más próxima que antaño, a la de cualquier ciudadano [...] los límites específicos al ejercicio de esos

Como criterio general, y con objeto de realizar una adecuada ponderación entre el alcance de las libertades de expresión e información del funcionario público y estos principios, el Tribunal Constitucional ha estimado que deberán tenerse en cuenta el tipo de servicio prestado por aquel, el grado de jerarquización o disciplina interna al que esté sometido, la condición en la que actúe en el momento de ejercitar estos derechos y cualquier otra circunstancia del supuesto específico[21], como pudiera ser la publicidad dada al mensaje o la relevancia pública de la materia sobre la que versan las manifestaciones del autor (FJ 7.º de la STC de 17 de enero de 2000, n.º 6/2000, rec. 2677/1996). No solo eso, sino que, de la jurisprudencia constitucional, se obtiene la necesidad de prestar especial atención a la existencia o no de *animus nocendi* en el supuesto, que deberá ser valorado en relación con la situación preexistente (Díez Herrero, L., 2008, pág. 328). Todo ello con el fin de comprobar si mediante la conducta del empleado público se pone públicamente en entredicho la autoridad de sus superiores jerárquicos o queda comprometido el buen funcionamiento del servicio, caso en el que se situaría fuera del ámbito de protección de los derechos del art. 20.1 CE (Marabel Matos, J. J., 2021, págs. 137-172).

En el caso concreto de los miembros de las fuerzas y Cuerpos de Seguridad del Estado, ya sean dependientes del Gobierno de la nación, las Comunidades autónomas o las Entidades Locales, la LOFCS contempla en su art. 5.5 el deber de «guardar riguroso secreto respecto a todas las informaciones que conozcan por razón o con ocasión del desempeño de sus funciones», sin que estén «obligados a revelar las fuentes de información, salvo que el ejercicio de sus funciones o las disposiciones de la Ley les impongan actuar de otra manera». Paralelamente, la LO 4/2010, de 20 de mayo, del régimen disciplinario del Cuerpo Nacional de Policía, tipifica en su art. 7.h) como falta muy grave «la violación del secreto profesional cuando perjudique el desarrollo de la labor policial, a cualquier ciudadano o a las entidades con personalidad jurídica» y el art. 8.v) como falta grave la misma conducta cuando no se lesione la actuación del cuerpo.

También debe considerarse en este momento el deber de sujeción al principio de jerarquía que se establece en el art. 5.1.d) de la LOFCS, en la medida en que el Tribunal Constitucional considera su respeto como un límite a la libertad de expresión de todo empleado público. Estrechamente vinculado con esto último, el art. 8.a) de la LO 4/2010 considera falta grave «la grave

derechos constitucionales, derivados de su condición funcionarial, han de ser interpretados restrictivamente».

21 FJ 2.º de la STC de 20 de abril de 1989, n.º 69/1989, rec. 66/1987, ya que «la situación del funcionario en orden a la libertad de expresión y a la de sindicación es hoy en días mucho más próxima que antaño, a la de cualquier ciudadano [...] los límites específicos al ejercicio de esos derechos constitucionales, derivados de su condición funcionarial, han de ser interpretados restrictivamente».

desconsideración con los superiores»; aunque más allá de referirse al deber de mantener el debido respeto a quienes se hallen en un nivel superior del cuerpo, este artículo extiende la prohibición de dirigir expresiones vejatorias o que puedan implicar un ataque contra el honor o la buena fama contra cualquier compañero, subordinado o ciudadano. Todo ello cuando la actuación se realice por el sujeto en el ejercicio de sus funciones o, aunque no se dé dicha condición, ocasione un «descrédito notorio a la Institución Policial». De forma expresa, no se puede sancionar, al menos en lo que respecta al Cuerpo nacional de Policía, las expresiones de crítica o discrepancia en relación con las decisiones que hayan tomado los superiores jerárquicos o el funcionamiento del Cuerpo[22], aunque sí se tipifican como falta leve, en el art. 9.b) de la mencionada Ley, aquellas manifestaciones de un agente del Cuerpo de Policía que puedan considerarse como un simple error o inexactitud con los ciudadanos u otros compañeros.

Se contemplan así, por la vía legislativa, un límite a la libertad de información y otro a la libertad de expresión por motivo de la pertenencia a las fuerzas de Seguridad del Estado[23], que se justifican en nuestro ordenamiento jurídico en las misiones que el art. 104 CE encomienda a éstas y a las que se refiere el art. 6.9 de la LOFCS como inspiración del régimen disciplinario. Por tanto, las libertades de expresión e información de los agentes de los distintos cuerpos policiales se ven restringidos no sólo por el cumplimiento de los principios generales de actuación del art. 103 CE, sino también a causa de su papel específico como encargados de la protección del libre ejercicio de los derechos y libertades y de la garantía de la seguridad ciudadana, premisa esencial del Estado de Derecho. Tal es la relevancia de esta labor, que la veracidad de la información divulgada o el interés público de las expresiones relevadas no legitimarían per se un ejercicio de las libertades comunicativas que incida negativamente en ella (Roqueta Buj, R. y Sala Franco, T., 2019, págs. 1-375).

En esta línea, el alto Tribunal ha admitido que los miembros de las fuerzas y Cuerpos de Seguridad del Estado pueden sufrir legítimamente una mayor restricción de su libertad de expresión en comparación con otros emplea-

---

22 Sólo el Decreto 170/1994, de 3 de mayo, por el que se aprueba el reglamento de régimen Disciplinario de los Cuerpos de Policía del País vasco considera falta grave, en su art. 9.8 la emisión de «manifestaciones públicas, orales o escritas, de crítica o disconformidad respecto a las decisiones de los superiores, asuntos del servicio, disciplina o relaciones de armonía en el Cuerpo».

23 Aunque la enumeración de faltas se hace en relación a la LO del régimen disciplinario del Cuerpo Nacional de Policía, todas las normas autonómicas que incluyen el régimen disciplinario de los distintos cuerpos de policía creados por las Comunidades autónomas en el ejercicio de sus competencias se expresan en términos muy similares, cuando no iguales, respecto de este particular con la salvedad hecha en la nota anterior. vid. Ley 4/1992, de 17 de julio, de Policía del País vasco (art. 92); Ley 10/1994, de 11 de julio, de la Policía de la Generalitat de Cataluña «Mossos d'Esquadra» (arts. 68 a 70); Ley foral 8/2007, de 23 de marzo, de las Policías de Navarra (arts. 59 a 61); y Ley 2/2008, de 28 de mayo, del Cuerpo General de la Policía Canaria (arts. 63 a 65).

dos públicos sujetos a un menor grado de jerarquización. Especialmente en cuanto a la crítica a los superiores, que, incluso cuando se lleve a cabo como forma de ejercicio de otro derecho fundamental como la libertad sindical, deberá realizarse «con la mesura necesaria para no incurrir en vulneración a este respeto debido a los superiores y para no poner en peligro el buen funcionamiento del servicio y de la institución policial» (FJ 3.º de la STC de 10 de octubre de 1983, n.º 81/1983, rec. 42/1983, y FJ 2.º de la STC de 20 de abril de 1989, n.º 69/1989, rec. 66/1987), que se basa, precisamente, en los principios de jerarquía y subordinación para que sus objetivos se cumplan. De este modo, es obligada una atenuación (que no supresión) de la capacidad para expresar legítimamente las propias opiniones (Stuart Mill, J., 2017).

De este modo, aunque no se incurra en expresiones vejatorias o sin interés público, éstas no deben entenderse como una señal de deslealtad. No obstante, cuando la libertad de expresión se ejercite de manera concurrente con el derecho de defensa en un proceso, serían plausibles conductas que, de otra manera, se considerarían contradictorias al régimen disciplinario de los Cuerpos de Seguridad del Estado (Magdaleno Alegría, A., 2006, pág. 418).

3.1.1. Libertades de la comunicación en los miembros de las Fuerzas Armadas

Los miembros de las Fuerzas Armadas (Ejército y Guardia Civil) ven moduladas o limitadas sus libertades comunicativas en su régimen jurídico incluso de forma más vigorosa (Blasco Avellaneda, A. C., 2019, pág. 7). La LO 9/2011, de 27 de julio, de derechos y deberes de los miembros de las Fuerzas Armadas, reconoce en su art. 12 el derecho de los militares a la libertad de expresión y a comunicar y recibir libremente información, sólo que acompañado de varios límites específicos[24], que se añaden a los constitucionalmente reconocidos, y de un deber general de reserva sobre hechos o datos no clasificados relativos al servicio de los que hayan conocido por su cargo o función (art. 21.2).

De este modo, constituyen límites a las libertades comunicativas de los integrantes de las Fuerzas Armadas: la salvaguarda de la seguridad y defensa nacional, el deber de reserva y el respeto a la dignidad de las personas y de las instituciones y poderes públicos[25]. En segundo lugar, el deber de neutralidad política y sindical, que concretamente se deriva en la prohibición

24 Que se desarrollan más detenidamente en los arts. 7 y 8 de la Lo 8/1998, de 2 de diciembre, del régimen disciplinario de las Fuerzas Armadas.

25 Lozano Miralles, J.; el ejercicio de cada una de estas responsabilidades permite al autor contar diversos capítulos de la historia más reciente de España y, lo más importante, sentar las bases para buscar pistas que puedan conducirnos a hacia esa democracia avanzada que anhela el autor.

de pronunciarse de forma pública o efectuar propaganda a favor o en contra de los partidos políticos, asociaciones políticas, sindicatos, postulantes a elecciones para cargos públicos, referendos, consultas de carácter político o programas u opciones políticas, excepto cuando se hallen fuera de instalaciones militares, no vistan del mismo modo y no actúen en relación, directa o indirecta, con sus compañeros o sus superiores, ni afecten, directa o indirectamente, en actos relacionados con el servicio, ni con las Fuerzas Armadas, su organización, estructura y misiones (Fernández García, I., 2014, págs. 127-166). Por último, se establece la disciplina como límite aplicable, únicamente en lo que respecta a los asuntos rigurosamente relacionados con el servicio en las Fuerzas Armadas.

En el caso de la Guardia Civil, la LO 11/2007, de 22 de octubre, reguladora de los derechos y deberes de los miembros de la Guardia Civil, establece como límites a las libertades comunicativas de estos (art. 7), además de los que contempla el régimen disciplinario[26], el secreto profesional y el respeto a la dignidad de las personas, las instituciones y los poderes públicos; los deberes de respeto a la disciplina, neutralidad sindical y política, y reserva únicamente podrán restringir las libertades de expresión o información en lo que respecta a asuntos de servicio o relacionados con la Institución (Garrós Font, I., 2017, págs. 143-166).

Previamente a la legislación vigente, tanto el establecimiento de limitaciones subjetivas a las libertades comunicativas de los integrantes de las Fuerzas Armadas, como las peculiaridades de su régimen sancionador[27], se justificaron por razón de su adscripción y en consideración a las finalidades específicas encomendadas a la organización a la que pertenecen, que requieren de una configuración idónea y eficaz en la que el principio jerárquico se erige como un valor esencial. Precisamente a partir del «indispensable y específico carácter de organización profundamente jerarquizada, disciplinada y unida» de las Fuerzas Armadas, el Tribunal Constitucional ha considerado que el legislador «podrá legítimamente imponer límites específicos al ejercicio de la libertad de expresión» de sus miembros «siempre y cuando esos límites respondan a los principios primordiales y los criterios esenciales de organización de la institución militar, que garanticen no sólo la necesaria disciplina y sujeción jerárquica, sino también el principio de unidad

26 Arts. 7 a 9 de la Lo 12/2007, de 22 de octubre, del régimen disciplinario de la Guardia Civil, que plantean infracciones muy similares a las previstas para el personal de las Fuerzas Armadas.

27 FJ 3.° de la STC de 24 de julio de 1986, n.° 107/1986, rec. 514/1985, «Por lo que se refiere a la diferencia de tratamiento penal de unos mismos hechos, basada en la pertenencia o no a unos determinados colectivos, el legislador podrá, en principio, anudar sanciones distintas a actuaciones similares teniendo en cuenta la diversa naturaleza y funciones de las distintas categorías u órdenes de funcionarios públicos, siempre que tal diversidad sancionadora tenga su fundamento en la voluntad de proteger la peculiaridad de esa naturaleza y funciones, y dentro de los límites de razonabilidad ya señalado».

interna». En este sentido, es totalmente relevante evitar declaraciones de opinión que pudieran incorporar formas indeseables de debate partidista que lleven a divergencias o contiendas internas (STC de 13 de diciembre de 1993, n.º 371/1993, rec. 2469/1991).

Las mismas peculiaridades organizativas deberán analizarse en el momento de valorar la «mesura» debida en la crítica sobre cuestiones internas de la organización para no incurrir en un ejercicio incorrecto de la libertad de expresión en este supuesto (STC de 13 de diciembre de 1993, n.º 371/1993, rec. 2469/1991).

La Sala 5.ª del Tribunal Supremo viene insistiendo en la importancia de los límites concretos impuestos legalmente al entender que los miembros de las Fuerzas Armadas no sólo sufren las limitaciones generales comunes a cualquier ciudadano en sus libertades de información y expresión, sino también aquellas específicas recogidas en su normativa propia «en la medida en que resultan necesarias para preservar los valores y principios esenciales de la organización militar, es decir la disciplina, la subordinación jerárquica, la unidad y la cohesión interna [...] sobre todo para mantener la disciplina consustancial a las Fuerzas Armadas y a los Institutos armados de naturaleza militar, y asimismo para proteger al deber de neutralidad política de los militares» (STMC de 29 de mayo de 2019, rec. 121/2018). De hecho, junto a lo establecido por el Tribunal Constitucional, el Tribunal Supremo ha concedido una especial capacidad limitativa de la libertad de expresión de los militares, incluso en manifestaciones efectuadas fuera de servicio, al deber de disciplina, considerada «como valor esencial de la Institución Militar» consistente en el «acatamiento interno y externo de las reglas que configuran el propio Instituto»[28]; en otro sentido, una expresión crítica realizada por un miembro de las Fuerzas Armadas que, por su contenido, formas y circunstancias, no modifique la disciplina interna estará plenamente amparada por la libertad de expresión y no podrá ser coartada[29].

---

28 STS de 16 de junio de 1993, n.º 30/1993. El guardia civil denuncia la vulneración del art. 20.1 a) de la CE, es decir, del derecho a la libertad de expresión. Las expresiones emitidas por el guardia civil a los medios de comunicación social, donde dijo entre otras cosas que «el Gobierno no respeta los Derechos Humanos de los guardias civiles», perjudican a la institución puesto que descalifica a los mandos y superiores y a la organización del benemérito Instituto. El recurrente era militar y las «desafortunadas declaraciones» se hicieron cuando tenía tal cargo. Por lo tanto, se desestima el recurso.

29 STS de 20 de diciembre de 2005, rec. 76/2005. Se le ofrece al personal militar la posibilidad de participar en el Foro sobre temas abiertos y luego dar lugar al reproche disciplinario, cuando no se aprecian en el texto expresiones insultantes, es una incongruencia. El tema se circunscribe tanto al legítimo ejercicio de la libertad de expresión como a la entidad de aquellos contenidos para lesionar los bienes jurídicos a cuya protección tienden las limitaciones propias del estatuto profesional de los militares, y entre ellos destacadamente el valor esencial de la disciplina, valor que no se resiente tras el análisis casuístico realizado, ni autoriza la formulación del reproche disciplinario. Los hechos tomados en consideración por la Resolución sancionadora carecen de alcance disciplinario, por lo

También se ha privilegiado la necesidad de mantener la imagen y el prestigio de la organización, que deben protegerse de «expresiones u opiniones que de forma infundada emitan a la sociedad mensajes o descripciones que indebida e imprecisamente integren críticas no sustentadas en hechos» que puedan «deteriorar la imagen de la Institución y denigrar el comportamiento de sus miembros sin razones ni motivos precisados» aunque se estén realizando funciones representativas[30].

Consecuentemente, y junto a otros motivos que ha buscado la doctrina[31], en la práctica los miembros de las Fuerzas Armadas se encuentran en una situación particularmente desfavorable en lo que respecta a su capacidad de crítica o a la difusión de información, completamente vetada cuando tenga

---

que se vulneró en este caso el derecho a la legalidad sancionadora y a su concreción representada por la tipicidad. Se estima el recurso contencioso disciplinario militar preferente y sumario, declarándose el derecho del demandante a ser indemnizado de los daños morales derivados del cumplimiento de la sanción impuesta. Se desestima el recurso de casación.

30 STS de 29 de octubre de 2004, rec. 201/31/2003. En ningún caso, podrá basarse en la condición de cargo o miembros de la Asociación la acción de reflejar de manera pública la degradación del Cuerpo, de sus mandos o de sus miembros, con expresiones u opiniones que infundadamente emitan a la sociedad mensajes o descripciones que indebida e imprecisamente integren críticas no reforzadas o basadas en hechos, quedando afectada la disciplina, subordinación y respeto a la jerarquía. Es obligación del mando el reconocimiento de los derechos fundamentales de sus subordinados de acuerdo a la legalidad vigente y la vulneración/quebranto de esa obligación será sancionada por ley. Dictada resolución por el Tribunal Militar, se interpuso recurso contencioso militar que fue desestimado. Planteado recurso de casación fue desestimado. STS de 14 de octubre de 2013, rec. 71/2013. Es sabido que el derecho a la presunción de inocencia se entabla, en tanto que regla de juicio y desde el punto de vista constitucional, como el derecho a no ser condenado sin pruebas de cargo válidas y que ello supone la existencia de una mínima actividad probatoria realizada con las garantías necesarias, referida a todos los elementos esenciales del delito, y que de la misma quepa inferir razonablemente los hechos y la participación del acusado en los mismos. Atendiendo a esta doctrina, la función casacional atribuida a su sala, en relación a las posibles vulneraciones del derecho a la presunción de inocencia recogido en el artículo 24.2 de la Ley Fundamental, ha de limitarse a la verificación de tres únicos aspectos, a saber: a) que el Tribunal juzgador estableció, en realidad, material probatorio susceptible de ser sometido a valoración; b) que ese material probatorio, además de existente, era lícito en su producción y válido, por tanto, a efectos de acreditación de los hechos; y c) que los razonamientos a través de los cuales alcanza el Tribunal de instancia su convicción, debidamente mencionados en la Sentencia, son bastantes, desde el punto de vista racional y lógico, y refuerzan, la suficiencia de dichos factores probatorios. Se desestima la casación.

31 Para García Noriega, A., *Límites a la libertad de expresión por motivos profesionales*, Difusión Jurídica, Madrid, 2009, p. 57, el fundamento para limitar las libertades comunicativas de los miembros de las Fuerzas Armadas es el principio de neutralidad de la administración, que se fortalece en el caso de estas instituciones por la especial situación de sus miembros como custodios de las herramientas que permiten al Estado ejercer su poder coercitivo, pese a que ello sería aplicable a los miembros de los Cuerpos de Seguridad del Estado.

que ver con el desempeño de sus funciones. De una lectura conjunta de los pronunciamientos del Tribunal Constitucional y del Tribunal Supremo se puede determinar que tanto la unidad de las Instituciones armadas, entendida más bien como homogeneidad, como el mantenimiento de la estructura jerárquica y el orden interno que les es consustancial se imponen sobre las libertades de comunicación de sus miembros, cuyo ejercicio se supedita por todo aquello que pueda interpretarse como traición o como un posible inicio de divisiones internas (De la Cerda Juan, J. C., 2022, págs. 33-35).

3.1.2. Derecho de sindicación de los militares

3.1.2.1 Naturaleza del Derecho

La libertad sindical se reconoce en la Constitución como derecho fundamental en su art. 28.1: «todos tienen derecho a sindicarse libremente. La Ley podrá limitar o exceptuar el ejercicio de este derecho a las Fuerzas o Institutos armados o a los demás Cuerpos sometidos a disciplina militar y regulará las peculiaridades de su ejercicio para los funcionarios públicos. La libertad sindical comprende el derecho a fundar sindicatos y a afiliarse al de su elección, así como el derecho de los sindicatos a formar confederaciones y a fundar organizaciones sindicales internacionales o afiliarse a las mismas. Nadie podrá ser obligado a afiliarse a un sindicato» (García Viña, J., 2022, págs. 74-104).

En desarrollo de la previsión constitucional relativa a los miembros de las Fuerzas Armadas, el art. 1.3 LOLS exceptúa del ejercicio de este derecho a los miembros de las Fuerzas Armadas y de los institutos armados de carácter militar, sin que se contravenga el CEDH. En este tema, el legislador se ha posicionado, dentro de las opciones constitucionalmente posibles, con la postura más restrictiva de todas (Palomeque López, C. y Álvarez de la Rosa, M., 2020, págs. 318-319) (Herbón Costas, J. J., 2010, págs. 5-7).

El art. 8.34 de la Ley Orgánica 8/1998, de 2 de diciembre, de régimen disciplinario de las Fuerzas Armadas, en la actualidad derogada, tipificaba como falta grave, estar afiliado a alguna organización política o sindical, asistir de uniforme o haciendo uso de la condición militar a cualquier reunión pública o manifestación si tienen carácter político o sindical, ejercer cargos de carácter político o sindical o aceptar candidaturas para ellos con las excepciones establecidas por las leyes (García Viña, J., 2022, págs. 74-104).

La actual regulación, la Ley Orgánica 8/2014, de 4 de diciembre, de régimen disciplinario de las Fuerzas Armadas, no contiene esta infracción. Además, la Ley 39/2007, de 19 de noviembre, de carrera militar, establece la aplicación del Estatuto Básico del Empleado Público en lo que no contradiga la legislación específica militar. Concretamente, la Ley Orgánica 9/2011, de 27 de julio, de derechos y deberes de los miembros de las Fuerzas Armadas, en su art. 14 regula este con la siguiente redacción[32]: «1. Los militares tienen derecho a crear asociaciones y asociarse libremente para la consecución de fines lícitos, de acuerdo con lo previsto en la Ley Orgánica 1/2002, de 22 de marzo, reguladora del Derecho de Asociación. 2. El ejercicio de este derecho cuando tenga como fin la defensa de sus intereses profesionales y los derechos establecidos en esta ley orgánica se ajustará a lo dispuesto en el título III, capítulo I. 3. Las asociaciones de miembros de las Fuerzas Armadas no podrán llevar a cabo actividades políticas ni sindicales, ni vincularse con partidos políticos o sindicatos»[33].

3.1.2.2. Titulares del Derecho

En cuanto hace a los sujetos beneficiarios de la libertad sindical, señalar que el precepto constitucional parece reconocer este derecho a todos: »todos tienen derecho a sindicarse libremente». Sin embargo, conviene precisar la inclusión de determinados colectivos como de cuantos carecen de esta libertad (García Viña, J., 2022, págs. 74-104).

El término «todos» se refiere, en primer lugar, a los trabajadores por cuenta ajena, sea ésta común, especial, temporal o indefinida (art. 1.2 Ley Orgánica de Libertad Sindical). Los trabajadores extranjeros, de conformidad con el art. 11 LO 4/2000, podrán ejercer este derecho en las mismas condiciones que los españoles, modificada la norma en este punto debido a su declaración de inconstitucionalidad por la Sentencia del Tribunal Constitucional 236/2007, de 7 de noviembre (García Viña, J., 2022, págs. 74-104).

Los autónomos, de acuerdo con el art. 19 Ley 20/2007, de 11 de julio, del Estatuto del trabajo autónomo, tienen derecho a afiliarse al sindicato o asociación empresarial de su elección, en los términos establecidos en la legislación correspondiente. Así, la norma reenvía a la regulación establecida en la Ley Orgánica de Libertad Sindical, concediendo la opción a los trabajadores por cuenta propia de afiliarse al sindicato siempre y cuando no sean empleadores, tal sucede con los trabajadores autónomos económicamente dependientes, quienes, al no tener empleados, siempre cumplirán dicho requisito.

Por tanto, este colectivo tiene derecho a afiliarse a un sindicato (con el requisito expuesto de carecer de empleados), pero, al igual que sucede a los trabajadores en paro y los que hayan cesado en su actividad laboral, como consecuencia de su incapacidad o jubilación, que también podrán afiliarse a las organizaciones obreras de su elección, carecen del derecho a fundar sindicatos que tengan precisamente por objeto la tutela de sus inte-

32 Real Decreto 96/2009, de 6 de febrero, por el que se aprueban las Reales Ordenanzas para las Fuerzas Armadas

33 Íbidem.

reses singulares, sin perjuicio de su capacidad para constituir asociaciones al amparo de la legislación específica (art. 3.1 LOLS) (Arias Domínguez, Á., 2022, págs. 1-9)[34].

Siguiendo los dictados de la lógica, están excluidos de este derecho los empresarios y sus organizaciones, pues resulta incompatible con la propia naturaleza del derecho de libertad sindical, que es siempre una proyección de la defensa y promoción del interés de los trabajadores (Romero Ródenas, M.ª J. y Moraru Gratiela, F., 2020, pág. 7)[35].

A continuación, el precepto constitucional encomienda a la ley regular «las peculiaridades de su ejercicio para los funcionarios públicos». La disposición adicional 2.2 de la Ley Orgánica de Libertad Sindical da al Gobierno un plazo de un año para remitir a las Cortes un proyecto de ley regule los órganos de representación en la función pública. Fruto de esta disposición, fue dictada la Ley 9/1987, de 12 de junio, de Órganos de Representación, Determinación de las Condiciones de Trabajo y Participación del Personal al Servicio de las Administraciones públicas (en adelante, LORAP), derogada prácticamente en su totalidad por el Estatuto Básico del Empleado Público aprobado por Ley 7/2007, de 12 de abril, cuyo art. 15 reconoce el derecho a la libertad sindical de estos sujetos[36].

Por último, y como ya he dicho, la Constitución permite limitar este derecho a Fuerzas o Institutos armados y a Jueces y Fiscales. En lo que respecta a los primeros, el art. 28.1 de la Constitución permite limitar o exceptuar el ejercicio de este derecho «a las Fuerzas o Institutos armados o a los demás Cuerpos sometidos a disciplina militar». Dicho veto ha sido realizado por el art. 1.3 de la Ley Orgánica de Libertad Sindical, aun cuando sí tienen derecho a asociarse libremente y a constituir asociaciones para la defensa y promoción de sus derechos e intereses profesionales, económicos y sociales (art. 9 LO 11/2007)[37].

Los demás miembros de las Fuerzas y Cuerpos de Seguridad sin carácter militar tienen derecho de sindicación, pero limitado para algunos colectivos, tal sucede con la Policía Nacional, que solo podrá afiliarse a organizaciones sindicales formadas exclusivamente por miembros del propio cuerpo. Dichas organizaciones no podrán federarse o confederarse con otras que, a su vez, no estén integradas exclusivamente por miembros del referido cuerpo (art.

---

34 ARIAS DOMÍNGUEZ, Á., «Denegación del depósito de los estatutos del sindicato de Abogados adscritos al turno de oficio RDA (Red de Abogados)», *Revista de Jurisprudencia Laboral*, 2022, pp. 1-9.

35 ROMERO RÓDENAS, M.ª J. y MORARU, G. F., «Derecho a la tutela judicial efectiva y libertad sindical: derecho de los sindicatos a acceder a la justicia», *Revista de Jurisprudencia Laboral (RJL)*, 2020, p. 7.

36 Estatuto Básico del Empleado Público, LO 7/2007, de 12 de abril, art. 15.

37 Ley Orgánica de Libertad Sindical, LO 11/2007, art. 9.

18 LOFCS). Por su parte, las Policías Autonómicas ejercerán tal derecho de conformidad con su norma reguladora, y la Policía Local no encuentra restricción alguna para sindicarse libremente (Fernández de Gatta Sánchez, D., Fernando Pablo, M. M. y Domínguez-Berrueta de Juan, M. A., 1986, págs. 373-412).

En cuanto a los Jueces y Fiscales, el artículo 127.1 de la Constitución les impide pertenecer a sindicato alguno mientras se hallen en activo, pero asimismo tienen derecho de asociación profesional para la defensa de sus intereses económicos (Serra Cristóbal, R., 2008, págs. 115-145).

La Ley Orgánica 11/1985, de 2 de agosto, de Libertad Sindical (LOLS), ha venido a desarrollar el derecho de libertad sindical de los funcionarios públicos (art. 1.1 y 2), exceptuando del mismo a los miembros de las Fuerzas Armadas y de los Institutos Armados de carácter militar (art. 1.3) y a los Jueces, Magistrados y Fiscales (art. 1.4), remitiéndose a su normativa específica para la regulación del derecho de sindicación de los miembros de los Cuerpos y Fuerzas de Seguridad que no tengan carácter militar, «dado el carácter armado y la organización jerarquizada de estos Institutos» (art. 1.5) (De la Cerda Juan, J. C., 2022).

3.1.2.3. El caso de los funcionarios públicos, altos cargos y otras personas con funciones públicas

Idéntica objeción, y con mayor razón, puede hacerse al reconocimiento de la libertad sindical de los «funcionarios políticos» o »altos cargos», pues éstos asumen funciones directivas propias de la parte empleadora.

La Ley Orgánica 11/1985, de 2 de agosto, de Libertad Sindical (LOLS), ha venido a desarrollar el derecho de libertad sindical de los funcionarios públicos (art. 1.1 y 2), exceptuando del mismo a los miembros de las Fuerzas Armadas y de los Institutos Armados de carácter militar (art. 1.3) y a los Jueces, Magistrados y Fiscales (art. 1.4), remitiéndose a su normativa específica para la regulación del derecho de sindicación de los miembros de los Cuerpos y Fuerzas de Seguridad que no tengan carácter militar, «dado el carácter armado y la organización jerarquizada de estos Institutos» (art. 1.5) (De la Cerda Juan, J. C., 2022).

Así pues, la LOLS se aplica a:

1. Los funcionarios al servicio de la Administración del Estado (personal funcionario de la Administración civil del Estado y de sus Organismos Autónomos y personal funcionario civil de la Administración Militar), con exclusión de los miembros de las Fuerzas Armadas y de los Institutos Armados de carácter militar.
2. Los funcionarios al servicio de la Administración de Justicia, con exclusión de Jueces, Magistrados y Fiscales, esto es, los Letrados de la Administración de Justicia y los funcionarios que integran los

Cuerpos de Médicos Forenses, de Facultativos del Instituto Nacional de Toxicología y Ciencias Forenses, de Gestión Procesal y Administrativa, de Técnicos Especialistas del Instituto Nacional de Toxicología y Ciencias Forenses, de Tramitación Procesal y Administrativa, de Auxilio Judicial y de Ayudantes de Laboratorio del Instituto Nacional de Toxicología y Ciencias Forenses (arts. 440 y 470 LOPJ).

3. Los funcionarios al servicio de las Comunidades Autónomas y de sus Organismos Autónomos.
4. Los funcionarios al servicio de las Entidades Locales y de sus Organismos Autónomos.
5. Los funcionarios interinos y el personal eventual (De la Cerda Juan, J. C., 2022).

En el ordenamiento jurídico español reciben tal consideración básicamente los cargos de Director General y superiores. El nivel de Director General es el que separa a los cargos políticos de los puestos ocupados por los funcionarios de carrera. Esta es en la actualidad la línea divisoria entre el límite final de la carrera funcionarial en sentido estricto —subdirección general, nivel 30— y el punto inicial de los puestos que son ocupados por personal —sean o no funcionarios de carrera— en base a motivaciones no exclusivamente profesionales.

Evidentemente, si dichos cargos no son ocupados por funcionarios de carrera, éstos estarán excluidos del ámbito de la LOLS, ya que en el ordenamiento jurídico español no tienen la consideración de funcionarios quienes actúan por su condición política y no en el ejercicio de una profesión.

La objeción reseñada sólo cobra sentido si dicho personal proviene de los funcionarios de carrera. En este sentido, la LOLS ni afirma ni niega, al menos de modo expreso, la eventual exclusión del ámbito subjetivo del derecho de sindicación de estos funcionarios públicos. Sin embargo, el art. 3.2 realiza una mención expresa de los mismos de la que se deduce, *a sensu contrario*, su inclusión en el ámbito de aplicación de la LOLS. En efecto, dicho precepto establece que «quienes ostenten cargos directivos o de representación en el sindicato en que estén afiliados, no podrán desempeñar, simultáneamente, en las Administraciones públicas cargos de libre designación de categoría de Director General o asimilados, así como cualquier otro de rango superior». Se establece, de este modo, una limitación a la libertad de representación del sindicato en el que están afiliados, en el sentido de no poder compaginar el cargo en la Administración con el cargo directivo o de representación sindical, debiendo optar entre uno y otro durante el período de ejercicio. Sin embargo, esta limitación no afecta a la libertad de afiliación del funcionario público (Cueto Méndez, S., 2021).

De este modo, es posible concluir que el art. 1.2 de la LOLS no distingue por razón del cargo ocupado o del tipo de servicio prestado por el funcionario público, siendo esta ley plenamente aplicable a todo funcionario público con independencia del nivel jerárquico que ocupe o del trabajo que desarrolle.

Ello no obstante, ante el silencio de la LOLS, un sector de la doctrina laboral defiende la vigencia del RD 1522/1977, de 17 de junio, el cual dispone en su art. 1.2 que «se exceptúa de lo establecido en este artículo a los funcionarios de carrera en situación de excedencia especial, en los casos de nombramiento por Decreto para cargo político o de confianza de carácter no permanente», aclarando el párrafo siguiente que tal excepción consiste en la «suspensión temporal de su condición de afiliado a las organizaciones profesionales a que pudiera pertenecer» (Roqueta Buj, R. y Sala Franco, T., 2019, págs. 1-375).

Esta vigencia, sin embargo, cuenta en su contra con la vocación que tiene la LOLS de erigirse en cuerpo normativo ordenador del derecho de sindicación, mediante una compleja serie de reglas de remisión y reenvío a otras normas concretas que la precisan y desarrollan en relación con ciertas categorías de personal, como se desprende ya de su propia Exposición de Motivos. De ahí que, en principio, toda norma anterior que se solape con la LOLS, y que no haya sido expresamente declarada en vigor por ésta puede considerarse tácitamente derogada al entrar en vigor la ley de desarrollo del art. 28.1 de la CE. Lo que, además, se refuerza si se tiene en cuenta el dato de que la LOLS, si bien no se pronuncia expresamente sobre la eventual inclusión de los funcionarios políticos, si lo hace tácitamente en su art. 3.2.

En definitiva, la LOLS no distingue entre los funcionarios por razón del cargo ocupado o del servicio desempeñado. Esta solución es criticable porque los altos cargos van a tener que representar en múltiples ocasiones los intereses de la Administración, de forma que su afiliación sindical puede repercutir negativamente no sólo en la independencia del sindicato al que pertenecen, sino en la misma autenticidad de la representación de intereses de la Administración. A este respecto, conviene señalar que para la Administración Pública y para los funcionarios públicos que la representan rige el principio de independencia de las organizaciones sindicales respecto de aquélla, tal como establece el art. 13 de la LOLS. Dicha independencia ha de verse no sólo en el sentido de no injerencia de la Administración en cuanto tal respecto a dichas organizaciones, sino también de delimitación de aquellos niveles jerárquicos cuya situación sindical deba verse afectada por su obligación de representar los intereses de la Administración Pública ante los funcionarios públicos (Roqueta Buj, R. y Sala Franco, T., 2019, págs. 1-375).

Por ello, sería conveniente una normativa específica que delimitara con precisión la línea divisoria entre los funcionarios que representan a la Administración y los que no. Normativa que gozaría, por lo demás, del refrendo internacional (*cfr.* art. 1.2 Convenio n.º 151 OIT).

La LOLS alude a relaciones de carácter «estatutario» (art. 1.2). Con esta denominación se refiere al personal sanitario y no sanitario dependiente de los Servicios públicos de Salud, incluido en el ámbito de aplicación del EBEP (art. 2.4), al que, como funcionarios públicos que son, si bien con un régimen jurídico especial que se contiene en la Ley 55/2003, de 16 diciembre, por la que se aprueba el Estatuto Marco del personal estatutario de los servicios de salud (en lo sucesivo, EMPESS), se les reconoce el derecho de libertad sindical (arts. 15.a EBEP y 18.b EMPESS] (Moreno Álvarez, M. A., 2021, págs. 5-7).

Como afirma la doctrina (Palomeque López, M. C. y Álvarez de la Rosa, M., 2016, pág. 309), la LOFCS se limita a establecer de forma genérica que el régimen estatutario de los cuerpos, del que naturalmente se integran los derechos sindicales de sus funcionarios, vendrá establecido por los principios generales del título I de la propia LOFCS, por lo previsto en el capítulo de la misma relativo a régimen estatutario de las policías autonómicas, que, no obstante, no se pronuncia sobre los derechos sindicales de los funcionarios, y por lo que prevean los Estatutos de Autonomía y la legislación autonómica así como los reglamentos concretos de cada cuerpo.

Dichos autores determinan, tras leer el art. 40 de la LOFCS, que la libertad sindical de cada cuerpo de policía autonómico vendrá determinada en el Estatuto Autonómico de la Comunidad Autónoma correspondiente y en la legislación que surge sobre dicho cuerpo policial (Álvarez González, D., 2022).

El art. 28.1 de la Carta Magna permite a la ley limitar o exceptuar el ejercicio de sindicación libre a las Fuerzas o Institutos armados, pudiendo regular las peculiaridades de su ejercicio para los funcionarios públicos. Este precepto, además de limitar dicho ejercicio, encomienda a los poderes públicos a regular las particularidades del ejercicio del derecho para los funcionarios públicos, tal y como lo hace el art. 103.3 CE. De este modo, el artículo mencionado supone dos operaciones diferentes: la de limitar o exceptuar el ejercicio del derecho de sindicación y la de regular las características específicas del mismo (García Viña, J., 2022).

Así, el legislador se obliga únicamente a cumplir la segunda de las mencionadas en lo que respecta a los funcionarios públicos en general y habilitado a ejecutar la primera si lo considera oportuno, a propósito de las fuerzas o institutos armados y el resto de los cuerpos sometidos a disciplina militar. El Cuerpo de Policía Local, al considerarse por la LOFCS como un instituto armado de carácter civil, podría verse afectado por dicha limitación o excepción de forma directa (Mollá Gutiérrez, A., 2021).

Los derechos sindicales de los miembros de la Policía Local prácticamente coinciden con los del resto de funcionarios civiles del régimen común, ya que su regulación reenvía a la legislación general reguladora del funcionario público. La Ley Orgánica 11/1985, de 2 de agosto, de Libertad Sindical por ser la legislación de referencia en materia sindical. La legislación conserva al respecto un discreto silencio, remitiéndose a la normativa policial concreta a partir del artículo 1.5 (Barcelona Llop, J., 2018, págs. 3-4).

En definitiva, a los policías locales se les reconoce el ejercicio de los derechos sindicales de acuerdo a lo contemplado en la legislación general sobre la sindicación en el ámbito de la función pública, siendo aplicable lo contemplado por la LOLS. Por ello, el contenido que el art. 2 de la LOLS ofrece a la libertad sindical, resulta ser el contenido de la libertad sindical de la política local, tanto en la dimensión individual como en la colectiva (Sánchez-Urán, A., 2022, págs. 130-158).

En la Comunidad Autónoma Vasca, el sindicato policial con más presencia se trata de ErNE (Ertzainen Nazional Elkartasuna/Sindicato Independiente de la Policía Vasca) cuya puesta en marcha a pesar de su denominación en euskera, se da tanto en el Cuerpo de la Ertzaintza como en el de las Policías locales vascas[38].

Por lo que respecta a su sindicación, el art. 118 del Estatuto de Autonomía del País Vasco (Decreto Legislativo 1/2020, de 22 de julio, por el que se aprueba el texto refundido de la Ley de Policía del País Vasco) contempla que los funcionarios de la Ertzaintza podrán afiliarse a los sindicatos, federaciones o confederaciones sindicales con el fin de representar, defender y promover de sus intereses profesionales, económicos y sociales. En dicho precepto, en su apartado segundo, se contempla que los funcionarios de la Ertzaintza podrán ejercer la libertad sindical respetando de forma absoluta el código deontológico contemplado en la legislación, teniendo en cuenta especialmente la garantía de los derechos y libertades públicas (Urrutia Libarona, I. y Urrutia Pujana, L., 2021, págs. 270-280).

En el caso de la Comunidad de Cataluña, el art. 164 b) del Estatuto de autonomía contempla que la Generalitat se encarga de crear y organización la policía de la Generalitat-Mossos d'Esquadra (Ley Orgánica 6/2006 de reforma del Estatuto de Autonomía de Cataluña)[39]. Esta organización y el reconocimiento de los derechos sindicales se encuentran en la ley reguladora de los Mossos d'Esquadra, esto es, en la Ley 10/1994, de 11 de julio, concretamente en el art. 49 y siguientes. En el art. 50 se les reconocerá el derecho a «afiliarse libremente a las organizaciones sindicales, a separarse de las mismas y constituir otras organizaciones». De este modo, a diferencia de la policía nacional, en el caso de la policía de la Generalitat, no hay ninguna orden que obligue a que esta afiliación sindical sea por y entre funcionarios de la policía de la Generalitat de forma exclusiva (Monereo Pérez, J. L. y Rodríguez Iniesta, G., 2019, págs. 11-22).

---

38 Tal y como señala el artículo 3.° del Estatuto Fundacional del Sindicato ErNE., «tiende a agrupar a todos los profesionales de la Policía Vasca que desarrollan su función en la CAPV, bajo el ámbito legal de la Ley de Policía vasca (4/92) y dependientes de la Administración de la Comunidad Autónoma y de las Entidades Locales de Euskadi (Ertzaintza, Miñones, Forales, Mikeletes y Policías Locales)».

39 Ley Orgánica 6/2006, de 19 de julio, de reforma del Estatuto de Autonomía de Cataluña.

3.1.2.4. Las Fuerzas Armadas y la Guardia Civil

El art. 1.3 de la LOLS establece que quedan exceptuados del ejercicio del derecho a la libertad sindical los miembros de las Fuerzas Armadas y de los Institutos Armados de carácter militar, entre los que ha de incluirse a la Guardia Civil, según la legislación correspondiente[40].

El principio que fundamenta la exclusión por ley del derecho de libertad sindical de los militares y guardias civiles es el de mantener su neutralidad sindical: el militar no podrá ejercer el derecho de libertad sindical ni, por tanto, podrá fundar ni afiliarse a sindicatos ni realizar actividades sindicales (García Viña, J., 2022, págs. 74-104). La exclusión de este derecho realmente se extiende en el ámbito general de las Fuerzas Armadas, excepto las que para el personal civil se prevén en la Ley Orgánica 11/1985, de 2 de agosto, de Libertad Sindical y demás legislación aplicable.

En todo supuesto, mantendrá su neutralidad en lo que respecta a la actuación de los sindicatos. Los miembros de las Fuerzas Armadas no podrán recurrir a los medios propios de la acción sindical, considerada como negociación colectiva, adopción de medidas de conflicto colectivo y ejercicio del derecho de huelga. Tampoco podrán llevar a cabo acciones sustitutivas o similares a este derecho, ni aquellas otras previstas con el objetivo de modificar la actividad habitual de las unidades de las Fuerzas Armadas (art. 7.2 Ley Orgánica 9/2011). En este sentido se manifiesta la STC de 13 de mayo de 1991[41].

No obstante, a los militares y guardias civiles se les reconoce el derecho de asociación profesional para la defensa y promoción de sus derechos e intereses «profesionales, económicos y sociales» en los términos previstos en el Título III de la Ley Orgánica 9/2011, de 27 de julio, de derechos y deberes de los miembros de las Fuerzas Armada, y en el Título VI de la Ley Orgánica 11/2007, de 22 de octubre, reguladora de los derechos y deberes de los miembros de la Guardia Civil[42], respectivamente.

Así pues, la triple opción conferida constitucionalmente al legislador ordinario, no exceptuar, exceptuar o limitar el derecho, ha sido despejada en

40 En efecto, el art. 9.b) de la Ley Orgánica 2/1986, de 13 de marzo, de Fuerzas y Cuerpos de Seguridad (LOFCS), la define como «Instituto armado de naturaleza militar dependiente del Ministerio del Interior». La Ley Orgánica 12/2007, de 22 de octubre, de Régimen Disciplinario de la Guardia Civil, sanciona como falta muy grave la pertenencia a sindicatos, así como el desarrollo de actividades sindicales.

41 STC de 13 de mayo de 1991, n.º 101/1991, rec. 993/1985.

42 La STC 218/2008, de 13 de diciembre, que viene a señalar que, en el ámbito internacional, las asociaciones profesionales nacionales de guardias civiles pueden asociarse con otras entidades asociativas, no sindicales, de fuerzas y cuerpos de seguridad nacionales, sean o no militares [verbigracia, la European Confederation of Police (EUROCOP). Véase también la STS (CA) de 13 de febrero de 2018 (Rec. 3296/2015)].

favor de la excepción del derecho de libertad sindical[43]. A estos funcionarios ni se les incluye en la LOLS ni se les reconoce la libertad sindical.

Por lo demás, la ley se adecúa a la normativa internacional sobre la materia establecida en arts. 9.1 Convenio n.º 87 y 1.3 Convenio n.º 151 OIT: «la legislación nacional deberá determinar hasta qué punto las garantías previstas en este Convenio se aplican a los empleados de alto nivel que, por sus funciones se considera normalmente que poseen poder decisorio o desempeñan cargos directivos o los empleados cuyas obligaciones son de naturaleza confidencial» (Roqueta Buj, R. y Sala Franco, T., 2019, págs. 1-375).

El ejercicio de la actividad sindical en el seno de las Administraciones Públicas reconocido en el art. 103.3 de la CE puede ser concretado por los principios de eficacia y jerarquía que deben presidir, por mandato constitucional, la acción de la función pública, y que no pueden ser atacados ni subvertidos. De ahí que la relación funcionarial esté presidida por la satisfacción de los intereses sociales o interés público por encima incluso del propio interés administrativo. Además, difícilmente va a poder acudirse al criterio de estabilidad empresarial, pues al encontrarse sus prestaciones fuera del mercado de servicios carece de importancia el desvío de clientes.

Por otro lado, desde el punto de vista procesal, con respecto a la intervención del sindicato, Cavas Martínez señala que la actuación del sindicato como «coadyuvante está reservada a los supuestos en que se invoca, precisamente, vulneración del derecho a la libertad sindical, pero no procede cuando el trabajador demanda solicitando la reparación de un derecho fundamental diferente» (Cavas Martínez, F., 2004, pág. 170). Aunque se puede producir una excepción en el caso de la pluriofensividad material del acto impugnado, es decir, cuando coinciden simultáneamente afectados por unos mismos hechos tanto la libertad sindical como algún otro derecho fundamental.

En este mismo sentido, el art. 14 de la LOLS establece que «el sindicato a que pertenezca el trabajador presuntamente lesionado, así como cualquier sindicato que ostente la condición de más representativo, podrá personarse como coadyuvante en el proceso incoado por aquel». Por tanto, se produce la legitimación específica de los sindicatos para amparar los derechos de libertad sindical a través de un cauce procesal privilegiado, posibilitando la acción judicial de los sindicatos como coadyuvantes y garantizándose la eficacia de la protección mediante un mecanismo procesal preferente y suma-

43 La exclusión de las Fuerzas Armadas se encontraba establecida con anterioridad en los arts. 180,181 y 182 de las Reales Ordenanzas (Ley 85/1978, de 28 de diciembre) que prohibían a esos miembros la participación en sindicatos y asociaciones con finalidad reivindicativa. En este mismo sentido, se expresaban los arts. 443.2 y 1011.6 del Código de Justicia Militar (Ley Orgánica 9/1980, de 6 de noviembre). En relación con la Guardia Civil, la LOFCS también la excluye del derecho de sindicación («Los miembros de la Guardia Civil no podrán pertenecer a sindicatos»: art. 15.2).

rio (Baz Tejedor, J. A., 2006, pág. 131). Sin embargo, se da un paso hacia delante al considerar que los sindicatos «en función de la voluntad del sujeto individual y no por propia iniciativa, puedan intervenir procesalmente ante lesiones individuales a derechos y libertades fundamentales, distintos de la libertad sindical» (Baz Tejedor, J. A., 2006, pág. 132).

La intervención del sindicato no se debería limitar tan solo a las vulneraciones del derecho a la libertad sindical, sino que su intervención se debería hacer extensiva a la vulneración de cualquier derecho fundamental. En este sentido es muy acertada la reforma que introduce la Ley 13/2009, haciendo extensivo el título de los artículos 177 a 184 de la LJS a todas las vulneraciones de derechos fundamentales. Además, el sindicato debería poseer legitimación activa para poder intervenir ante cualquier vulneración de un derecho fundamental, incluso de forma individual, es decir, sin la imposición de tener que ir como acompañante en una previa denuncia de un trabajador (Sánchez-Rodas Navarro, C., 2022, págs. 213-249).

Llegados a este punto hay que destacar la STS de 18 de febrero de 1994 (STS de 18 de febrero de 1994, rec. 1735/1992), que concede legitimación activa al sindicato para plantear el procedimiento sobre tutela de derecho a la igualdad y a la no discriminación por razón de sexo, en contra de la conducta discriminatoria de la empresa que no ha contratado a ninguna mujer, incumpliendo el compromiso que asumió la empresa de contratar a 50 mujeres. El Tribunal Supremo consideró que es posible que una actuación discriminatoria sea pluriofensiva y atente contra intereses individuales y al mismo tiempo afecte al interés colectivo. Se puede concretar el interés individual frente a la posible discriminación en el caso de mujeres que habiendo sido candidatos al empleo en la empresa hubieran sido rechazadas por razón de sexo, pero al mismo tiempo existe un interés genérico vinculado todo un colectivo de mujeres, pretendientes a un eventual puesto de trabajo en la empresa, que también debe ser amparo[44].

Este interés abstracto reside en el grupo no determinado, innominado y no individualizable que se identifica con datos objetivos, como son el pertenecer al sexo femenino y ser aspirantes a ingresar en la empresa. Esa dimensión colectiva de la discriminación que vulnera el interés genérico del grupo también puede protegerse y su defensa no puede llevarse a cabo por un individuo único, sino por un sujeto colectivo, como es el sindicato, que es portador de intereses generales según el art. 7 de la CE, que le encomienda la promoción y la defensa de los intereses económicos y sociales que le son propios. El Tribunal Supremo finalmente razona que el interés del sindicato queda manifiesto no sólo cuando se vulnera la libertad sindical sino también respecto de los demás derechos fundamentales, pues de no entenderse así sobraría el mandato del art. 183.1 de la LJS que extiende las garantías que

44 SAN de 11 de febrero de 2019, rec. 342/2018.

se le conceden a la vulneración de la libertad sindical a todos los demás derechos fundamentales y libertades públicas, incluida la prohibición de tratamiento discriminatorio (Alonso González, P., 2020, pág. 16).

Desde otro punto de vista la legitimación del sindicato está amparada en el art. 154 de la LJS que señala quiénes pueden ser parte en el proceso de conflicto colectivo, donde el sindicato está reconocido como parte principal, pues nada autoriza a entender que el art. 177.1 de la LJS restrinja la legitimación del sindicato respecto de la que aquel precepto le confiere, en el proceso de conflicto colectivo, cuando ejercita una acción colectiva de tutela de derechos fundamentales (Martínez Cuevas, M. D., 2021, págs. 385-416).

La acertada interpretación legislativa que realiza la STS de 18 de febrero de 1994, supera las interpretaciones restrictivas de la doctrina (Casas Baamonde, M. E., 2021, págs. 1-15). Además, siguiendo la línea que marca el Tribunal Supremo, hay que tener en cuenta que el art. 177.1 de la LJS atribuye de forma inequívoca al sindicato legitimación directa para promover en concepto de parte principal el proceso de protección de derechos fundamentales, cuando afirma que «cualquier trabajador o sindicato que, invocando un derecho o interés legítimo considere lesionado los derechos de libertad sindical podrá recabar su tutela a través de este proceso cuando la pretensión sea de las atribuidas al orden jurisdiccional social».

Como indica la STS de 18 de febrero de 1994, en su FJ 7.º, la posición de coadyuvante que el art. 175.2 de la LPL asigna al sindicato, reproduciendo lo previsto en el art. 15 de la LOLS, no altera en absoluto la aplicación de la regla antes referida pues: a) este precepto está previsto, como antes se dice, para procesos individuales en los que la legitimación corresponde en exclusiva a un trabajador por ser el sujeto directamente lesionado al haber recibido un ataque en su condición de tal, en cuyo caso puede ser apoyado por un sindicato; b) el art. 175.2 de la LPL, al colocarle en la posición de coadyuvante no ha venido a minorar la presencia sindical en el proceso sino a incrementarla, otorgándole la posibilidad de intervención en un proceso individual que antes no tenía reconocida expresamente; y c) en el presente caso es aplicable el art. 175.1 de la LPL que autoriza al sindicato a recabar la tutela de los derechos de libertad sindical y demás derechos fundamentales, en virtud del art. 180 de la LPL y, como aquí se trata de intereses colectivos, su defensa corresponde al sindicato por derecho propio, de acuerdo con el artículo 17 de la LPL[45], en relación con el art. 2.2 d) de la LOLS.

45 La LJS añade en el apartado segundo del art. 17 que «los sindicatos con implantación suficiente en el ámbito del conflicto están legitimados para accionar en cualquier proceso en el que estén en juego intereses colectivos de los trabajadores, siempre que exista un vínculo entre dicho sindicato y el objeto del pleito de que se trate; podrán igualmente personarse y ser tenidos por parte en dichos procesos, sin que tal intervención haga detener o retroceder el curso de las actuaciones. En especial, en los términos establecidos en esta Ley, podrán actuar, a través del proceso de conflicto colectivo, en defensa de los derechos

También es necesario destacar la STSJ de Islas Canarias, Santa Cruz de Tenerife, de 30 de junio de 2008, ya que razona la legitimidad activa del sindicato, independientemente de la titularidad que pueda ostentar el delegado sindical en la vulneración del derecho fundamental a proteger. En este sentido, siguiendo la jurisprudencia constitucional, para demandar en tutela no es exigible ser titular del derecho fundamental a proteger (STC de 11 de noviembre de 1991, n.º 214/1991, rec. 101/1990), ya que es suficiente con invocar un interés legítimo, es decir poseer un interés cualificado y específico. El Tribunal Constitucional sigue una línea claramente expansiva de la atribución de legitimación activa al sindicato, intentando favorecer la efectividad del derecho fundamental a la tutela judicial efectiva (STC de 20 de marzo de 1990, n.º 47/1990, rec. 1609/1987). La legitimación activa del sindicato, por tanto, tiene un ámbito más amplio que la del trabajador porque no sólo actúa cuando tiene un interés directo, sino que también actúa cuando la lesión al derecho del trabajador le permite tener un interés legítimo (García Murcia, J., 2021, págs. 1-11).

Por lo tanto, el sindicato puede tener legitimación activa para plantear la pretensión de tutela de los derechos fundamentales, incluido lógicamente una hipotética vulneración del derecho a la libertad de expresión e información en el ámbito laboral, ya que se debe hacer una interpretación flexible de los preceptos legales en beneficio de los trabajadores. Y, obviamente, el sindicato, puede intervenir defendiendo los intereses de un trabajador no afiliado a dicho sindicato (Sempere Navarro, A. V., 2020, págs. 1-11).

En definitiva, la actuación de los sindicatos en el proceso laboral puede tener lugar en el seno de la libertad sindical de la que son titulares (art. 2.2 de la LOLS), en el planteamiento de conflictos individuales y colectivos (STC de 11 de julio de 1994, n.º 210/1994, rec. 2366/1993. STS de 11 de mayo de 2016, n.º 401/2014, rec. 3323/2014), como en el caso de los procesos de tutela de derechos fundamentales (art. 177.2 de la LJS), bien como representante de sus afiliados para la defensa de los derechos individuales de éstos (art. 20.1 de la LJS). Actuaciones procesales, todas ellas, en las que el sindicato tiene expresamente reconocido el beneficio de justicia gratuita, y por tanto de no aplicación de las tasas judiciales[46].

---

e intereses de una pluralidad de trabajadores indeterminada o de difícil determinación; y, en particular, por tal cauce podrán actuar en defensa del derecho a la igualdad de trato entre mujeres y hombres en todas las materias atribuidas al orden social».

46 La entrada en vigor de la Ley 10/2012, de 20 de noviembre , por la que se regulan determinadas tasas en el ámbito de la Administración de Justicia y del Instituto Nacional de Toxicología y Ciencias Forenses, y su posterior modificación por el RDL 3/2013, de 22 de febrero, por el que se modifica el régimen de las tasas en el ámbito de la Administración de Justicia y el sistema de asistencia jurídica gratuita, ha generado la duda de si los trabajadores y los asimilados (beneficiarios de la seguridad social, funcionarios y sindicatos) deben abonar las tasas. Por todo ello, con el fin de fijar unas pautas interpretativas al respecto que sirvan de guía a los órganos judiciales del orden social, la Sala Cuarta

De todas formas, cuando es el trabajador individualmente considerado quien se expresa, puede comprobarse con mayor nitidez la verdadera protección que se le otorga al derecho a la libertad de expresión, sin las interferencias ocasionadas por las garantías de los representantes que siempre van anudadas a la libertad sindical y al derecho de huelga, ambos, asimismo, protegidos constitucionalmente (Quiñones Infante, S., 2018, págs. 131-141).

La prohibición de acciones sindicales en el caso de los miembros de las Fuerzas Armadas continúa en la actualidad, tal y como se establece en el artículo 7 de la Ley Orgánica 9/2011 de 27 de julio, de derechos y deberes de los miembros de las Fuerzas Armadas y entendemos, como ya hemos dicho, que así debe seguir si se quiere ser fiel al significado de la vida militar. Es más, el Código Penal Militar también llega a penar las conductas de naturaleza sindical, considerándolas delito de sedición.

3.1.3. Derecho a la huelga

Especialmente sensible, por las connotaciones políticas que conlleva, es el derecho a la huelga en el contexto castrense; por ello nos extenderemos en su estudio.

3.1.3.1. El contenido del derecho a la huelga

El derecho de huelga se contempla para la defensa de los intereses de los trabajadores (art. 28.2 CE). Las discusiones sobre qué puede considerarse por trabajador pertenecen al pasado inmediato, y especialmente se referían de nuevo a un panorama de regulación legislativa de la huelga en el que la norma se aplicaba exclusivamente a los trabajadores por cuenta ajena y no a

---

del Tribunal Supremo, en Pleno no jurisdiccional, el 5 de junio de 2013, ha acordado la supresión de las tasas judiciales en el orden social, basándose para ello en la aplicación del art. 2 de la Ley 1/1996, de 10 de enero , de Asistencia Jurídica Gratuita, que incluye a los trabajadores y beneficiarios del sistema de Seguridad Social, sin necesidad previa de solicitud ni de justificación de la carencia o insuficiencia de recursos para litigar. Las anteriores reflexiones se deben hacer extensivas a los funcionarios y el personal estatutario en su actuación ante el orden social, como señala el art. 21.5 de la LJS y también a los beneficiarios de prestaciones de seguridad social, como indica el art. 21.4 de la LJS y por ello tampoco tendrán que abonar tasa alguna por interponer recursos de suplicación y casación. Por último, en cuanto a los sindicatos, el art. 20.4 de la LJS dispone que «los sindicatos estarán exentos de efectuar depósitos y consignaciones en todas sus actuaciones ante el orden social y gozarán del beneficio legal de justicia gratuita», asistiéndoles el mismo derecho de justicia gratuita que tiene el trabajador o el beneficiario de la seguridad social individualmente considerado en su comparecencia en el proceso. Incluso el Tribunal Supremo llega a indicar que las tasas no son exigibles ni siquiera respecto de los recursos interpuestos con anterioridad al RDL 3/2013 y aunque el Tribunal Supremo no entra a valorar la constitucionalidad de las tasas, en el ámbito laboral, condicionan el ejercicio de la tutela judicial efectiva residenciada en el art. 24 de la CE.

los funcionarios públicos, de los que la propia STC de 8 de abril de 1981 (STC de 8 de abril de 1981, n.º 11/1981) llegó a establecer tan sólo un «eventual» derecho de huelga, no regulado pero tampoco prohibido, a la vez que consideraba que el delito de sedición en el que incurrían los funcionarios públicos que paralizasen los servicios públicos mediante la huelga debía interpretarse como un delito de tendencia, es decir sólo y en la medida en que en la huelga se pudiera apreciar un dolo concreto, «la voluntad de subvertir la seguridad del Estado», borrando de este modo la posibilidad de considerar que el ejercicio del derecho de huelga por parte de los funcionarios públicos fuera delito (Matía, J., Sala, T., Valdés, F. y Vida, J., 1982, págs. 68-71).

La aprobación de la LOLS, en 1985, resolvió en principio este problema que doctrinalmente se solventaba en un sentido positivo (Matía, J., Sala, T., Valdés, F. y Vida, J., 1982, págs. 68-71) al disponer de manera muy clara que la de trabajador era un concepto que no cabía restringir a la figura del prestador de servicios bajo el régimen laboral que establecía el Estatuto de los Trabajadores. En efecto, se trataba de un término que hacía referencia a la prestación material de trabajo para otro, con independencia de la calificación jurídica de esta relación, laboral, estatutaria o funcionarial (Canalda Criado, S., 2020, págs. 139-168).

De forma previa a su regulación jurídica, la huelga se engloba en el conjunto de fenómenos colectivos y concertados de «no colaboración» social, utilizándose frecuentemente la expresión de «huelga» para referirse a protestas de consumidores, estudiantes, etc., ya que se concibe que la virtualidad de la huelga descansa en su consideración como mecanismo compensador de poderes sociales, lo que ha generado su expansión hasta lograr ser valorada como un fenómeno de no colaboración en el funcionamiento de casi todas las instituciones sociales (García Domínguez, E., 2020).

Asimismo, también se desarrolla como un procedimiento de presión y de protesta colectiva en el ámbito del sistema de relaciones laborales, pudiendo la huelga ser definida como una perturbación que se produce en el normal desenvolvimiento del proceso de producción de bienes y de servicios, concertada de forma colectiva como medida de presión para la defensa de intereses colectivos o generales de los trabajadores (Fernández Pérez, X., 2020).

En sentido estricto, la huelga es una medida de presión que se materializa normalmente en la interrupción o suspensión temporal y concertada del trabajo, por iniciativa de los trabajadores, con abandono del centro de trabajo, para la defensa y promoción de sus intereses laborales y sociales. Sin duda, la ausencia colectiva en el trabajo es la manifestación más típica del fenómeno huelguístico, pero no la única. La huelga es el arma más importante que detenta el movimiento obrero para la defensa de los intereses y valores que le son propios. La huelga es un poder de contrapeso que tiene por objeto permitir que las personas en estado de dependencia salarial establezcan una nueva relación de fuerzas en un sentido más favorable para ellas; en definitiva, tiene a restablecer el equilibrio entre las partes de fuerza económica desigual (Monereo Pérez, J. L., 2021, págs. 353-399).

Las respuestas que puede ofrecer posteriormente el ordenamiento jurídico ante el fenómeno de la huelga ya existente son diversas, pudiendo sistematizarse a grandes rasgos siguiendo la teoría clásica de P. Calamendrei, como huelga-delito, huelga-libertad y huelga-derecho, siendo examinada de forma detenida a continuación solamente la última de ellas, advirtiendo que para poder hablar de democracia política es preciso partir del modelo de huelga-libertad o huelga-derecho. Es necesario precisar que estos «modelos reales» de huelga son fruto de diversos elementos que confluyen en un país concreto como por ejemplo, las tradiciones políticas y sociales, la valoración del conflicto y su papel en las transformaciones sociales, las connotaciones ideológicas del sindicalismo, las actitudes de la clase empresarial y del Estado frente al fenómeno sindical, etc., convirtiendo en una tarea complicada su «encasillamiento» en modelos teóricos puros, resultando más bien como una «condensación» de algunos de los rasgos distintivos de los ordenamientos jurídicos frente a la huelga, tratándose así de facilitar su análisis técnico pero aceptando asimismo la premisa de su valor esencialmente relativo y la necesaria observancia de la actividad interpretativa de los sujetos a los que les corresponde la aplicación e interpretación del Derecho ya que la realidad jurídica no se agota en su regulación estrictamente normativa (Vivero Serrano, J. B., 2018).

El modelo huelga-derecho se caracteriza por concebir a la huelga como un derecho subjetivo del trabajador (y en algunos sistemas nacionales del sindicato). El trabajador huelguista al ejercitar un derecho subjetivo goza de la inmunidad propia del que lo ejercita en su ámbito y para los fines que le son propios. Siendo reconocido por el orden jurídico, se inserta en el «Sistema de derechos» y al inevitable régimen de límites recíprocos que caracteriza a cualquier sistema de derechos dentro del sistema jurídico general. Recuérdese que la huelga consiste necesariamente en una acción destinada a causar un perjuicio a otro (perjuicio por omisión si se quiere), y que, sin embargo, ha sido legalizada así por el ordenamiento jurídico. La calificación de la huelga como derecho es un ejercicio de realismo político-jurídico innegable por parte de los modernos ordenamientos jurídicos del capitalismo, que, en todo caso, en base a sus principios se verían obligados a reconocer la libertad de huelga, como cualquier otra libertad ciudadana, y reconociéndola como derecho la limitan la limitan indirectamente porque no hay derecho ilimitados en ningún ordenamiento jurídico (Monereo Pérez, J. L., 2021, págs. 28-97).

La configuración de la huelga como un derecho contribuye sin duda a una función integradora y pacificadora del ordenamiento jurídico, al permitir la institucionalización del conflicto industrial ya que se crea una posición de «ventaja» del lado de la colectividad profesional como forma de compensar la desventaja social y económica de partida. Asimismo, de este modo se institucionaliza el conflicto social, al que se normaliza y somete a unas reglas de juego que, en ningún caso, podrán privar a la huelga de su eficacia como «arma de lucha» para ejercer su función coactiva psicológica colectiva, que es su razón de ser en su proyección instrumental para la consecución de los objetivos perseguibles mediante ella. Esta función integradora del conflicto industrial dispuesta por el propio ordenamiento jurídico se produce a través del «otorgamiento» de derechos laborales, como el propio derecho de huelga, consiguiéndose así desarmar a los trabajadores a través del argumento de la concesión de esos derechos y de un mecanismo para exigir su protección, como es la huelga-derecho, que, a su vez, neutraliza el modelo de huelga-libertad, potencialmente más peligroso para el orden económico capitalista[47].

En esa lógica interna, el derecho de huelga puede tener diverso rango en atención al lugar que el ordenamiento jurídico le conceda dentro del sistema, pudiendo ser considerado como un simple derecho o como un derecho del máximo rango. Por tanto, el modelo huelga-derecho puede acoger dos vertientes: la huelga configurada como derecho fundamental del hombre o como mero derecho instrumental al servicio de la negociación colectiva (Martínez Martínez, P., 2018). La configuración de la huelga como un derecho subjetivo utilizado esencialmente en pro de la negociación colectiva implica prohibir al empresario cualquier comportamiento encaminado a reprimir o sancionar su ejercicio legítimo, entendiéndose que se produce una fase de suspensión en la relación laboral que limita la libertad del empresario («inmunidad relativa») (Monereo Pérez, J. L., 2021, págs. 28-97). Se entiende que la huelga es el «último recurso» de los trabajadores frente al empresario, circunscribiéndose a los conflictos laborales que se producen en la empresa y, por tanto, quedan fuera de esta forma de garantía del derecho de huelga las huelgas de imposición económico-política, las de solidaridad o apoyo y las que afecten a lo acordado en convenio colectivo. Esta vertiente del modelo huelga-derecho se localiza, por ejemplo, en Estados Unidos, Alemania, Reino Unido, Canadá o Australia (Mordehai Mironi, M. y Schlachter, M., 2018).

Ahora bien, si el ordenamiento jurídico opta por su consideración como derecho fundamental, gozando así del nivel máximo de garantías jurídicas y favoreciendo asimismo la operatividad de este derecho, porque mal se compaginaría de otro modo con los demás derechos fundamentales del ordenamiento, supone su aplicación directa e inmediata y la irrenunciabilidad del mismo. Implica el reconocimiento del derecho de huelga como un derecho de libertad de la persona, del ciudadano trabajador, que adquiere una eficacia pasiva personal generalizada y abarca una consideración amplia de los fines susceptibles de una huelga legítima, incluyéndose a las huelgas de

47 Redacción Fundación Acción Pro-Derechos Humanos, *Artículo 28 de la Constitución Española*, 2021. Disponible en: https://www.derechoshumanos.net/constitucion/articulo28CE.htm.

imposición económico-política para presionar sobre los poderes públicos. Francia, Italia o España son ordenamientos jurídicos que acogen un modelo de garantía constitucional del derecho de huelga como derecho fundamental (Martínez Martínez, P., 2018).

Esta calificación de la huelga como derecho es el standard que se ha impuesto hoy en todo el mundo civilizado, y que avalan los Textos Internacionales de carácter laboral y sindical. En este sentido, el dato jurídico de que la huelga se considere como «derecho» tiene una gran importancia ya que sólo tres instrumentos jurídico-normativos internacionales reconocen expresamente esta configuración: la Carta Social Europea, ya en 1961 y también tras su revisión en 1963, el Pacto de derechos económicos, sociales y culturales de 1966 en su art. 8. 1 d), y la Carta de los Derechos Fundamentales de la Unión Europea, en su versión consolidada de 2007 (y de 2010, hecha pública sin modificación alguna), en el art. 28. En el ámbito del Derecho de la Unión se plantea un grave problema en cuanto a la garantía del derecho de huelga ya que conforme al art. 154. 5 TFUE, «las disposiciones del presente artículo no se aplicarán a las remuneraciones, al derecho de asociación y sindicación, al derecho de huelga ni al derecho de cierre patronal»; por lo que se impide dictar una legislación comunitaria sobre la huelga (Vivero Serrano, J. B., 2018, pág. 21). No obstante, y a pesar de esa limitación de tipo competencial no cabe duda del dato normativo de que la Carta reconoce el derecho de huelga y que será posible su invocación, como principio general del Derecho comunitario, frente al TJCE ante situaciones llevadas a cabo por la Unión en la esfera de las competencias que tiene atribuidas en el sistema de los Tratados (por ejemplo, véase la STJCE de 11 de diciembre de 2007, «International Transport Workers'Federation y Finnish Seamen's Union», C-438/05, apartado 44; o la STJCE de 18 de diciembre de 2007, «Laval un Partneri», C-311/05). Por otro lado, es recomendable indicar que el derecho de huelga forma parte en sí del más amplio derecho de libertad sindical de estructura compleja del *ex* art. 12. 1 CDFUE, aunque sin identificarse ni confundirse con tal derecho ni tampoco agotarse en el mismo. Desde el derecho de libertad sindical, la huelga forma parte de su contenido esencial. De igual modo, también debe ser conectado con el derecho a la negociación colectiva, porque sin derecho de huelga aquél no podría ser ejercitado plenamente y en condiciones de mínima igualdad de poder colectivo por los trabajadores. En el fondo, la huelga autentifica y otorga efectividad real al conjunto de los derechos colectivos y sindicales.

3.1.3.2. Titularidad del derecho a la huelga

Por otro lado, cuando se afronta la titularidad del derecho de huelga es preciso plantear dos tipos de problemas jurídicos: la determinación de la titularidad individual o colectiva del derecho y la identificación de los sujetos titulares del derecho y de las facultades que están implicadas en el mismo.

Respecto al carácter individual y/o colectivo del derecho de huelga, se vienen admitiendo dos posiciones diferentes que obedecen a diversas culturas jurídicas. La primera de estas posiciones configura a este derecho con una titularidad colectiva, recayendo concretamente sobre los sujetos sindicales [propio de los países anglosajones y centroeuropeos (Alemania), y ligado a la estrecha relación existente en estos países entre el ejercicio del derecho de huelga y la negociación colectiva]. Predomina una concepción orgánica de la huelga que deriva en un privilegio reservado de ordinario a los sindicatos, los cuales gozan de una cierta inmunidad civil, configurándose a la huelga como un instrumento complementario de la negociación colectiva, correspondiéndose principalmente con sistemas integrados de relaciones laborales (Mordehai Mironi, M. y Schlachter, M., 2018). La segunda posición se basa en una titularidad individual, según la cual cada trabajador individualmente considerado es titular del derecho de huelga en cuanto perteneciente a un grupo social («persona situada socialmente»), aunque debiendo conjugarse con una dimensión colectiva en los dos aspectos básicos siguientes: por la naturaleza colectiva del interés tutelado mediante la huelga y por el hecho de que ésta necesariamente se ha de ejercitar en forma colectiva, debiéndose ser proclamada en vía colectiva. Ejemplos de esta segunda opción político-jurídica serían Francia, Italia o España, prevaleciendo esta concepción en sistemas conflictivos de relaciones laborales. La Carta de los Derechos Fundamentales de la Unión Europea acoge una titularidad del derecho de huelga con una textura abierta, precisamente tratando de conciliar los diversos modelos jurídicos de los Estados miembros al respecto, estableciendo que los sujetos titulares son «los trabajadores o sus organizaciones» de defensa, de conformidad con el Derecho de la Unión y con las legislaciones y prácticas nacionales (art. 28 CDFUE).

En otro orden de consideraciones, también conviene tener en cuenta que el derecho a la huelga no es un derecho absoluto, sino que puede ser objeto de limitaciones y restricciones, e incluso prohibiciones al mismo en determinadas circunstancias. Aparte de las Fuerzas Armadas y de la Policía, que son colectivos que habitualmente sufren restricciones y prohibiciones en lo referente a sus derechos colectivos, pueden señalarse otras restricciones del derecho de huelga como las de ciertas categorías de funcionarios públicos «que ejercen funciones de autoridad en nombre del Estado», sin que deban incluirse dentro de este grupo a los maestros de centros de enseñanza públicos, ni a los trabajadores de correos, ni a los empleados de ferrocarriles, así como tampoco al personal civil de las instituciones militares que no tiene a su cargo la prestación de servicios esenciales propiamente dichos (Monereo Pérez, J. L., 2021, págs. 28-97).

Bajo el concepto de trabajadores, por tanto, en materia de libertad sindical, se deberían recoger tanto funcionarios, personal estatutario y administrativo, como contratados laborales, y este era un canon aceptable, ante la inexistencia de ley que desarrollara el art. 28.2 CE, también para establecer la condición de trabajador como ámbito subjetivo del derecho de huelga. Sin embargo, como se verá posteriormente, esta identificación entre libertad de sindicación y derecho de huelga, en un modelo constitucional en el que se procede a reconocer autónomamente del derecho de huelga, no es una regla completamente segura para proceder a señalar los sujetos titulares de uno y otro derecho.

En cualquier caso, con la expresión «trabajadores» es evidente que la norma hace referencia en primer lugar a quienes presten servicios bajo una relación laboral, por tiempo indefinido o temporal, a tiempo completo o a tiempo parcial, incluidas las relaciones laborales de carácter especial y los contratos formativos, para empresarios tanto del sector privado como del sector público, comprendidos los establecimientos militares para el personal laboral a su servicio (Gárate Castro, J., 1996, pág. 36).

En el área del trabajo público, el art. 15 EBEP establece la fórmula clásica de la titularidad individual y el ejercicio colectivo al establecer que los empleados públicos tienen el derecho «al ejercicio de la huelga, con la garantía del mantenimiento de los servicios esenciales para la comunidad». Esta prescripción no supone que el empleado público vea siempre y en todo momento condicionado el ejercicio del derecho de huelga al mantenimiento de los llamados servicios esenciales de la comunidad, sino que en relevantes sectores de la Administración y de los servicios públicos, el ejercicio del derecho de huelga va a ser restringido mediante la técnica de la imposición de un servicio mínimo, pero esta limitación se causará por el ámbito en el que se ejerce la huelga, los denominados servicios esenciales de la comunidad, y no en función de la calificación jurídica que los sujetos del derecho ostentan respecto de su relación de trabajo o de empleo. Pese a esta amplia concepción del ámbito subjetivo del derecho de huelga, hay categorías de funcionarios públicos que tienen prohibido el ejercicio del derecho de huelga, en paralelo a su exclusión del derecho de libertad sindical (Esteban Miguel, A., 2021, págs. 431-449). Son, en efecto, los siguientes:

a) Miembros de las Fuerzas Armadas y de los cuerpos sometidos a disciplina militar, como la Guardia Civil. El art. 7.2, segundo párrafo de la Ley Orgánica 9/2011, de derechos y libertades de los miembros de las Fuerzas Armadas, preceptúa que «los miembros de las Fuerzas Armadas no podrán recurrir a los medios propios de la acción sindical, entendida como negociación colectiva, adopción de medidas de conflicto colectivo y ejercicio del derecho de huelga. Tampoco podrán realizar acciones sustitutivas o similares a este derecho, ni aquellas otras acordadas con el objetivo de alterar el normal funcionamiento de las unidades de las Fuerzas Armadas. En el mismo sentido, la LO 11/2007 no sólo prohíbe el ejercicio del derecho de huelga para los miembros de la Guardia Civil, sino también «acciones sustitutivas o similares», o cualquier «concertación» para alterar el funcionamiento del servicio (Ituren Oliver, A. y Esteve Segarra, A., 2020, pág. 3).

b) Miembros de las Fuerzas y Cuerpos de Seguridad, tanto la policía de ámbito estatal como las policías autonómicas y también la policía municipal, aunque su derecho de sindicación no sufría en cuanto tal ninguna limitación como en el caso de las restantes fuerzas de policía. El art. 6. 8 LOFCS al prohibir el derecho de huelga para estos cuerpos de seguridad no contradice ni el orden constitucional español ni viola el art. 11 de la Convención Europea de Derechos Humanos (Zapirain, H., 2018, págs. 43-62).

c) Otros funcionarios públicos, como los miembros del CNI (Centro Nacional de Inteligencia) tienen prohibida de manera genérica «el ejercicio de actividades sindicales», entre las cuales se recoge la huelga. El art. 94.2 del RD 240/2013, que aprueba el Estatuto de Personal del CNI considera como falta muy grave «la violación de la neutralidad política o sindical en el desarrollo de la actuación profesional y en particular, la promoción o pertenencia a partidos políticos y sindicatos, así como el desarrollo de actividades sindicales», cuestión que se remacha en el apartado 19 de dicho artículo al establecer como conducta sancionable «la participación en cualquier tipo de medidas de presión colectiva». Es sin embargo muy dudoso que este «personal estatutario» (art. 2 RD 240/2013) pueda verse excluido de los derechos reconocidos en el art. 28 CE por medio de una norma reglamentaria, vulnerando por tanto la reserva de ley orgánica que establece el art. 53 CE para el desarrollo de tales derechos (Gálvez Biesca, S., 2021, págs. 11-26).

Por otra parte, la huelga se define según la conocida fórmula, con antecedentes italianos y franceses, de ser un derecho «de titularidad individual y de ejercicio colectivo». Así lo afirmó la STC de 8 de abril de 1981 (STC de 8 de abril de 1981, n.º 11/1981), al recordar que caracteriza el derecho de huelga «ser un derecho atribuido a los trabajadores *uti singuli*, aunque tenga que ser ejercido colectivamente mediante acuerdo o concierto entre ellos». Es un derecho que «puede ser ejercido directamente por los trabajadores, sin necesario recurso a los representantes» requiriéndose «una pluralidad de actos de ejercicio y la participación colectiva necesaria para que el acto sea reconocible como ejercicio de huelga». Sobre este punto y el carácter «inescindible» de los componentes individual y colectivo (Loffredo, A., 2008, pág. 87) ha habido un importante debate doctrinal en nuestro país que parte, sin embargo en su mayoría de aceptar el modelo derivado de la descripción realizada por el Tribunal Constitucional o, de manera más sofisticada, recurrir a la titularidad diferenciada del derecho como derecho complejo en función del contenido del mismo (González de la Aleja, R., 1999, págs. 97-181) (Lahera Fortaleza, J., 2000, págs. 79-130)[48], pero que coincide consecuentemente

48 La exposición descriptiva y valorativa que efectúan de estos debates González de la Aleja, R., «La titularidad del derecho de huelga en especial en la función pública». *Pers-*

en evitar la superposición del derecho de libertad sindical con el derecho de huelga, manteniendo éste su sustantividad propia con respecto aquel. Esta fórmula, individual/colectivo, tiene como resultado directo evitar cualquier intento de monopolización de las facultades colectivas de convocatoria o de llamada por parte de las organizaciones sindicales exclusivamente (Ybáñez Mostaza, F., 2020).

Descartada una idea «orgánica» de la titularidad del derecho de huelga, en directa dependencia de la libertad sindical, el sistema español conforma este derecho autónomamente y ello permite que puedan convocar la huelga otro tipo de organismos de representación de los trabajadores, como comités de empresa o delegados de personal y el conjunto de los mismos, reunidos en asamblea. Esta afirmación es aplicable también en el empleo público para las Juntas de Personal, como confirma el art. 15 EBEP que, como se ha dicho previamente, reconoce a los empleados públicos el derecho a la huelga como «derecho individual ejercido colectivamente», mientras que el derecho de negociación colectiva lo limita ese mismo texto legal a los sindicatos más representativos[49] en el ámbito funcional y territorial correspondiente, especificado por otra parte en las unidades de negociación que la norma contempla como «Mesas de negociación»[50].

Sin embargo, lo anterior no debe llevar a olvidar que el sujeto colectivo que integra en sus potestades de actuación el recurso a la huelga es, típicamente, el sindicato, y que el art. 2.2. d) LOLS reconoce este derecho a cualquier sindicato, independientemente de su establecimiento o representatividad, dentro o fuera de la empresa y que en el empleo público es el sujeto colectivo que tiene el monopolio de la representación para acordar los pactos o acuerdos del art. 38 EBEP (Roqueta Buj, R. y Sala Franco, T., 2019). Esta ruptura entre titularidad y ejercicio ha permitido considerar a una parte de la doctrina y de la judicatura que los Jueces, Magistrados y Fiscales mientras se encuen-

---

pectivas jurídico-críticas. Comares, Granada, 1999, pp. 97-181, y LAHERA FORTEZA, J., *La titularidad de los derechos colectivos de trabajadores y funcionarios*, Consejo Económico y Social, Madrid, 2000, pp. 79-130, aunque este último autor elabora una «lectura orgánica» de los derechos colectivos de sindicación y huelga, y de conflictos colectivos, que confluye en el sindicato como sujeto efectivo y posible de los mismos que seguramente confunde la relevancia real de la figura del sindicato en las relaciones colectivas con la problemática jurídica de la definición de los derechos derivados de un principio de autonomía colectiva en relación con la materialidad del trabajo concreto.

49 Adviértase que los sindicatos más representativos en España forman parte de confederaciones a nivel europeo y mundial. Véase ROLDÁN MARTÍNEZ, A., «Convenio sobre la libertad sindical y la protección del derecho de sindicación, 1948 (núm. 87)». *Relaciones Laborales y Derecho del Empleo*, 2019.

50 La huelga en nuestro modelo constitucional se emancipa del molde contractual colectivo, por lo que no es contradictorio esta concepción «no orgánica» de la huelga en el empleo público con el hecho de que el monopolio de la negociación colectiva de las condiciones de trabajo de los funcionarios repose en los sindicatos representativos

tren en activo tienen derecho a la huelga derivado de forma directa del reconocimiento constitucional ex art. 28.2 para estos funcionarios y sin que la exclusión del derecho de libre sindicación que opera el art. 1.4 LOLS impida que se considere espontánea y asamblearia de la misma (Rodríguez-Piñeo Royo, M., 2009)[51]. Los jueces y magistrados han efectuado en efecto huelga convocadas por asambleas o juntas de jueces, sin que participen las asociaciones profesionales del sector, que sin embargo son los interlocutores del Ministerio de justicia en la negociación de sus reivindicaciones[52].

En líneas generales, por tanto, el criterio subjetivo, la categoría del empleado público o del trabajador como titular del derecho, no es concluyente a la hora de constituir los límites al derecho de huelga en el sector público, con la exclusión de las clases que se ha indicado. Aunque se puede hablar de una técnica de regulación del derecho de huelga cuando ésta consiste en la exclusión de la titularidad y ejercicio del mismo, ciertamente en el sistema español, esta forma de regulación es secundaria respecto de la fórmula central de la esencialidad del servicio, e incluso se puede afirmar que las exclusiones más llamativas del derecho de huelga, y del de libertad sindical, no se fundamentan en juicios de continuidad del servicio o actividad sobre la base de una comparación entre derechos ciudadanos en la que debe anularse el derecho de huelga porque se considera indispensable asegurar de forma absoluta la actividad que realizan los trabajadores excluidos (Pérez Alonso, J., 2019).

Son, contrariamente, afirmaciones políticas diversas las que han suscitado esta opción legislativa de nuestro sistema jurídico, las relativas a la «neutralidad política» de estos cuerpos del Estado, su aislamiento en definitiva de cualquier esquema que asuma una cierta bilateralidad en la regulación de sus condiciones de trabajo que se sometan de forma plena a un principio de jerarquía y de inmunización democrática con el fin de fidelizar al gobierno y al Estado democrático, que se considera mejor lograda.

Otro límite aceptable se refiere a los servicios esenciales en el sentido estricto del término, entendiéndose por la OIT que estos son sólo «aquellos

---

51 Como es previsible, esta afirmación fue precedida de un debate relevante sobre la validez (legalidad) de esta interpretación escindida de los derechos de libertad sindical —de cuyo ámbito personal están expresamente excluidos jueces y magistrados por el art. 127 CE y art. 1.4 LOLS— y del derecho de huelga, basada también en la inexistencia de una prohibición legal expresa del ejercicio de la huelga para estos colectivos. Rodríguez-Piñero Royo, M., «La huelga de los jueces», *El cronista*, 2009. Disponible en: http://www.forojudicialindependiente.es/2009/02/13/la-huelga-de-los-jueces.

52 Los jueces y magistrados convocaron dos importantes huelgas en 2009 y otra en 2013, ésta última conjuntamente con los fiscales, como forma de protestar contra las reformas del CGPJ y los recortes que habían eliminado a la gran mayoría de jueces sustitutos. En todos los casos el gobierno mantuvo que los jueces y magistrados no tienen derecho de huelga, pero ni fijaron servicios mínimos ni adoptaron medidas disciplinarias contra los participantes en la misma

cuya interrupción podría poner en peligro, la vida, la seguridad o la salud de toda o parte de la población». La mayoría de los países utilizan un concepto muy amplio de servicios esenciales, en contraposición con la OIT, articulando no obstante una serie de servicios mínimos para que en las situaciones en las que no sea obligatoria una prohibición total de la huelga, pueda tratarse de asegurar la satisfacción de las necesidades básicas de los usuarios o el funcionamiento continuo y en condiciones de seguridad de las instalaciones (Argüelles Blanco, A. R., 2019, págs. 17-26).

Por último, el tercer límite vendría conformado por contextos de crisis aguda a nivel nacional o local, pese a que tengan lugar durante un período de tiempo limitado y solo en tanto en cuanto permitan hacer frente a la situación. En tales casos, habría que acordar garantías compensatorias a los trabajadores que se vieran privados del derecho de huelga (Jiménez Jaén, M. E., 2022, pág. 5).

En cuanto al momento y la forma de ejercitar el derecho de huelga, la legislación de varios países no prevé restricciones en lo que se refiere al momento en que puede iniciarse una huelga, siempre y cuando se respeten los plazos de preaviso fijados por vía legislativa o por medio de convenio colectivo. En otros sistemas los convenios colectivos se conciben como un acuerdo de paz social de duración determinada y durante ese período la ley prohíbe las huelgas y los cierres patronales. La OIT entiende que ambas opciones son legítimas, e incluso cabe prohibir las huelgas novatorias y a continuación incluir excepciones a las mismas (Monereo Pérez, J. L., 2021, págs. 353-399).

3.1.4. Derecho de reunión

Se encuentra regulado por el art. 21 de la Constitución: «se reconoce el derecho de reunión pacífica y sin armas. El ejercicio de este derecho no necesitará autorización previa. En los casos de reuniones en lugares de tránsito público y manifestaciones se dará comunicación previa a la autoridad, que sólo podrá prohibirlas cuando existan razones fundadas de alteración del orden público, con peligro para personas o bienes». En este sentido, la Ley Fundamental no dice nada sobre el derecho de reunión del personal militar (Trillo-Figueroa, F., 1979, págs. 105-140).

Por otra parte, la Ley Orgánica 1/1983, de 15 de julio, reguladora del derecho de reunión, se remite a la legislación específica militar, en concreto, al artículo 180 de la Ley 85/1978, de 28 de diciembre de 1978, en vigor hasta ese momento, de acuerdo con la Ley 39/2007 de 19 de noviembre de la carrera militar. Este artículo decía que «los militares podrán reunirse libremente para fines lícitos, en lugares públicos o privados, observando lo que, con carácter general o específico establezcan las disposiciones vigentes. En las unidades, buques y dependencias será imprescindible la autorización expresa de su jefe. En ningún caso podrán tomar parte en manifestaciones de tipo político, sindical o reivindicativo».

Tales restricciones (fines lícitos, autorización expresa en el seno de los establecimientos militares, naturaleza apolítica) acudían a la idea de que es, indudablemente, en las reuniones donde se podrían difundir eventualmente ideas políticas insubordinadas y donde se podrían defender intereses colectivos que atenten a los principios de neutralidad y disciplina (López de Gea, J., 2013, pág. 184).

En la dimensión negativa, el artículo 8.33 de la Ley 8/1998 de 2 de diciembre del régimen disciplinario, sanciona la conducta de asistir a reuniones clandestinas y el artículo 8.34 la de quien asiste «de uniforme o haciendo uso de la condición militar a cualquier reunión o manifestación si tienen carácter político o sindical», lo que quiere decir que asistir sin uniforme o sin hacer gala de ser militar sería una conducta no tipificada[53].

Por su parte, el artículo 92 del Código Penal Militar, tipifica el delito de sedición militar como el hecho de realizar una reunión clandestina «para ocuparse de asuntos del servicio», lo que conlleva un grado más de gravedad en tal conducta.

3.1.5. Derecho de asociación

Este derecho se contempla en el artículo 22 de la Carta Magna, dice así: «Se reconoce el derecho de asociación. Las asociaciones que persigan fines o utilicen medios tipificados como delito son ilegales. Las asociaciones constituidas al amparo de este artículo deberán inscribirse en un registro a los solos efectos de publicidad. Las asociaciones sólo podrán ser disueltas o suspendidas en sus actividades en virtud de resolución judicial motivada. Se prohíben las asociaciones secretas y las de carácter paramilitar».

Cobo del Rosal afirma que la libertad de asociación, como derecho fundamental de todos los ciudadanos ha sido contemplada en nuestra historia constitucional, así como por parte de las Declaraciones de Derechos Humanos de diferentes organizaciones internacionales. No obstante, el reconocimiento no es absoluto de ninguna forma, pues suele acompañarse de limitaciones, más o menos amplias, que se buscan compatibilizar con el fundamento mismo de la libertad de asociación (Cobo del Rosal, M. y Boix Reig, J., 1982, pág. 27).

Efectivamente, tanto el Pacto Internacional de los Derechos Civiles y Políticos, de 19 de diciembre de 1966, como el Convenio Europeo para la Protección de los Derechos Humanos y Libertades Fundamentales de 4 de noviembre de 1950 prevén que «el ejercicio de este derecho sólo podrá estar sujeto a las restricciones previstas por la ley que sean necesarias en una sociedad

---

53 Subdirección General de Constitucional y Derechos Humanos, «Rafael Benavent Díaz contra España. Decisión. Demanda n.° 46479/10», *Boletín del Ministerio de Justicia*, 2018, núm. 2205, pp. 22 y ss.

democrática, en el interés de la seguridad nacional, de la seguridad pública o del orden público o para proteger la salud o la moral pública o los derechos y libertades de los demás. El presente artículo no impedirá la imposición de restricciones legales al ejercicio de tal derecho cuando se trate de miembros de las Fuerzas Armadas o de la Policía». Y la Ley Fundamental, aunque no prohíbe el derecho de asociación a los miembros de las Fuerzas Armadas, contempla algunos límites, aunque cabe señalarse que no se aplica exclusivamente a los militares sino a todos que lo ejerzan (Pinto, M., 2021).

Una asociación implica ejercer una de las libertades colectivas; «es una entidad con personalidad jurídica, con vocación de permanencia, con un mínimo de organización» (Casado Burbano, P., 1986, pág. 147) y que busca salvaguardar los intereses comunes. Por ello es fácil comprender que el asociacionismo haya estado tradicionalmente vetado al militar, pues comprometerse con una línea ideológica puede conllevar un importante impedimento a la neutralidad y a la subordinación al poder civil que se requieren al militar (Barros, M. y Salvi, V., 2022, págs. 6-11).

3.1.6. Principales límites de los militares en el ejercicio de derechos

Los principales límites a los que están sujetos los militares en el ejercicio de sus derechos fundamentales contemplados en la Carta Magna, expresados de forma tácita en su mayoría, son los siguientes: a) el art. 70 e) excluyó a los militares del derecho de sufragio pasivo —confirmándose de forma implícita el principio de neutralidad política de la milicia bajo el nuevo régimen—; b) los arts. 25 y 26 admitieron para los militares, también tácitamente, la posibilidad de ser sancionados con privaciones de libertad sin el concurso de autoridad judicial alguna y la posibilidad de ser sometidos a Tribunales de Honor; c) el art. 117 perfiló las nuevas bases de la jurisdicción militar; d) el art. 29.2 condicionó el derecho de petición de los militares a su ejercicio individual y escrito —principios que, por razones de disciplina, se extienden al resto de las acciones administrativas de los militares—; e) el art. 105 b) niega a los ciudadanos el libre acceso a los archivos y registros militares, y f) el art. 28, finalmente, alude a la sindicación y negociación colectiva de los militares sin hacer más previsión que remitirse al legislador ordinario (López-García, G., 2020).

Pese a todo, ni en los trabajos parlamentarios ni en el texto de la Constitución se contempla la libertad de expresión del militar y, además, toda la legislación sobre el asunto (sobre la base del Código de Justicia Militar), una vez promulgada aquélla, tenía carácter ordinario. Este hecho, tratándose de la restricción de un derecho fundamental, justificaba muy pobremente los límites a que se le sometía. De ahí la extraordinaria importancia de la jurisprudencia del Tribunal Constitucional en aquellos primeros momentos y hasta la entrada en vigor de la Ley Orgánica de Régimen Disciplinario para las Fuerzas Armadas, Ley Orgánica 12/1985 de 27 de noviembre y del Código Penal Militar, Ley Orgánica 13/1985 de 9 de diciembre, ya que no existe una delimitación positiva del contenido que la libertad de expresión tiene para el militar, sino que se hace indispensable configurarla a partir de las prohibiciones de formas concretas de manifestación. Por tanto, los límites entre el legítimo ejercicio de la libertad de expresión y el abuso de ésta son los marcados por el Derecho disciplinario militar, pues éste contiene las infracciones de menor entidad, en las que gravita la débil frontera entre lo lícito y lo ilícito en cuanto a la expresión de ideas, opiniones o creencias de los militares (Villegas Guzmán, V. H., 2022).

La Ley Orgánica de Régimen Disciplinario contempla las siguientes categorías de infracciones que toman como modo de acción la emisión de expresiones impropias:

1. Indiscreciones en materia de obligada reserva (art. 8.4) o divulgación de información que afecte a la seguridad o defensa nacional (art. 9.9);
2. Hacer reclamaciones o peticiones en términos irrespetuosos (art. 8.12) o hacerlas de forma contraria a la disciplina o basadas en aseveraciones falsas, realizarlas a través de los medios de comunicación social o con carácter colectivo (art. 9.15);
3. Emitir o tolerar expresiones contrarias a los símbolos de la nación o autoridades civiles o militares (arts. 8.28 y 9.26);
4. Expresar públicamente opiniones que supongan infracción del deber de neutralidad política o sindical (arts. 8.30 y 9.28) (Velásquez Zambrano, M.ª T. y Farfán Lagarcha, M.ª B., 2021, págs. 5-15).

3.2. Las restricciones procedentes de la relación especial de sujeción del militar

El ordenamiento jurídico contempla una protección reforzada de los derechos fundamentales en general y entre ellos a la libertad de expresión. En este sentido, señala la STC 371/1993 de 13 de diciembre: «las libertades reconocidas en el art. 20.1 a) y d) de la Constitución no sólo son consideradas por el Tribunal Constitucional derechos fundamentales, sino que significan el reconocimiento y la garantía de una institución política fundamental, que es la opinión pública libre, indisolublemente ligada al pluralismo político, por lo que trasciende el significado común y propio de los demás derechos fundamentales. [...] En consecuencia, ha de reconocerse una posición preferente, en razón de su dimensión constitucional, a las libertades contenidas en el art. 20 de la Constitución cuando se ejerciten en conexión con asuntos que sean de interés general y contribuyan a la formación de una opinión pública libre y plural»[54].

54 STC de 13 de diciembre de 1993, n.º 371/1993, rec. 2469/1991 (FJ 2.º). Sobre esta cuestión véase también Carmona Cuenca, E., «Estado de alarma, pandemia y derechos fundamentales ¿limitación o suspensión?», *Revista de derecho político*, núm. 112, 2021, pp. 13-42.

Nada de esto, sin embargo, excusa a la libertad de expresión de sufrir una serie de límites, tanto específicos cuanto genéricos, todos ellos al servicio de principios de interés común y de superior rango. Los límites específicos se deducen del texto constitucional (art. 20.4 de la Constitución). Los genéricos se dividen a su vez en implícitos, si se infieren de la naturaleza del derecho fundamental o de la normatividad inmanente en la naturaleza de las instituciones, o explícitos, cuando se deducen de la interpretación conjunta de otros preceptos del propio texto constitucional. La interpretación del Tribunal Constitucional —hasta la entrada en vigor de la Ley Orgánica de Régimen Disciplinario— se orientó en este último sentido, si bien se han atravesado diversos estadios (Henríquez Viñas, M., 2021, págs. 1-14).

Cuando la Carta Magna entra en vigor, la única regulación existente era la contenida en el art. 437.4 a) del Código de Justicia Militar («acudir a la prensa o a otros medios de difusión análoga, por primera vez, sobre asuntos del servicio propios del implicado o pendientes de petición o recurso en favor de su pretensión [...]», en los que se considerarán comprendidos: «a. Los escritos contrarios a la disciplina o al respeto a la Constitución, al Jefe del Estado, al Gobierno, al Ministerio de Defensa o a las Autoridades militares y superiores jerárquicos cuando no constituyan responsabilidad más grave»), precepto en cuyo tenor literal se comprendían conductas de indudable gravedad y que merced a lo determinado de sus contornos arrojaba poca luz sobre el auténtico contenido de la libertad de expresión del militar. Su carácter preconstitucional lo colocaba en una situación de aparente precariedad, pues el art. 177 de las Reales Ordenanzas se remitía a la ley —por entonces inexistente— para establecer límites a la manifestación del pensamiento, y el art. 178 condiciona la libertad de expresión al requisito de la autorización previa cuando afecte a cuestiones de seguridad. Formalmente al menos no se apreciaban especiales límites. De ahí que cuando el 22 de diciembre de 1982 se planteara el primer recurso de amparo en materia de libertad de expresión del militar, el Tribunal Constitucional, aunque no acepta la pretensión defectos formales, argumentara extensamente en torno al caso, reconociendo la existencia de límites implícitos, cuales son, por una parte —y dentro del propio texto constitucional— los arts. 1.1 (la justicia como valor superior del ordenamiento jurídico), 9.1 (sometimiento a la Constitución y al ordenamiento jurídico de los ciudadanos y poderes públicos) y 10.1 (respeto a la Ley y al derecho de los demás), por otra, el art. 26 de la Ley Orgánica 6/1980 de 1 de julio, de Defensa Nacional y Organización Militar —derivada del art. 8.2 de la Constitución—, que remite a las Reales Ordenanzas para las obligaciones, normas de conducta, deberes y disciplina del personal militar, con el contenido señalado en los arts. 169, 177, 178 y 203 (Marabal Matos, J. J., 2022, págs. 351-388).

De la citada combinación de preceptos el Tribunal Constitucional extrae la que será base de su argumentación, y una de las partes más parafraseadas de toda la jurisprudencia sobre este asunto: «No puede caber duda de que, dada la importante misión que a las Fuerzas Armadas asigna el art. 8.1 de la Constitución, representa un interés de singular relevancia en el orden constitucional el que las mismas se hallen configuradas de modo que sean idóneas y eficaces para el cumplimiento de sus altos fines, de garantizar la soberanía e independencia de España, defender su integridad territorial y su ordenamiento constitucional. A tal fin, la específica naturaleza de la profesión militar exige en su organización un indispensable sistema jerárquico, manifestado en una especial situación de sujeción enmarcada en la disciplina, que impone una precisa vinculación descendiente para conseguir la máxima eficacia y el factor de precisa conexión que obliga a todos por igual, como claramente se deriva de lo dispuesto en los arts. 1, 10 y 11 especialmente, así como en los arts. 25, 28, 32, 42, 47, 177 y 203 de las Reales Ordenanzas» (ATC de 30 de julio de 1983, n.º 375/1983, rec. 499/1982).

Se trata, en suma, de una manifestación de la normatividad inmanente de la naturaleza de la profesión militar en lo que al ejercicio de la libertad de expresión se refiere, como determinación de límites consustanciales, no al derecho o libertad de expresión, sino a la propia institución militar, institución que debe mantenerse fuerte y unida, apta para llevar a cabo los transcendentales cometidos que la Constitución le atribuye y que, de mantener a ultranza interpretaciones tolerantes hacia conductas disgregadoras, podría verse menoscabada de un modo considerable. Piénsese que los grandes principios sobre los que gira la libertad de expresión en las Fuerzas Armadas son la disciplina, la reserva sobre asuntos del servicio y la neutralidad política. La mayor parte de las sentencias que integran la jurisprudencia sobre la materia que ahora se estudia atentan contra la disciplina, por faltar al *buen modo* que se exige de los miembros de las Fuerzas Armadas. No existe jurisprudencia que conecte la libertad de expresión con materias de obligada reserva, sino que se ha canalizado estos casos hacia las diversas figuras penales o disciplinarias de revelación de secretos. Finalmente, sólo hay una sentencia —que más adelante se expone— referida a la neutralidad política, al haber terciado su autor, en plena campaña electoral, en un asunto debatido durante la misma por las diversas formaciones políticas (en concreto, el modelo de servicio militar) (Fernández-Roca Suárez, C. H., 2018).

En esta última materia, el Tribunal Constitucional estableció en 1985 (sentencia 97/1985), mediante el sistema de los límites implícitos, el principio de unidad interna, que excluye manifestaciones de opinión que pudieran introducir «disensiones y contiendas dentro de las Fuerzas Armadas, las cuales necesitan imperiosamente, para el logro de los altos fines que el art. 8.1 de la Constitución les asigna, una especial e idónea configuración» (FJ 4.º), basada en la disciplina, unidad y jerarquía (González Alonso, F., 2020, págs. 153-184).

Tras la entrada en vigor de la Ley Orgánica de Régimen Disciplinario, la justificación constitucional de los límites queda completa.

Los principales problemas prácticos con los que se enfrenta la libertad de expresión del militar son, por una parte, evitar que la conjunción del principio de disciplina y el deber de la neutralidad conduzcan al militar al puro y simple silencio y, por tanto, a la negación de facto de la libertad de expresión. Por otra, la proliferación de conceptos jurídicos indeterminados en el seno del derecho disciplinario militar. Tales conceptos habrán de ser interpretados a la luz de la experiencia personal de la Autoridad sancionadora y, por tanto, de una costumbre proveniente de la herencia cultural castrense, en gran medida anterior a la Constitución (Rodríguez-Villasante, J. L., 2018, págs. 83-106).

La sentencia del Tribunal Supremo de 19 de abril de 1993 (STS de 19 de abril de 1993, n.º 20/1993) hace una síntesis de los límites de la libertad de expresión del militar, y constituye una muestra, como se expresaba, de la abundancia de conceptos jurídicos indeterminados: «todo miembro de las Fuerzas Armadas puede expresarse libremente siempre que observe con la mayor escrupulosidad el respeto debido a sus superiores jerárquicos y a la dignidad y honor de superiores, iguales e inferiores; que observe con idéntica severidad su deber de neutralidad política; que dé cumplimiento a sus obligaciones sobre previa autorización cuando la materia sobre la que pretende manifestarse es de las sometidas a este requisito; y que acate, en general, las limitaciones que su estatuto personal —libremente escogido y aceptado— le imponen» (García Salguero, V. M., pág. 267).

Las mayores dificultades interpretativas con las que la jurisprudencia se ha enfrentado radican en la primera de ellas y en la tercera (escrupuloso respeto al superior y neutralidad política, respectivamente), pues no se ha encontrado conflicto alguno con la libertad de expresión en los casos de quebrantamiento de la reserva sobre asuntos del servicio, y en cuanto a la pretensión de amparar en la libertad de expresión los calificativos de «pelota» y «mierda» dirigidos a un compañero (sentencia del Tribunal Supremo de 7 de marzo de 1994), no merece la menor consideración.

En el ejercicio de la libertad de expresión tan importante como lo expresado es el medio empleado, por lo que la exposición que sigue atiende a ambas cuestiones:

Manifestaciones en prensa

El medio concreto en el que se produzcan (prensa escrita, radio o televisión) tiene una importancia secundaria. Los supuestos posibles son los siguientes:

1. **Escritos colectivos**: El único asunto de escrito colectivo que ha llegado a la jurisprudencia del Tribunal Constitucional fue el llamado Manifiesto de los Cien, documento suscrito por militares y difundido el 8 de diciembre de 1981 por la Agencia Efe (auto del Tribunal Constitucional núm. 375/1983 de 30 de julio), asunto en el que uno de los firmantes acudió en amparo al Tribunal Constitucional, dando lugar

a la primera resolución de éste sobre la libertad de expresión de los militares bajo el nuevo orden político (ATC de 30 de julio de 1983, n.º 375/1983, rec. 499/1982).

El citado Manifiesto se dirigía a la opinión pública en general y a los representantes de los medios de comunicación social en particular recriminándoles las críticas erróneas, deformadoras, peyorativas por antimilitares, despreciativas para símbolos y valores nacionales y castrenses, así como sus ataques, insultos y calumnias hacia las Fuerzas Armadas (ATC de 30 de julio de 1983, n.º 375/1983, rec. 499/1982).

A pesar de que sus firmantes decían que las declaraciones estaban hechas «a título personal y en virtud de lo expresado en el artículo 178 de las Reales Ordenanzas» (Barrios Flores, L. F., 2021, págs. 151-188), el Tribunal Constitucional consideró que la naturaleza jurídica de los hechos no coincidía, sin embargo, con las manifestaciones expresas del Manifiesto, pues: primero, el recurrente decía actuar como Cuadro de Mando de las Fuerzas Armadas; segundo, la acción individual desapareció ante el agrupamiento de numerosos firmantes en acción colectiva; y tercero, por el modo plural en el que estaba redactado se derivaba claramente que su destinatario real y más importante era también la Superioridad militar de los firmantes.

En relación con esto último, se consideraba así no sólo por la velada censura que de su contenido se desprendía para aquella Superioridad, sino también porque sólo a ésta competía la decisión de «profesionalizar, democratizar o depurar» a las Fuerzas Armadas. Además, la quinta de las afirmaciones conclusivas contenía una admonición al «poder político», al que se significaba que «debe respetar la necesaria autonomía del Ejército», aludiéndose de forma velada bien a las Cortes Generales, bien al Gobierno, o a ambos a la vez, pues es evidente que tal poder representa, respecto de los firmantes, la Superioridad, a la que hicieron llegar propuestas o reclamaciones en términos imperativos (Barrios Flores, L. F., 2021, págs. 151-188).

Por otra parte, la publicidad dada al Manifiesto no era el medio más discreto y respetuoso de hacer llegar propuestas a sus superiores, cuyas funciones, además, absorbieron.

El Tribunal Constitucional propuso una conducta alternativa dentro de la legalidad: «la única facultad que podían aquellos firmantes ostentar era dar a conocer individualmente las razones de insatisfacción que sentían, exponiéndolas en debida forma y con detalle a sus naturales Jefes Superiores, cumpliendo con lo dispuesto en el art. 203 de las mismas Ordenanzas, para que pudieran éstos comunicarlas a los Altos Jefes del Ejército para su decisión» (García Viña, J., 2022, págs. 74-104).

2. **Cartas al Director**. Frente a las tribunas o artículos de opinión, la sección de Cartas al Director es un medio relativamente fácil para acceder a la prensa escrita, pues pasa por controles menos rigurosos por parte de la Redacción en lo que a oportunidad de su contenido y perfección gramatical se refiere, en especial en la prensa local. Los grandes rotativos, por el contrario, atienden más a la contundencia del contenido —y a la condición del firmante— que a aspectos estilísticos.

   En la sentencia del Tribunal Supremo de 5 de noviembre de 1991 (RJA, 8484) —cuyo amparo sería resuelto por la sentencia del Tribunal Constitucional núm. 371, de 13 de diciembre de 1993— se trataba de una carta publicada en el diario Ya en la que se censuraba la concesión de pensiones a los militares de la 2.ª República, diciendo —y ésa fue la causa de la sanción— que consistía en «regalar dinero a los amigos», calificando el hecho como «poco ético» (STS, 5 de Noviembre de 1991. VLex, 2022, vlex.es/vid/-203504891).

   La Autoridad militar consideró el hecho constitutivo de la falta del art. 8.26 de la Ley Orgánica de Régimen Disciplinario («actos levemente irrespetuosos contra el Gobierno, las Autoridades Civiles, los Parlamentarios...») al entender que tales expresiones conllevan un «significado deshonorante» tanto para el Gobierno cuanto para las Cortes Generales[55].

   El Tribunal Supremo admitió el derecho del encartado a defender un modelo de servicio militar retribuido «y a expresar, por otra parte, siempre con la debida discreción y compostura, su discrepancia con la concesión de pensiones a los militares de la 2.ª República si no es capaz de entender las razones por las que se estimó justo concederlas y actualizarlas». Lo que no puede, sin embargo, es «expresar la discrepancia de forma destemplada» —como lo hizo— «y, mucho menos, acompañándola de juicios de valor en que, de forma abierta e inequívoca, se cuestiona la probidad pública de quienes, ejerciendo aquellos poderes, adoptaron la medida».

   En el recurso de amparo, el Ministerio Fiscal abogó por su admisión, pues consideró: primero, que en la carta sancionada había una importante componente de libertad de información que no se había ponderado bastante; segundo, que las instituciones constitucionales supuestamente ofendidas carecen de honor en el sentido personalista utilizado por el art. 18.1 de la Constitución, siendo más apropiado hablar de dignidad o prestigio, por lo que el ilícito sería más un desacato —en su caso— que la falta sancionada; tercero, que las libertades

55 Consejo General Del Poder Judicial, «Buscador de Contenidos", *Poder Judicial*, 2015, www.poderjudicial.es/search/openDocument/dd77011c40fe491e.

de información y expresión del recurrente no habían sido utilizadas abusivamente, por ir dirigidas —como ciudadano y no como funcionario, a pesar de hacerse referencia a su profesión militar— contra la gestión pública de las instituciones como titulares de cargos representativos, formadora de un estado de opinión y sin la existencia de un *animus iniuriandi*. Ninguno de tales argumentos, sin embargo, fue tomado en consideración por el Tribunal Constitucional.

3. **Tribunas o artículos de opinión**: artículos técnicos. La jurisprudencia por razón de manifestaciones hechas por militares en tribunas (artículos de opinión) se reduce a dos casos, mientras que no hay sentencia alguna a consecuencia de lo manifestado en artículos técnicos. No existe fundamento jurídico que justifique esta distinción, pues también las manifestaciones técnicas conllevan argumentos y opiniones personales en ocasiones irrespetuosas para la Superioridad o para los órganos políticos, si bien es cierto que la mayor reflexión que acompaña este tipo de escritos suele atemperar las expresiones empleadas en los mismos, el buen modo, en suma.

   Sin embargo, en el caso de la sanción del art. 8.30 de la Ley Orgánica de Régimen Disciplinario («expresar públicamente opiniones que supongan infracción del deber de neutralidad en relación con las diversas opciones políticas o sindicales o que afecten al debido respeto a decisiones de Tribunales de Justicia») la jurisprudencia ha dado gran importancia al medio en el que se ha publicado la opinión que se sanciona. Así, en la sentencia del Tribunal Supremo del 11 de octubre de 1990 (RJA 8094) —sobre un artículo publicado en la precampaña electoral por un militar conteniendo sus opiniones sobre un ejército profesional, siendo éste un tema objeto de atención y debate por las diversas opciones políticas— se resalta el hecho de haberse publicado en la «prensa de general difusión» (FJ 3.º), «un medio no técnico, sino de divulgación general», de donde cabe deducir, en sentido contrario, que en iguales condiciones pero publicado en un medio técnico de difusión (libro o revista especializada) el hecho no habría sido sancionable.

   En dicha sentencia se indica asimismo que lo sancionado no es haberse inclinado por una opción política concreta, sino el haber terciado en la discusión al ser una «infracción del deber de neutralidad política, en cuanto supone, directa o indirectamente, apoyo para alguna de las posturas de algún partido, siendo indiferente el que sea una u otra la formación política beneficiada o perjudicada», pues —como señala la sentencia del Tribunal Supremo de 5 de noviembre de 1991 (RJA 8484)— «allí donde la neutralidad política es un deber legal indiscutido y la manifestación del conflicto ideológico está proscrita —como ocurre en el ámbito de las Fuerzas Armadas por motivos que guardan una directa relación con el valor de la unidad— tendrá que reputarse lógico y razonable que se someta a límites estrictos una actividad que en el resto de la sociedad debe encontrar, en cambio, las mayores facilidades».

En la sentencia del Tribunal Supremo del 19 de abril de 1993 (RJA 2783) se enjuiciaron las opiniones publicadas acerca del trato dispensado a uno de los implicados en el 23 F y de la política del Gobierno de emplear para cargos ministeriales personas no militares que —en palabras del sancionado— «no entienden ni palote», haciendo que «el prestigio de los que mandan está (esté) por los suelos». La Sala reiteró en la sentencia que lo sancionable no era la manifestación de un criterio dispar, sino la falta del buen modo exigible a todo militar, de tal forma que «respetando la libertad de expresión, como ordena la Constitución, se apreció una falta en el modo de decir y sólo cuando el modo de decir fue impertinente, irrespetuoso y, en ocasiones, incluso chabacano. Parece, pues, razonable que cuando la opinión (acerca de la política de altos cargos del Ministerio de Defensa) —naturalmente, también discutible— se expuso con la necesaria corrección, se pasase por alto aquélla, ya que en sí misma no es sancionable la tesis y (si) está respetuosamente expuesta, no ha lugar a ocuparse de ella» (FJ 2.º); y añade (FJ 3.º) que un artículo donde se recoge una opinión contraria al trato que legítimamente recibe un cierto condenado, en el tono en que tal opinión se manifiesta conforma evidentemente una expresión crítica hacia determinados mandos, en este caso judiciales, y contra el Gobierno en cuanto tal crítica se relaciona con la posible concesión de un indulto y con el posible abuso de esta institución al aplicarse a asesinos y no a otro tipo de delincuentes (Vacas García-Alós, L.F., 2018, pág. 369).

4. **Las ruedas de prensa, entrevistas en los medios de comunicación y demás formas de expresión oral y pública** del militar son los que más antecedentes jurisprudenciales presentan, pues si, por una parte, son difíciles de conciliar con una expresión libre del militar, por otra están expuestas a reflejar el estado de ánimo del hablante sin la mesura que confiere la redacción —y revisión— de un texto escrito. Además, son susceptibles de manipulación por algunos medios de comunicación, sacando expresiones de su contexto o transcribiendo porciones incompletas y heterogéneas de la declaración.

   Sin embargo, de la sentencia del Tribunal Supremo de 18 de mayo de 1991, que se ocupa de las manifestaciones hechas en rueda de prensa por un miembro de la Guardia Civil, se desprende que no es el hecho de acudir a estos medios lo que se sanciona, sino, primero, el hecho de utilizarlo como medio alternativo de canalizar protestas o recursos, y, segundo, lo impropio de los términos utilizados en el acto de la rueda de prensa.

   Así, en el FJ 8.º de la citada sentencia se dice: «simultanear con la reclamación correctamente articulada a través del recurso legalmente establecido la protesta paralela ante los medios de comunicación social, en la medida en que supone un planteamiento del conflicto fuera del único cauce admisible, pone en peligro la unidad en que descansa básicamente todo Ejército bien organizado y quebranta en forma grave el valor de la disciplina. [...] Puede decirse, a la vista de lo constatado documentalmente en el expediente que la actitud y manifestaciones del recurrente ante los medios de comunicación social, están reñidas con la prudencia y mesura con que debe expresarse un militar, pecan de deslealtad hacia sus superiores, adjetiva con términos como "arbitrariedad" o "desviación de poder" las decisiones del Mando, fomenta la sindicación prohibida, y propugna la modificación estatutaria del Cuerpo, legalmente establecida, por la vía inadecuada de la protesta generalizada y del descrédito de la Institución».

La sentencia del Tribunal Supremo de 11 de octubre de 1990, analizando la infracción disciplinaria del art. 9.15 de la Ley Orgánica de Régimen Disciplinario [«hacer reclamaciones, peticiones [...] a través de los medios de comunicación social»], declara que no toda manifestación realizada por un militar a través de los medios de comunicación social haya de constituir, sólo por dicha circunstancia, esta especie de infracción disciplinaria, por lo que habrá que determinarse en cada caso cuándo el uso de los medios de comunicación social producirá tal efecto, lo que se cifra tanto en las manifestaciones que —bien por sí mismas o por el contexto en el que se producen— sean contrarias a la disciplina o al deber de neutralidad política o que, teniendo por contenido una reclamación o petición, sean hechas a través de los medios de comunicación. Así, la sentencia concreta el tipo disciplinario diciendo que «la proclamada discrepancia con la sanción impuesta por la falta leve, la calificación de »injusto» proyectada sobre el acuerdo que se la impuso y la afirmación de que las declaraciones que habían sido corregidas estaban amparadas por su derecho a la libertad de expresión, hubieran sido legítimas —y desde luego no constitutivas de falta grave— si el recurrente no las hubiese hecho públicas a través de la prensa y la radio».

CAPÍTULO IV

LA PROTECCIÓN DEL CONVENIO EUROPEO DE DERECHOS HUMANOS

4.1. Los derechos de los militares. Incidencia del Convenio y la interpretación del Tribunal Europeo de Derechos Humanos

El Convenio Europeo de Derechos Humanos, técnicamente denominado Convenio para la Protección de los Derechos Humanos y las Libertades Fundamentales (en adelante CEDH), fue firmado en la ciudad de Roma en fecha 4 de noviembre de 1950, entrando en vigor el 3 de septiembre de 1953. Este se llevó a cabo en dicho momento por obtener el número mínimo de ratificaciones que venía exigido por el propio tratado. De manera posterior, llegó a ser enmendado mediante los Protocolos adicionales con número 3 a fecha de 6 de mayo de 1963, y número 5 con fecha 20 de enero de 1966. El Ministro de Asuntos Exteriores de España, firmó el mismo en Estrasburgo, el día 24 de noviembre de 1977, publicándose en el BOE número 243, de fecha 10 de octubre de 1979, el instrumento de ratificación del CEDH (BOE n.º 243 Octubre 1978).

España formuló una serie de reservas, a tenor de lo dispuesto en el artículo 64 del Convenio y que desarrollaremos en el capítulo siguiente del trabajo. Dicho Convenio presenta a lo largo de su articulado, un amplio catálogo de derechos humanos y derechos fundamentales que deben de ser protegidos bajo el amparo de la Declaración Universal de Derechos Humanos, mediante la aplicación de eficaces mecanismos de control tanto jurisdiccionalmente como extra-jurisdiccionalmente (BOE n.º 243 Octubre 1978).

Esta protección, ejercida por los mecanismos de garantía, supone sin ningún género de dudas, que el CEDH constituye el código supranacional con mayor influencia en el ámbito competencial de la UE, constituyendo las normas básicas que estructuran el sistema común de valores y de principios constitucionales por el cual se rigen los países que forman parte del Consejo de Europa (Teruel Lozano, G. M., 2020, págs. 15-16).

Uno de los requisitos que los países miembros de la UE tienen que cumplir para pertenecer a la misma, pasa por la ratificación del CEDH, así como los Tratados constitutivos (Gil Blanco Rajoy, J. J., 2020, págs. 5-15)[56].

Asimismo, tal y como se refleja en el Preámbulo de este Declaración, ésta se caracteriza por disponer unos principios y un espíritu legislativo muy particular centrados principalmente a la aplicación universal y efectiva de sus derechos[57]. Del mismo modo, el CEDH, que produce efectos jurídicos en el ordenamiento jurídico español, dispone de 59 artículos, divididos en tres títulos, los cuales procedemos a comentar a continuación.

El Título primero hace referencia a los derechos y libertades, recogiendo en su articulado los siguientes derechos:

Derecho a la vida (art. 2), prohibición de la tortura (art. 3), prohibición de la esclavitud y del trabajo forzado (art. 4), derecho a la libertad y a la seguridad (art. 5), derecho a un proceso equitativo (art. 6), no hay pena sin ley (art. 7), derecho al respeto a la vida privada y familiar (art. 8), libertad de pensamiento, de conciencia y de religión (art. 9), libertad de expresión (art. 10), libertad de reunión y de asociación (art. 11), derecho a contraer matrimonio (art. 12), derecho a un recurso efectivo. (art. 13), prohibición de discriminación (art. 14), derogación en caso de estado de urgencia (art. 15), restricciones a la actividad política de los extranjeros (art. 16), prohibición del abuso de derecho (art. 17), limitación de la aplicación de las restricciones de derechos (art. 18).

Cabe subrayar que el artículo 15 del CEDH, el cual establece la posibilidad de dejar sin efecto las obligaciones que el Convenio, prevé para los países

---

56 Gil Blanco-Rajoy, J. J., *La adhesión de la UE al Convenio Europeo de Derechos Humanos: antecedentes, problemática y perspectivas*, 2020, pp. 5-15.

57 Como aproximación al espíritu del legislador establecido en el Convenio, encontramos en el preámbulo del mismo, la siguiente consideración: «*Considerando que esta Declaración tiende a asegurar el reconocimiento y la aplicación universales y efectivos de los derechos en ella enunciados; Considerando que la finalidad del Consejo de Europa es realizar una unión más estrecha entre sus miembros, y que uno de los medios para alcanzar esta finalidad es la protección y el desarrollo de los Derechos Humanos y de las libertades fundamentales; Reafirmando su profunda adhesión a estas libertades fundamentales que constituyen las bases mismas de la justicia y de la paz en el mundo, y cuyo mantenimiento reposa esencialmente, de una parte, en un régimen político verdaderamente democrático, y, de otra, en una concepción y un respeto comunes de los Derechos Humanos que ellos invocan. Resueltos, en cuanto Gobiernos de Estados europeos animados de un mismo espíritu y en posesión de un patrimonio común de ideales y de tradiciones políticas, de respeto a la libertad y de preeminencia del Derecho, a tomar las primeras medidas adecuadas para asegurar la garantía colectiva de algunos de los derechos enunciados en la Declaración Universal; [...]*».

que hayan ratificado el mismo, en los casos de guerra u otro peligro que amenace a la vida de la nación previa «información al Secretario General del Consejo de Europa de las medidas tomadas y de los motivos que las han inspirado». Asimismo, «deberán igualmente informar al Secretario General del Consejo de Europa de la fecha en que esas medidas hayan dejado de estar en vigor y las disposiciones del Convenio vuelvan a tener plena aplicación»[58]. Del mismo modo, este mismo artículo establece que en un posible supuesto de guerra o de cualquier otro peligro que llegue a amenazar la vida de la nación, cualquier miembro podrá tomar medidas que deroguen las obligaciones del Convenio, siempre que la situación lo exija y siempre que tales medidas no sean contrarias a otras obligaciones que establezca el Derecho Internacional (Bonet i Pérez, J., 2020, págs. 873-919).

El Título segundo, que comprende los artículos del 19 al 51, establece la composición, el funcionamiento y el ámbito competencial del TEDH.

El Título III, artículos 52 a 59, regula disposiciones diversas relacionadas con el convenio.

Como hemos podido observar con anterioridad, el Convenio Europeo de Derechos Humanos proporciona una serie de efectos a nuestro ordenamiento jurídico. Del mismo modo, el artículo 10.2 de la Constitución Española consigna a la Declaración Universal de Derechos Humanos, y a los diversos acuerdos y tratados de carácter Internacional, sobre las mismas materias y que fueron ratificados por España, para poder interpretar las normas relativas a los derechos fundamentales y las propias libertades de índole públicas que vienen reconocidas por la propia Constitución (Fernández Zarza Asensio, J. F., Madrid).

La STC 235/2000, de 5 de octubre, del año 2000 (FJ 1.° y 2.° de la STC de 5 de octubre de 2000, n.° 235/2000, rec. 830/1992 y 2351/1993), en su Fundamento Jurídico 11 reza «con independencia de que los Tratados Internacionales no constituyen canon para el enjuiciamiento de la adecuación a la Constitución de normas dotadas de rango legal». Asimismo, la doctrina constitucional en las Sentencias del Tribunal Constitucional 49/1988, de 22 de marzo, FJ 14.°; 28/1991, de 14 de febrero; 254/1993, de 20 de julio (FJ 5.° de la STC de 20 de junio de 1993, n.° 254/1993, rec. 1827/1990) indican que los Tratados Internacionales según nuestra doctrina, «no constituyen canon para el enjuiciamiento de la adecuación a la Constitución de normas dotadas de rango legal [...] lo que no puede ser óbice para subrayar la importancia que reviste la remisión constitucional (art. 10.2 CE) a determinados

58 Resolución de 5 de abril de 1999, de la Secretaría General Técnica, por la que se hacen públicos los textos refundidos del Convenio para la protección de los derechos y de las libertades fundamentales, hecho en Roma el 4 de noviembre de 1950; el protocolo adicional al Convenio, hecho en París el 20 de marzo de 1952, y el protocolo número 6, relativo a la abolición de la pena de muerte, hecho en Estrasburgo el 28 de abril de 1983. BOE. N.° 108, de 6 de mayo de 1999, páginas 16808 a 16816.

instrumentos de Derecho internacional como criterio interpretativo de los derechos fundamentales». Como se ha reiterado en la STC 236/2007, de 7 de noviembre, «esa decisión del constituyente expresa el reconocimiento de nuestra coincidencia con el ámbito de valores e intereses que dichos instrumentos protegen, así como nuestra voluntad como Nación de incorporarnos a un orden jurídico internacional que propugna la defensa y protección de los Derechos Humanos como base fundamental de la organización del Estado» (Vid. STC 235/2000, de 5 de octubre., FJ 11.º).

La doctrina (León Bastos, C., 2010, págs. 108-109) ha interpretado que el primer apartado del art. 10.2 constituye una declaración de los principios valorativos generales, incluyendo la dignidad de la persona, los derechos inviolables a ella inherentes, el libre desarrollo de la personalidad, respecto a la ley y a los derechos de los derechos como fundamento del orden jurídico y de la paz social. El segundo apartado engloba algo más de «positividad» ya que incluye un criterio interpretativo que se adapta de forma perfecta a la hora de englobar su aplicación garantizadora y jurisprudencial. De este modo, el art. 10 de la Carta Magna expresa la recepción constitucional de valores de la dignidad y la libertad de la persona, entendidos como inherentes al ordenamiento internacional. El resultado es que el art. 10.2 relaciona el texto español y los instrumentos internacionales, formando parte de nuestro ordenamiento los tratados internacionales (González Casas, David, 2019, págs. 50-79).

La interpretación que a mi juicio se desprende del extracto de la doctrina del Alto Tribunal es que una norma dotada de rango legal no puede ser declarada inconstitucional por el hecho de ser *a contario sensu* a un Tratado internacional, asimismo, un derecho que no se encuentre reconocido *ex constitutione* no podría ser reforzado constitucionalmente por medio de un Tratado internacional.

La Sentencia del Tribunal Constitucional 254/1993, de 2 de junio, nos indica que los Tratados Internacionales ratificados por España, pueden llegar a servir para configurar el alcance y el sentido de los derechos fundamentales que vienen recogidos en nuestra Constitución Española, en virtud del artículo 10.2 (FJ 6.º de la STC de 20 de junio de 1993, n.º 254/1993, rec. 1827/1990).

El Convenio mencionado fue completado por dieciséis Protocolos Adicionales, en diversas materias que regulan una serie de derechos como el derecho a la propiedad, a la celebración de elecciones libres, a la educación, a la libertad de circulación, la prohibición de la pena de muerto, llegando incluso en caso de estar en un conflicto bélico, llegar a establecer una serie de garantías de procedimiento, en el supuesto que se diera la expulsión de extranjeros, reconocer el derecho a establecer un doble grado de jurisdicción sobre materia penal, en caso de que ocurriera un error judicial el derecho a ser indemnizado, también se instaura el derecho *non bis in ídem*, es decir, el no poder ser juzgado en dos ocasiones por el mismo delito cometido, así como la prohibición, a nivel general, de discriminación en el momento de aplicar cualquier derecho que haya sido reconocido de manera legal, y también el derecho a que exista una igualdad entre los cónyuges. Finalmente, el Protocolo Número 16, con fecha 2 de octubre de 2013, que permite poder presentar consultas al Tribunal Europa de Derechos Humanos (Mallén, B. T., 2022, págs. 387-420).

El CEDH originario sólo reconocía la posibilidad de la limitación de los Derechos Fundamentales de los miembros de las Fuerzas Armadas en su artículo 11.2, concerniente al derecho de reunión y al derecho de asociación, donde se establece que el ejercicio de dichos derechos no puede ser objeto de restricciones más que aquellas que, se encuentren provistas por la ley y, además, constituyan una serie de medidas necesarias, dentro de una sociedad de carácter democrática, para la seguridad pública, para la seguridad nacional, la defensa del orden, la protección tanto de la moral como de la salud, o la protección de los derechos y libertades foráneos (Redondo Saceda, L., 2021, págs. 469-492). Sin embargo, el presente artículo analizado no llega a prohibir que se impongan legítimas restricciones a los miembros de las Fuerzas Armadas, de la Administración del Estado o de la Policía, en el ejercicio de los derechos enunciados (BOE n.º 243 Octubre 1979).

Hay que tener en consideración que el TEDH es un órgano jurisdiccional, ante el cual, cualquier nacional de un estado miembro puede recurrir directamente, contando con una doctrina jurisprudencial amplia, la cual, ha sido eficaz a la hora de poder aplicar el CEDH (Bilbao Ubillos, J. M.ª, 2021, págs. 167-205).

Pese a la posibilidad de cualquier ciudadano de acceder a dicho Tribunal para la protección efectiva de los derechos fundamentales, la práctica, demostró la dificultad y la complejidad que entrañaba el procedimiento a seguir, por ello, mediante la modificación del CEDH por lo dispuesto en el Protocolo n.º 1, que fue ratificado por España mediante Instrumento de 28 de noviembre de 1996 y posteriormente publicado en el BOE en fecha 26 de junio de 1988 y recogía la desaparición de la Comisión Europea de Derechos Humanos, que era un órgano el cual se encargaba de llevar a cabo un filtro de las demandas dirigidas al TEDH (Martínez Rompeltien, S., 2022, págs. 55-57).

Este cambio legislativo, propició, que el acceso de individuos y de grupos particulares fuese directo, eliminado así los filtros que la Comisión imponía. Así pues, por medio de la firma en Roma, el 4 de noviembre del año 1950, de los diferentes Estados miembros del Consejo de Europa, establecieron el mencionado Protocolo para la Protección de los Derechos Humanos y de Libertades Fundamentales, por lo que en lo sucesivo se estableció el nombre de «El Convenio»[59].

Por medio del Instrumento para la ratificación del Protocolo anterior mencionado, se considera urgente y necesario reestructurar el mecanismo de control

59 Resolución de 5 de abril de 1999, de la Secretaría General Técnica. *op. cit.* Protocolo número 6 al convenio para la protección de los Derechos Humanos y de las libertades fundamentales. Relativo a la abolición de la pena de muerte.

que quedó establecido por el Convenio, con la finalidad de reforzar y mantener la eficacia en la protección de los Derechos Humanos y las libertades fundamentales impuestas en dicho Convenio, todo ello motivado por el aumento de las demandas sobre protección y el creciente número de miembros dentro del Consejo de Europa. Por lo que, como consecuencia de todo ello, llevó a que se procediera a modificar ciertas disposiciones del Convenio con especial detenimiento en sustituir por un lado la Comisión Europea de Derechos Humanos, y, por otro lado, el Tribunal que posee el mismo objeto, por un nuevo Tribunal Permanente[60].

4.2. Las reservas españolas al Convenio

El artículo 57 del Convenio de Roma establece que todo Estado puede formular, en el momento de producirse la firma para el presente Convenio o el momento de depositar su instrumento de ratificación, una reserva en relación con la disposición particular del Convenio, por el simple hecho de que una Ley que se encuentre en vigor en su Estado se posicione en términos contrarios con la presente disposición. Aunque se establece, que dicho artículo no otorga potestad para autorizar las reservas que posean un carácter general. Además, toda reserva que se formule de conformidad con el artículo presente deberá de ir acompañada por una exposición breve de la Ley de que se trate (Mantilla de los Ríos, P. C., 2020, págs. 44-45).

El instrumento de ratificación del CEDH suscrito por España, establece en base al artículo 64 del mismo, reservas en la aplicación de los arts. 5 (derechos de libertad) y 6 (tutela judicial) en cuanto pudieran resultar incompatibles con el Código de Justicia militar vigente en ese momento, actualmente Ley Orgánica 8/2014, de 4 de diciembre, de Régimen Disciplinario de las Fuerzas Armadas. Se recoge también, una reserva sobre el artículo 11 (derecho de asociación) en la medida que resulte incompatible con los artículos 28 de la CE (libertad de sindicación para funcionarios y militares) y 127 de la CE (libertad de sindicación para jueces, magistrados y fiscales).

Debemos destacar la importancia del artículo 64 expuesta en el Convenio para la Protección de los Derechos Humanos y de las Libertades Fundamentales, por el cual España se reserva la aplicación de los artículos 5 y 6 en el momento de que fueran incompatibles en las disposiciones que tengan relación con el régimen de Disciplina de las FAS y se encuentren en el Título XV del Tratado Segundo, y en el Título XXIV del Tratado Tercero sobre el Código de Justicia Militar. También en la aplicación del artículo 11, por ser incompatible, en la medida de lo posible, con los artículos 28 y 127 expuestos en la CE (Fernández García, I., 2014, pág. 15).

60 *Vid*. Instrumento de ratificación del protocolo número 11 al Convenio para la protección de los Derechos Humanos y de las Libertades Fundamentales relativo a la reestructuración del mecanismo de control establecido por Convenio, hecho en Estrasburgo el 11 de mayo de 1994.

La ratificación del CEDH mediante el mencionado Instrumento conlleva una serie de efectos jurídicos en el ordenamiento jurídico español. Por ello y atendiendo a los efectos jurídicos que pueden derivarse del incumplimiento del CEDH, internacionalmente, España pude ser demandada, así como condenada, traduciéndose este extremo en la compensación en concepto de indemnización para quien haya visto violados sus derechos.

Circunscribiéndonos al ámbito nacional, los efectos que dicho incumplimiento acarrearían encontrarían soporte constitucional en el artículo 96 CE[61] en clara concurrencia con el artículo 10.2 CE[62].

En cuanto, a la doctrina del Tribunal Supremo sobre las reservas formuladas por el Estado Español al Convenio Europeo de Derechos Humanos, poseen su expresión en idéntico sentido en las siguientes Sentencias:

- Sentencia del Tribunal Supremo, sala de lo militar, Sección Primera, a fecha 2 de abril de 2009, con el Señor Don Fernando Pignatelli Meca como ponente.
- Sentencia del Tribunal Supremo, sala de lo militar, Sección Primera, a fecha 14 de abril de 2009, con el Señor Don Francisco Menchen Herreros como ponente.
- Sentencia del Tribunal Supremo, sala de lo militar, Sección Primera, a fecha 2 de abril de 2009, con el Señor Don Benito Gálvez Acosta como ponente.

Por tanto, se deben expresar las características principales de la Sentencia de la Sala V (militar) del Tribunal Supremo, de 19 de enero de 2009 (STS de 19 de enero de 2009, rec. 15/2008), donde se establece que por medio de la Ley Orgánica 8/1998 que entró en vigor sin renovarse la reserva que fue formulada por España al ratificar el Convenio Europeo para la Protección de los Derechos Humanos y de las Libertades Fundamentales, con lo que podrían reservase, como hemos comprobado anteriormente, la aplicación de los artículos 5 y 6[63].

Dicha reserva, de los artículos anteriores, se mantuvo en relación con la Ley Orgánica 12/1985, de 27 de noviembre, entrando en vigor el 1 de junio 1986.

---

61 A tenor del artículo 96.1 CE se establece: «Los tratados internacionales válidamente celebrados, una vez publicados oficialmente en España, formarán parte del ordenamiento interno. Sus disposiciones sólo podrán ser derogadas, modificadas o suspendidas en la forma prevista en los propios tratados o de acuerdo con las normas generales del Derecho internacional».

62 A tenor del artículo 10.2 se establece: «Las normas relativas a los derechos fundamentales y a las libertades que la Constitución reconoce se interpretarán de conformidad con la Declaración Universal de Derechos Humanos y los tratados y acuerdos internacionales sobre las mismas materias ratificados por España».

63 Subdirección General de Constitucional y Derechos Humanos, «Rafael Benavent Díaz contra España. Decisión. Demanda n.° 46479/10», *Boletín del Ministerio de Justicia*, 2018, núm. 2205.

Así, hasta que fue derogada con la promulgación de la Ley Orgánica 8/1998, de 2 de diciembre, no llegó a formulase declaración alguna como ocurrió con el caso anterior, por lo que proporciona facultades a la Administración militar para imponer sanciones que priven de libertad, y que tras la entrada en vigor en el ordenamiento jurídico español del correspondiente Convenio Europeo para la Protección de los Derechos Humanos y de las Libertades Fundamentales, realizado en Roma el 4 de noviembre de 1950, encontró una cobertura respecto a la reserva en el que el Estado promulgó los artículos 5 y 6 de dicho Tratado en el momento de su ratificación (Puell de la Villa, F., 2021, págs. 403-430).

Hay que destacar que en el momento en el que se produjo la sanción sobre el Coronel Jefe de Ala número 37 y Base Aérea de Villanubla en Valladolid, carecía de cobertura de la reserva efectuada en 1979 y mantenida en 1986, por lo cual, al ser impuesta en base a la Ley Orgánica 8/1998 de 2 de diciembre, la sanción que priva de libertad que se recurre en este supuesto, habría llegado a producir una lesión del derecho esencial a la libertad personal, ya que, una vez vigente dicha Ley Orgánica 8/1998, no se habría llevado a cabo por el Estado español ninguna manifestación en atención al artículo 5 y 6 del Tratado de Roma[64].

Este grupo de Sentencias del Tribunal Supremo, sientan doctrina jurisprudencial a raíz de la Sentencia de fecha 13 de noviembre de 2008. Así, de la lectura y análisis de las mismas, vislumbramos que la línea jurisprudencial atiende a la repercusión de la reserva formulada por el Estado español a los artículos 5.1[65] y 6.1[66] del CEDH en la medida que pudiera afectar a la Ley de Régimen Disciplinario.

La Sentencia del Tribunal Europeo de Derechos Humanos, de 2 de noviembre de 2006, con el asunto *Dacosta Silva c. España,* dictaminó que la inaplicabilidad de la reserva española al régimen disciplinario de la Guardia Civil se escapaba al ámbito material de la reserva española, *a contrario sensu* que la STC de 16 de noviembre de 1989 (STC de 16 de noviembre de 1989, n.º 194/1989), que indicaba que la normativa en materia disciplinaria propia del

---

64 Sentencia del Tribunal Supremo, sala quinta, de lo miliar, de 19 de enero de 2009. FJ 2.º.

65 A tenor del cual se establece que: «Toda persona tiene derecho a la libertad y a la seguridad. Nadie puede ser privado de su libertad, salvo en los casos siguientes y con arreglo al procedimiento establecido por la ley [...]».

66 A tenor del cual se establece que «Toda persona tiene derecho a que su causa sea oída equitativa, públicamente y dentro de un plazo razonable, por un Tribunal independiente e imparcial, establecido por la Ley, que decidirá los litigios sobre sus derechos y obligaciones de carácter civil o sobre el fundamento de cualquier acusación en materia penal dirigida contra ella. La sentencia debe ser pronunciada públicamente, pero el acceso a la Sala de Audiencia puede ser prohibido a la prensa y al público durante la totalidad o parte del proceso en interés de la moralidad, del orden público o de la seguridad nacional en una sociedad democrática, cuando los intereses de los menores o la protección de la vida privada de las partes en el proceso así lo exijan o en la medida considerada necesaria por el Tribunal, cuando en circunstancias especiales la publicidad pudiera ser perjudicial para los intereses de la justicia».

cuerpo de la Guardia Civil es la misma que para las FAS, hasta el momento que no se prevea una propia o especificas singularidades[67].

El régimen disciplinario militar ha sufrido tres importantes modificaciones legislativas desde la incorporación del CEDH al ordenamiento jurídico español. La primera modificación fue la Ley Orgánica 12/1985, que se comunicó debidamente al Consejo de Europa en el año 1986. La segunda modificación, se trata de la Ley Orgánica 8/1998, de 2 de diciembre, del Régimen Disciplinario de las Fuerzas Armadas, que habiendo estado vigente desde el año 1999 hasta el año 2015, no había sido comunicada hasta el 23 de mayo de 2007. La tercera modificación y última, la encontramos en la Ley Orgánica 8/2014, de 4 de diciembre, de Régimen Disciplinario de las Fuerzas Armadas, que se encuentra actualmente en vigor (Carrascosa González, R., 2019, pág. 21).

El Tribunal Supremo resuelve la cuestión jurídica principal, que se sustenta en la (no comunicación de la modificación legislativa llevada a cabo al Consejo de Europa), si bien, dicha comunicación, se efectuó finalmente con una demora de casi ocho años. La problemática reside en que la nueva Ley Orgánica 8/1998, de 2 de diciembre, recogía en su articulado arrestos disciplinarios que conllevaban privación de libertad.

Entre los años 1998 y 2007, se reportaron numerosos recursos contencioso-disciplinarios, que finalizaron en la Sala V del Tribunal Supremo, y esgrimían que las sanciones disciplinarias impuestas contravenían algunos preceptos del Convenio de Roma.

La cuestión jurídica central de las Sentencias del Tribunal Supremo referenciadas con anterioridad, relativa a la falta de notificación al Consejo de Europa de la modificación legislativa efectuada, obtiene respuesta negativa por parte del Supremo, al entender dicho Tribunal, que esta obligación de notificación (necesidad de actualización de la reserva) no supone ser un requisito de vigencia de la misma, sino que la finalidad jurídica de dicha notificación, pasaría por la comprobación por parte del TEDH de que dichos cambios legislativos se ajusten al CEDH. Obviamente, el TEDH, se reserva la facultad, de declarar la nulidad de la reserva por el hecho de no ajustarse jurídicamente a los preceptos del CEDH. En este sentido, podemos atender a la STS 198/2009, de 19 de enero de 2009, en su FJ 2.° expresa que las reservas tienen el fin principal de excluir la aplicación de algunos preceptos, mientras que las actualizaciones tratan dar un control a posteriori por parte del TEDH sobre las modificaciones introducidas en la ley objeto de reserva se ajustan al Convenio[68].

---

67 STC de 16 de noviembre de 1989, n.° 194/1989. Ordóñez Solís, D., y Cornelio Tácito, C., «La ética militar en el contexto jurídico español", *Revista española de derecho militar*, núm. 106, 2016, pp. 25-66.

68 A tenor del FJ 2.° de la STS 198/2009, de 19 de enero de 2009, se establece: «esta Sala [...], considera que la reserva a los arts. 5.1 y 6.1 del Convenio estaba en vigor en la fecha en que tuvo lugar el arresto del recurrente y ello porque las reservas cumplen una función diferente a la de las actualizaciones. En efecto, las reservas (admitidas en el Convenio

La propia Sentencia nos remite al artículo 21.1 de la Convención de Viena sobre el Derecho de los Tratados, de fecha 23 de mayo de 1969, con la finalidad de llevar a cabo una definición del concepto reserva. Dicho artículo, encuentra correlación en los artículos 19, 20 y 23 de la convención, indicando en sus apartados a y b, los efectos jurídicos de las reservas[69].

En la misma línea, la Sentencia, para ampliar la definición que del concepto reserva lleva a cabo, cita la Sentencia del TC 141/1998, de 29 de junio, la cual entiende que la reserva consiste en una declaración unilateral realizada por un Estado por el que trata de excluir o modificar los efectos jurídicos de determinadas disposiciones de un Tratado respecto a su aplicación con ese Estado[70].

---

de Roma siempre que no sean generales) tienen como fin excluir en los términos que el Convenio autoriza la aplicación de algunos preceptos de este último. Por el contrario, las actualizaciones responden a otra finalidad: la de permitir un control a posteriori por parte del TEDH de que las modificaciones introducidas en la ley objeto de reserva se ajustan al Convenio, al no introducir un régimen jurídico diferente al anterior, salvo modificaciones, y, por tanto, no esencial. Pues bien, desde esta perspectiva, es decir, del fin de la norma, [...] se retrasase varios años en la notificación del cambio legislativo realizado en el régimen disciplinario de las Fuerzas Armadas, no conlleva como se pretende, la nulidad del arresto impuesto al recurrente ya que la notificación de la aprobación de la ley permite al TEDH comprobar, aunque tardíamente bien es cierto, si la mencionada ley se adapta o no al Convenio, pudiendo ocurrir que el TEDH así lo considerase [...] en cuyo caso la reserva hecha carecería de efectos respecto a la ley posterior, siendo de aplicación la integridad del Convenio, pero hasta que esta hipótesis no se dé, la reserva es válida en razón a que su eficacia no queda condicionada, como se sostiene de contrario, a su actualización ya que esta cumple una función distinta: la de propiciar en su caso que el TEDH pueda hacer un examen a posteriori respecto a la compatibilidad de la nueva ley con el Convenio. Efectuada esta actualización, habrá de ser el propio TEDH quien, en su caso, declare incompatible la ley con el Tratado. Hasta que esta eventualidad no se produzca, la reserva inicialmente hecha por el Estado Español extiende sus efectos a la ley 8/98 de Régimen Disciplinario de las Fuerzas Armadas».

69 A tenor del artículo 21.1 de la Convención de Viena se establece: «Una reserva que sea efectiva con respecto a otra parte en el tratado de conformidad con los artículos 19, 20 y 23: a) modificará con respecto al Estado autor de la reserva en sus relaciones con esa otra parte las disposiciones del tratado a que se refiera la reserva en la medida determinada por la misma: b) modificará en la misma medida, esas disposiciones en lo que respecta a esa otra parte en el tratado en sus relaciones con el Estado autor de la reserva».

70 A tenor del FJ 3.° de la STC 141/1998, de 29 de junio, se establece: «En relación con las reservas a los tratados decíamos que si la reserva consiste en una declaración unilateral hecha por un Estado al firmar, ratificar, aceptar o aprobar un tratado multilateral, o al adherirse a él, y si tiene por finalidad excluir o modificar los efectos jurídicos de ciertas disposiciones del tratado en su aplicación a ese Estado, [...], la consecuencia es que la reserva, en cuanto modifica o excluye una disposición, forma parte del tratado y, por la misma razón, también forma parte de él la retirada de la misma. [...]. En cuanto a la retirada de la reserva, se puede producir en cualquier momento, sin necesidad de que el Estado que la hubiere aceptado manifieste su consentimiento respecto a la retirada, [...]».

CAPÍTULO V

NEUTRALIDAD POLÍTICA EN EL CONTEXTO DE LA OTAN

Desde que surgen las primeras sociedades se ha acudido a la realización de pactos o alianzas para la defensa, resultando más novedoso que la alianza cuente con una organización que le es propia, tal y como sucede en el caso de la OTAN. Como es de sobra conocido, la estrategia básica de la defensa española y europea es la pertenencia a esta institución defensiva. La OTAN, además, es adalid de los valores democráticos al proteger a países que consideran la democracia como fundamento de su funcionamiento y esencia de su cultura y, precisamente, para proteger este sistema, cuentan con el principio de neutralidad política de sus Fuerzas Armadas como garantía constitucional de su funcionamiento institucional. De ahí, que dediquemos las siguientes páginas a las limitaciones que los países OTAN impones a sus militares, pues nos permitirá compararlas con las limitaciones impuestas en España.

Por otra parte, paradójicamente, el concepto de Estado neutral, claramente distinto del de neutralidad política de las Fuerzas Armadas, también ha sido utilizado como sistema de garantía de la seguridad de un país, si bien, ha quebrado recientemente como consecuencia del intento de Ucrania de abandonar tal planteamiento estratégico o, al menos, esa ha sido la excusa utilizada para comenzar las actuales hostilidades de todos conocidas.

Cuando los Ministros de Defensa de la Organización del Tratado del Atlántico Norte (OTAN) se reunieron en Bruselas en febrero de 2020, dos Estados no miembros estaban representados. El ministro sueco de Defensa, Hultqvist, y su homólogo finlandés, Kaikkonen, también participaron en las reuniones (Deutsche Welle, 2020).

Cuando se fundó la OTAN en 1949, era un pilar central de la estrategia de seguridad de Estados Unidos durante la Guerra Fría, y servía como contrapeso para la Unión Soviética y sus satélites. De hecho, durante 40 años, la Alianza permitió mantener con éxito la defensa y la cohesión aliadas y las relaciones entre los socios, pese a los intentos soviéticos de debilitarlos, tal y como pasó en la crisis de los «euromisiles» a principios de los 80 (De la Cámara Hermoso, M., 2000, págs. 19-54).

La OTAN, piedra angular de la Guerra Fría para la seguridad transatlántica, ha modificado significativamente su papel en los últimos veinte años. Fundada en 1949 como baluarte contra agresión soviética, la OTAN ha evolucionado para hacer frente a amenazas globales que van desde la piratería en el Cuerno de África a los insurgentes talibanes en Afganistán. Pero mientras que la OTAN moderna es generalmente más reconocida por su papel más allá que dentro de Europa, las acciones rusas en los últimos años, particularmente su conflicto de 2008 con Georgia y su anexión de Crimea en 2014, se han vuelto a centrar la atención de la alianza en el continente. En la actualidad, la declaración de guerra de Rusia contra Ucrania ha conllevado una nueva amenaza a la OTAN que ha visto cómo el ejército ruso ha cargado duramente contra Ucrania. Los acontecimientos recientes también han puesto de manifiesto tensiones no resueltas sobre la expansión de la OTAN en la antigua esfera soviética (Masters, J., 2019, págs. 1-3).

Como países que no son miembros de la OTAN, Suecia o Ucrania, han venido cooperando estrechamente con la alianza de seguridad. Sin embargo, ambos países mantuvieron políticas de no alineación arraigadas histórica y geopolíticamente. Como ya hemos dicho, la pretensión ucraniana de incorporar a la OTAN fue la excusa utilizada por Rusia para iniciar la guerra en febrero de 2002. Esto provocó que Suecia solicitase su incorporación. Desde la Guerra Fría, la OTAN se ha expandido por Europa. Actualmente, la organización cuenta con 27 países europeos entre sus estados miembros y un total de 31 países miembros (NATO, 2021).

Los últimos países que se han adherido a la OTAN son Montenegro (2017), Macedonia del Norte (2020) y Finlandia (2023). España forma parte de la misma desde 1982, por lo que su entrada ha sido posterior a países vecinos suyos como Portugal (1949) o Francia (1949) (García Llorente, Raquel; Milosevich, Mira; Molina Álvarez de Cienfuegos, Ignacio; 2021, pág. 1).

Figura 1. Países miembros de la OTAN en la actualidad

Bélgica (1949)	Portugal (1949)	Eslovaquia (2004)
Canadá (1949)	Reino Unido (1949)	Eslovenia (2004)
Dinamarca (1949)	Grecia (1952)	Estonia (2004)
Estados Unidos (1949)	Turquía (1952)	Letonia (2004)
Francia (1949)	Alemania (1955)	Lituania (2004)
Islandia (1949)	España (1982)	Rumanía (2004)
Italia (1949)	Hungría (1999)	Albania (2009)
Luxemburgo (1949)	Polonia (1999)	Croacia (2009)
Noruega (1949)	República Checa (1999)	Montenegro (2017)
Países Bajos (1949)	Bulgaria (2004)	Macedonia del Norte (2020) Finlandia (2023)

En algunas circunstancias, el concepto de Estado neutral podría servir de modelo para los estados de Europa central y oriental. Durante la Guerra Fría, los estados neutrales lograron mantenerse al margen de las esferas de influencia creadas por las dos superpotencias militares. Ha habido sugerencias para crear un «cinturón neutral» en la nueva Europa del Este que ha surgido entre la UE / OTAN y Rusia.

La neutralidad podría ser una opción conceptual sostenible también para el futuro. Como solución diplomática, el modelo austriaco podría haber sido una alternativa interesante para Ucrania.

En su ley de neutralidad de 1955, Austria acordó no unirse a una alianza militar y no permitir bases militares extranjeras en su territorio. Austria adoptó rápidamente los valores occidentales e inició un proceso de integración en la economía de mercado, que finalmente condujo a su adhesión a la Unión Europea en la década de 1990. Este desarrollo fue aceptado por la Unión Soviética, principalmente porque Austria no se convirtió en miembro de la OTAN (Romero, E., 2018).

Aunque no parece que vaya a suceder, una garantía de que Ucrania no se unirá a una alianza militar basada en el derecho internacional podría ser aceptable para Rusia y Ucrania y sus vecinos. Además de afirmar la neutralidad austriaca, el Tratado de Estado austríaco también garantizaba que Austria no se uniría a una nueva unión con Alemania (Anschluss), como había sucedido en 1938. Tal prohibición para Ucrania o partes de ella, junto con la neutralidad, podría garantizar la unidad de Ucrania si posteriormente no se desplegarían o activaron tropas o milicias extranjeras en suelo ucraniano.

El mismo modelo de neutralidad podría ser una solución interesante para Georgia. Podría resultar en la retirada de todas las tropas rusas de Georgia, incluidas las provincias de Osetia del Sur y Abjasia, que declararon su independencia de Georgia. Moldavia, que se declaró neutral en su constitución, también podría considerar un estatus neutral basado en el derecho internacional (Gártner, H., 2019).

Tras el colapso del Pacto de Varsovia, sus miembros se unieron a la OTAN y la UE. Vieron a la OTAN como una protección contra Rusia y a la UE como un regreso a Europa. Tras un breve debate interno, no optaron por la neutralidad. Otros estados de Europa Central y del Este permanecieron fuera de la alianza (Herrero Fabregat, Clemente, 2022, págs. 139-146).

La OTAN siguió la política de »puertas abiertas», dejando abierta la posibilidad de ser miembro sin invitarlos todavía a unirse. La neutralidad podría ser una opción alternativa a la membresía de la OTAN para estos estados de Europa Central y Oriental. Dentro de algunos de estos estados, por ejemplo, Ucrania, Georgia y Moldavia, esta opción es controvertida, ya que algunas fuerzas nacionales están tratando de ser miembros de la OTAN. Rusia sigue desconfiando de la opción de la neutralidad porque no confía en que la OTAN la respete (Porras Díaz, Ó., 2020).

Después de una conversación entre el secretario de Estado estadounidense James Baker y el presidente soviético Michael Gorbachev en 1990, algunos funcionarios rusos y comentaristas relacionados desarrollaron la narrativa de que Rusia creía que la OTAN no se expandiría hacia el Este; afirmaron que la ampliación de la OTAN fue una promesa incumplida (Sánchez de Rojas Díaz, E., 2020, págs. 157-188).

5.1. La opción de neutralidad como estrategia de defensa de un Estado

El concepto de neutralidad ha demostrado una y otra vez que puede adaptarse a nuevas situaciones. La noción de que el concepto de neutralidad es un fenómeno y parte de la Guerra Fría es falsa en muchos sentidos. Primero, la historia de la neutralidad es mucho más antigua; la idea suiza de neutralidad se remonta a los siglos XV y XVI. Recibió su base legal en la Convención de La Haya de 1907. En segundo lugar, la neutralidad no fue constitutiva de la Guerra Fría, pero fue su anomalía.

La Guerra Fría en Europa se trató de construir bloques; la neutralidad se trataba de mantenerse fuera de ellos. Mientras que la Guerra Fría fue lo normal, la neutralidad fue la excepción. Gehler (Gärtner, H., 2020, pág. 89) encuentra que la neutralidad de Austria jugó un papel importante en el debate a principios de la década de 1950 como un modelo potencial para que Alemania y otros Estados de Europa Central se mantuvieran fuera de los dos bloques militares.

Hopmann nos recuerda que los Estados neutrales y no alineados de Europa influyeron fuertemente en el contenido del Acta Final de Helsinki de 1975 como resultado de las negociaciones dentro de la Conferencia sobre Seguridad y Cooperación en Europa (CSCE). Muchos de estos Estados vieron en la CSCE una oportunidad para derribar las barreras entre los dos sistemas de alianzas que predominaban en Europa, la OTAN y la Organización del Tratado de Varsovia, y para tratar de anular las divisiones de la Guerra Fría con una nueva estructura normativa para mejorar la seguridad en una Europa dividida (Hopmann, P. T., 2019).

Las características más importantes de cualquier alianza son sus obligaciones de defensa mutua. La neutralidad y la defensa colectiva están relacionadas negativamente. Cuando aumenta la importancia de las obligaciones de defensa colectiva, que entran en vigor en caso de un ataque al territorio de un estado miembro, la neutralidad adquiere un significado diferente. La consecuencia de la neutralidad no sería comprometerse, sino permanecer fuera de nuevo. Por el contrario, cuando las obligaciones de la alianza ya no son necesarias, el estado de neutralidad ya no se cuestiona en este punto. Neutralidad significa no ser miembro de una alianza basada en una convención política o en el derecho constitucional e internacional (Gehler, M., Goetschel, L., Grafeneder, S., Hopmann, P. T., Hyde-Price, A. y Leidenmühler, F., 2017).

¿Cuáles son los grandes desafíos nuevos tras el final de la Guerra Fría? Son la proliferación de armas de destrucción masiva; terrorismo, que potencialmente tiene nuevas dimensiones peligrosas en combinación con la proliferación; Estados frágiles y disfuncionales, que pueden ser caldo de cultivo para el terrorismo, fuente de inmigración descontrolada y fuente para el desarrollo y la difusión del crimen organizado. También contribuyen a la pérdida de importantes áreas económicas.

Los estados neutrales están bien preparados (en muchos aspectos mejores que otros estados) para hacer una contribución importante a la lucha contra estos nuevos peligros. Los estados neutrales europeos a veces muestran una mayor aceptación que los miembros de alianzas.

La ayuda para la reconstrucción y los esfuerzos de ayuda humanitaria en países devastados por la guerra puede ocurrir dentro del marco de las asociaciones de la ONU, la UE, la OSCE o la OTAN. Para esos Estados neutrales, la posibilidad de participar en la política exterior común de la UE y en la gestión de crisis está explícitamente permitida. Los estados neutrales también forman parte de despliegues robustos como éstos dentro de la Asociación para la Paz de la OTAN (*Partnership for Peace*, PfP) (Bueno, A., y Bueno, A., 2018, págs. 11-13).

5.2. El nuevo papel de la OTAN

La no pertenencia a una alianza, basada en una ley de neutralidad o una convención política, es una característica clara de la neutralidad. Las características más importantes de una alianza, por el contrario, son las obligaciones mutuas de asistencia, que son incompatibles con la neutralidad.

Mientras la OTAN se vea a sí misma como una alianza militar, no puede haber miembros de estados neutrales en la OTAN. Pero en el marco de las asociaciones, la gestión de crisis y la seguridad cooperativa, pueden proporcionar capacidades similares a las de los miembros de una OTAN transformada.

Después del final de la Guerra Fría, la OTAN volvió a desarrollar su estructura básica. Prepararse para la defensa colectiva ya no era el único ni siquiera el tema principal de su agenda. Como segunda tarea central, su enfoque incluyó la gestión de crisis y las misiones expedicionarias, especialmente en regiones fuera de las fronteras definidas por la alianza («fuera del área»), como en la ex Yugoslavia o Afganistán («fuera del continente»), y la inclusión de miembros en el marco de la Asociación para la Paz y del Consejo de Asociación Euroatlántico (EAPC) (Adán García, Á. J., 2019, págs. 885-909).

Además de la defensa territorial (cubierta por los artículos 5 y 6 del Tratado de Washington), la Alianza también comenzó a tener en cuenta el contexto global. Los intereses de seguridad de la Alianza podrían verse afectados por riesgos de una naturaleza más amplia, incluidos actos de terrorismo, sabotaje, crimen organizado y por la interrupción del flujo de recursos vitales (los arreglos y consultas como respuestas a riesgos de este tipo se pueden realizar en virtud del artículo 4) (Calvo, J. L., 2022, págs. 53-70).

Además de las tareas básicas de «defensa colectiva» y «gestión de crisis» existentes, la OTAN introdujo la »seguridad cooperativa» como una tercera tarea fundamental en su Concepto Estratégico de 2010, que fue adoptado en su Cumbre de Lisboa. Esta tarea central tenía como objetivo coordinar la red de relaciones de socios con países no pertenecientes a la OTAN y otras organizaciones internacionales de todo el mundo. La seguridad cooperativa debe contribuir al control de armamentos, la no proliferación y el desarme. Debe proporcionar un marco para el diálogo político y la cooperación regional, aumentar la interoperabilidad militar y prepararse para las operaciones y misiones. La seguridad cooperativa no se limita a los socios europeos, sino que incluye una amplia gama de socios a nivel mundial.

Vale la pena mencionar en esta etapa que estas iniciativas deben considerarse y evaluarse en el contexto de dos desarrollos principales. Primero, la OTAN completó su principal misión de combate en Afganistán, lo que llevó a la Alianza y sus socios a buscar formas de mantener y reforzar las relaciones en general y la interoperabilidad en particular en el período siguiente. En segundo lugar, la incertidumbre y la inseguridad comenzaron a aumentar, especialmente en Europa del Este frente a los acontecimientos en Ucrania[71],

---

71 Desde octubre de 2013, Ucrania se ha convertido en la prioridad de la política exterior de Rusia y en el motivo de un importante conflicto diplomático, comercial y económico con

y también debido al conflicto y la agitación en el Medio Oriente. La Alianza se enfrentó a la necesidad de encontrar formas y avenidas para proyectar seguridad y estabilidad y ayudar a los socios y otros a mejorar sus capacidades de defensa.

Para muchos países de Europa del Este, las asociaciones actuaron como un trampolín en el camino hacia la membresía plena y ayudaron a prepararlos para la admisión. Como en Europa y en otros lugares, las asociaciones han actuado como una especie de correa de transmisión para proyectar la seguridad y la estabilidad correspondientes a la noción de seguridad cooperativa y han ayudado a fomentar la compatibilidad entre las fuerzas de la OTAN y las de los países socios, lo que ha llevado a la expansión de contribuyentes potenciales a las operaciones de gestión de crisis. Por supuesto, el concepto de asociación no ha sido estático como tal y se ha transformado con el tiempo (Arteaga, F.).

Después de la anexión rusa de parte de Ucrania y la intrusión de las fuerzas rusas a través de las fronteras ucranianas en el Donbás en 2014, parecía que la OTAN volvió a la defensa territorial y colectiva tradicional en lugar de concentrarse en la gestión de crisis o la seguridad cooperativa. Sin embargo, la OTAN nunca había renunciado a la defensa colectiva. Se trata más bien de una cuestión de prioridades (Taibo, C., 2020, págs. 15-20). La crisis provocada por la intervención de Rusia reorientó las prioridades de la OTAN hacia el este de Europa. Sin embargo, las amenazas y desafíos del Sur no desaparecieron. La seguridad humana, los estados disfuncionales, los conflictos regionales, los flujos de refugiados, los desastres naturales, el terrorismo y la proliferación nuclear permanecerán con nosotros en el futuro previsible. La aparición del »Estado Islámico» es un buen ejemplo. Sería lamentable para los estados neutrales que la gestión de crisis fuera reemplazada cada vez más por la defensa colectiva. El desmoronamiento del sistema de Westfalia en muchos estados del Medio Oriente y en el Mediterráneo producirá estados más disfuncionales y actores no estatales más radicales. Se disuelve el monopolio del uso de la fuerza del Estado, lo que lleva a la privatización de la violencia ya un nuevo medievalismo. Probablemente producirá un desafío mucho mayor de lo que sabemos ahora (Rodríguez Cobos, R., 2021, págs. 336-351).

A raíz de la continua invasión apoyada por Rusia en Ucrania, la tarea central de la OTAN de defensa territorial y colectiva recibió atención prioritaria. En la Cumbre de Gales en 2014, los aliados de la OTAN incluyeron el con-

Estados Unidos y Europa. Ha pasado de ser una república postsoviética relativamente estable durante la década de 1990 a ser una región con una gran cantidad de conflictos armados y resentimientos nacionalistas favorecidos fuera de sus fronteras. SÁNCHEZ RAMÍREZ, P. T., «El conflicto en Ucrania: el primer enfrentamiento serio de Rusia con Occidente durante la etapa de la Post-Guerra Fría», *Foro Internacional*, Scielo, vol. 56, núm. 2, 2016. Disponible en: http://www.scielo.org.mx/scielo.php?script=sci_arttext&pid=S0185-013X2016000200470.

cepto de una Fuerza de Tarea Conjunta de Muy Alta Preparación (VJTF) en la estructura general de la Fuerza de Respuesta de la OTAN (NRF) para mejorar las capacidades de la NRF a fin de responder a los desafíos de seguridad emergentes planteados por Rusia (Gajete Molina, Ó. J., 2020, págs. 38-40). Aunque también debería contrarrestar los riesgos que emanan de Oriente Medio y África del Norte, se basa principalmente en la defensa colectiva. Los socios no pueden formar parte de operaciones de defensa colectiva, por lo que sus posibilidades de participación son cada vez más limitadas.

España organizó la cumbre de la OTAN que se ha producido en el Recinto Ferial IFEMA de Madrid el 29 y 30 de junio de 2022. Este año se cumple el 40.° aniversario de la adhesión de España a la Alianza Atlántica.

5.3. Neutrales en la Unión Europea

En el Tratado de Lisboa de la Unión Europea está consagrada una cláusula de solidaridad (artículo 222), que requiere que los estados miembros apoyen a otros estados miembros en caso de desastres naturales y provocados por el hombre (por ejemplo, ataques terroristas), si el estado en cuestión lo solicita. Las contribuciones de los estados miembros son voluntarias y se realizan a pedido del estado en cuestión. La cooperación europea en los ámbitos policial y judicial tiene prioridad sobre los medios militares. Detrás de la cláusula de solidaridad se encuentra en gran medida la idea de seguridad colectiva. El concepto de seguridad colectiva tiene como objetivo mejorar la seguridad entre sus estados miembros, mientras que el concepto de defensa colectiva está dirigido contra un enemigo externo (García Encina, C., 2022, págs. 37-51).

Sin embargo, esta cláusula no forma parte de la Política Común de Seguridad y Defensa (PCSD) y no debe confundirse con las obligaciones de asistencia (artículo 42.7). De acuerdo con esta cláusula, los Estados miembros deben prestarse mutuamente «ayuda y asistencia por todos los medios a su alcance» en caso de agresión armada contra un Estado miembro. Esto incluye la promesa de usar la fuerza militar. La denominada fórmula irlandesa del Tratado de Lisboa hace una excepción para los estados neutrales y no alineados. Establece que este artículo «no afectará el carácter específico de la política de seguridad y defensa de ciertos Estados miembros». La formulación se aplica no solo a los estados neutrales y no alineados, sino también a los miembros de la OTAN. Tienen que «ser coherentes con los compromisos asumidos en el marco de la OTAN, que [...] sigue siendo la base de su defensa colectiva y el foro para su implementación». Por tanto, el Tratado permite que tanto los aliados neutrales como los de la OTAN de la UE opten por no participar. El Tratado de Lisboa indica excepciones para estos estados como resultado de sus compromisos con el Tratado de la OTAN. Por lo tanto, las cláusulas de excepción con respecto a esta parte del tratado son válidas para todos los estados miembros de la UE, lo que pone en duda su significado (Bou Franch, V., 2022, págs. 1-5).

Los principios de la política de vecindad de la UE, la promoción de la democracia, el Estado de Derecho y la economía de mercado son fundamentales. Los países de Europa del Este (Ucrania, Moldavia, Georgia, Armenia, Azerbaiyán y Bielorrusia) forman parte de la Política Europea de Vecindad (PEV), que se centra en las relaciones con la UE en áreas como comercio e inversión, finanzas, energía y transporte, entre otros (García Andrés, C., págs. 31-42).

Estos Estados están atrapados en un «dilema geopolítico» (Tchakarova, V., 2017) en su orientación de política exterior y de seguridad hacia Bruselas y Moscú: asociación política e integración económica más estrecha con la UE, por un lado, versus asociación mejorada con Rusia y la Unión Económica Euroasiática (EEU; compuesta por Rusia, Kazajstán, Bielorrusia, Armenia y Kirguistán), por otro lado. La neutralidad de estos países podría facilitar una cooperación económica más estrecha entre la UE y la EEU y poner fin a su estado intermedio, que es insostenible e indeseable (Vasileva, A., 2017).

En un escenario ofrecido por el Grupo de Escenarios Ucrania 2027 (Gärtner, H., 2020), la política continua de distensión entre Rusia y Occidente podría resultar en nuevos acuerdos de seguridad en los que Ucrania sea reconocida como un país internacionalmente neutral. Este estado podría ser aceptable para Bruselas, Moscú, Washington y Kiev. Garantizaría que ninguna parte usará la fuerza para cambiar su estatus. La neutralidad estaría armada (García, L., págs. 65-72).

5.4. Objetivo fundacional de la Alianza Atlántica

El propósito esencial y duradero de la OTAN es salvaguardar la libertad y la seguridad de todos sus miembros por medios políticos y militares. La defensa colectiva está en el centro de la Alianza y crea un espíritu de solidaridad y cohesión entre sus miembros.

La Alianza proporciona un foro consultivo esencial para sus miembros sobre todos los aspectos de su defensa y seguridad, incluido el control de armamentos, el desarme y la no proliferación (NATO, 2021). La consulta se lleva a cabo en toda la gama de organismos de la OTAN, pero más particularmente en los diversos grupos de proliferación dentro de la OTAN, así como en el Consejo de Asociación Euroatlántico, el Consejo OTAN-Rusia y la Comisión OTAN-Ucrania. Además, los órganos de la OTAN se reúnen periódicamente con expertos en desarme, especialmente antes de reuniones internacionales importantes como la Conferencia de Revisión del Tratado de No Proliferación Nuclear (TNP), la Primera Comisión de la ONU y la Conferencia de Desarme. La OTAN también proporciona un foro para consultas sobre las implicaciones para la seguridad de la Alianza y la estabilidad estratégica global de las opciones de defensa antimisiles y ADM (Gajete Molina, Ó. J., 2020, pág. 32).

En septiembre de 2009, la OTAN hizo pública la «Política integral de nivel estratégico para prevenir la proliferación de armas de destrucción masiva (ADM) y defenderse de las amenazas químicas, biológicas, radiológicas y nucleares (QBRN)», un documento que identifica el potencial de terroristas para adquirir armas de destrucción masiva como la principal amenaza de la proliferación de armas de destrucción masiva y se compromete a realizar esfuerzos activos para prevenir la proliferación mientras asegura la protección y recuperación de todos los miembros de la Alianza de amenazas de armas de destrucción masiva, ataques de armas de destrucción masiva o eventos QBRN. El documento también señaló que un mayor intercambio de inteligencia e información sobre cuestiones de ADM dentro de la Alianza es importante para garantizar la seguridad continua, así como para mejorar la comunicación y la cooperación con otros órganos regionales e internacionales que abordan la proliferación de ADM (NATO, 2021).

Hay tres grupos superiores de la OTAN que se ocupan de los esfuerzos políticos y de defensa de la Alianza contra la proliferación de armas de destrucción masiva, a saber, el Grupo Político-Militar Superior sobre Proliferación (SGP) y el Grupo Superior de Defensa sobre Proliferación (DGP), que se ocupan respectivamente de las dimensiones política y de defensa de la respuesta de la OTAN; y el Comité Mixto de Proliferación (JCP), que coordina y aglutina el trabajo de ambos aspectos (Rubio Damián, F., 2012, págs. 355-396). El SGP considera una variedad de factores en los campos político, de seguridad y económico que pueden causar o influir en la proliferación y analiza los medios políticos y económicos para prevenir o responder a la proliferación. El DGP aborda las capacidades militares necesarias para desalentar la proliferación de ADM, disuadir las amenazas y el uso de tales armas y proteger a las poblaciones, el territorio y las fuerzas de la OTAN (Gajete Molina, Ó. J., 2020, págs. 38-40).

5.5. Derechos y obligaciones de los países miembros de la OTAN

Todos los derechos y responsabilidades de la OTAN están recogidos en el Tratado del Atlántico Norte firmado en el año 1949. El objetivo fundamental de estos derechos y responsabilidades no ha cambiado desde entonces, su cumplimiento acaba de trasladarse a diferentes partes del mundo durante los 60 años de existencia de la alianza. Numerosos incidentes internacionales a lo largo de la existencia de la OTAN provocaron ligeros cambios que la alianza tuvo que sufrir para adaptarse a los acontecimientos mundiales (Guinea Bonillo, J., 2021, pág. 21).

Basada en valores comunes de democracia, derechos humanos y estado de derecho, la Alianza se ha esforzado desde su origen por asegurar un orden pacífico duradero en Europa. Sin embargo, la consecución de este objetivo puede verse comprometida por crisis y conflictos fuera de la zona euroatlántica. Por tanto, la Alianza no solo garantiza la defensa de sus miembros, sino que contribuye a la paz y la estabilidad más allá del espacio geográfico definido como zona del Tratado del Atlántico Norte a través de asociaciones y operaciones de gestión de crisis.

La actitud maestra con la que trabaja la Alianza es la devoción común y la cooperación mutua entre estados independientes en apoyo de la seguridad colectiva de todos sus miembros. La solidaridad y la unidad dentro de la Alianza, a través de la colaboración diaria tanto en el campo político como en el militar, garantizan que ningún aliado se vea obligado a depender únicamente de sus propios esfuerzos nacionales para abordar las disputas básicas de seguridad (Guinea Bonillo, J., 2021). Sin privar a los países miembros de su derecho y deber de asumir sus responsabilidades soberanas en el campo de la defensa, la Alianza les permite a través de esfuerzos colectivos alcanzar sus objetivos esenciales de seguridad nacional (Sánchez, M. A. y Acosta, A., 2022).

El propio Tratado del Atlántico Norte consta de 14 artículos que establecen el funcionamiento de la Alianza.

La visión general de la alianza se expresa en la introducción del tratado. Los países miembros se comprometen a seguir la Carta de las Naciones Unidas y sus principios, así como el compromiso de relaciones pacíficas con todos los pueblos y gobiernos. Los países, que forman parte de esta organización, también confirman la determinación de garantizar la libertad de los pueblos de los Aliados sobre la base de los principios de la democracia y el cumplimiento de la ley. Los miembros también prometen mantener la estabilidad dentro de la región euroatlántica. El último punto que se hace en la introducción es el compromiso de los países miembros, destacando su cooperación colectiva en temas relacionados con la alianza (Caruso, T., 2019).

En el artículo uno del Tratado del Atlántico Norte, se establece la piedra angular de la alianza. El principal objetivo de la Alianza es salvaguardar la paz mundial. Los países miembros asumen la solución de las disputas internacionales por vías pacíficas y profesan no utilizar las fuerzas militares cuando no es necesario (Galán, C., 2018).

El artículo dos del Tratado no está directamente relacionado con la amenaza de un ataque militar. Afirma que la Alianza actúa como una unificación no solo en los medios militares, sino también en asuntos no militares. La cooperación de los estados miembros en el campo económico debería ser otra forma de la Alianza para asegurar la estabilidad dentro del área del Atlántico Norte (Hernández Páliz, S., 2020).

El tercer artículo del Tratado se centra en el tema de la colaboración absoluta entre los asociados de la alianza en caso de un ataque armado. Los miembros deben cooperar como una unidad para lograr los objetivos del Tratado.

El artículo cuatro señala el hecho de que todas las decisiones tomadas por la alianza se toman sobre la base del consenso, por lo que se necesita una discusión y negociación antes de que se tomen las decisiones. Según este artículo, se supone que todos los temas que afectan los intereses de la Alianza o tratan con el desarrollo de la Organización deben ser discutidos.

El artículo cinco es la parte más destacada del Tratado del Atlántico Norte y actúa como una advertencia para posibles enemigos. Este artículo declara la unidad absoluta de los miembros de la OTAN. Si se produce un ataque armado contra uno o más de los aliados, se consideraría un ataque contra toda la alianza. Este artículo se implementó originalmente solo como una amenaza para los enemigos potenciales, pero en el año 2001, la Alianza invocó este artículo por primera vez en su historia después de los ataques terroristas contra Estados Unidos. Toda la alianza se involucró de manera uniforme en la guerra contra el terrorismo (Gutiérrez Sánchez, O. C., 2021).

Este precepto ha sido especialmente controvertido y ha resultado aplicable en la actualidad ante el ataque de Rusia a Ucrania. El principio de defensa colectiva contempla que, si un país que forma parte de la OTAN es atacado, el resto de los países miembros deberán defenderlo puesto que es como si atacaran a todos. Se comunicará al Consejo de Seguridad de forma inmediata cualquier medida que se tome contra dicho país incluyendo los ataques armados. Como Ucrania no forma parte de la OTAN, no se le ha podido defender ya que no se considera un país aliado. En este sentido, por ataque armado, el art. 6 especifica que el ataque debe darse contra el territorio de cualquiera de las partes o contra las fuerzas, buques o aeronaves de cualquiera de las partes que se encuentren en dichos territorios o sobre ellos, o en cualquiera otra región europea donde se encontraran las fuerzas de ocupación (Blanco, U., 2022).

El artículo sexto especifica qué territorios también forman parte de la alianza, en relación con el artículo cinco. Como parte de la Alianza se toman no solo el área de los países miembros de la OTAN, sino también los departamentos argelinos de Francia, las islas bajo la jurisdicción de cualquier miembro de la Alianza que se encuentra en el área al norte del Trópico de Cáncer y las aeronaves y barcos pertenecientes a los Aliados.

El artículo siete menciona la precedencia de la Carta de las Naciones Unidas y asegura su observancia para mantener la paz mundial. El Tratado no afectará de ninguna manera los derechos y obligaciones de los Aliados en virtud de la Carta y reafirma la responsabilidad primordial del Consejo de Seguridad de la ONU para el mantenimiento de la paz y la seguridad internacionales.

El artículo ocho trata de la importancia de la alianza y sugiere seguir el tratado y sus actitudes hacia la paz mundial. Ninguno de los miembros puede participar en un conflicto internacional sin la aprobación de la Alianza (Moreno Barahona, M., 2022, págs. 87-112).

El artículo noveno señala la necesidad de establecer consejos para discutir asuntos que afecten a los miembros de la alianza. Los miembros de los consejos suelen ser ministros departamentales de los países miembros. El consejo debe reunirse en el menor tiempo posible para permitir que los países miembros actúen con rapidez en el asunto que le concierne.

El artículo diez trata la adhesión de nuevos miembros y la forma de progresar en tales situaciones. Este artículo muestra la apertura de la OTAN con respecto a la incorporación de nuevos miembros. Todos los miembros de la alianza deben acordar la adhesión del nuevo país miembro. Desde el año 1949 hasta la actualidad, 14 nuevos miembros se han unido a la Alianza. En 1952, Turquía y Grecia se unieron a la Alianza. Tres años después, Alemania pasó a formar parte de la OTAN. Otro proceso de ampliación tuvo lugar en 1982, cuando España se unió a la Alianza. Después del final de la Guerra Fría, la Alianza se expandió a Europa central y occidental. Durante la década de 1990 y principios de la de 2000, diez países más ingresaron a la Alianza. Todos los nuevos miembros procedían del antiguo Bloque del Este, extendiendo el área de la Alianza a los países de Bulgaria, República Checa, Estonia, Letonia, Lituania, Hungría, Polonia, Rumanía, Eslovaquia y Eslovenia. Tres países más, Croacia, Albania y Macedonia, están solicitando actualmente la pertenencia a la Alianza (Calvo, J. L., 2022, págs. 53-70).

El artículo once se centra en la ratificación del tratado.

El artículo doce trata sobre el futuro del tratado, recomendando su revisión. Estas revisiones deben hacerse cuando surjan nuevos problemas que afecten a la propia Alianza, o los objetivos que persigue, la seguridad y la paz en la región euroatlántica. Aunque el Tratado está en vigor desde 1949, ninguno de los miembros ha solicitado nunca la revisión del Tratado.

El artículo número trece del Tratado señala la posibilidad de denuncia. El único caso de acercarse al cumplimiento de este artículo fue en la década de 1960, cuando Francia se retiró del sistema de defensa de la alianza, pero siguió siendo miembro de la Organización del Tratado del Atlántico Norte.

El artículo catorce es solo una formalidad, que establece la preservación del tratado en sí (Calvo, J. L., 2022).

5.6. Ejercicio de los derechos y deberes de los militares desplegados en el exterior en misiones OTAN

La OSCE ha afirmado constantemente la importancia de los derechos civiles y políticos y la necesidad de garantizar que puedan ejercerse plenamente (OSCE: Concluding Document of the Second Follow-up Meeting, 1983). En París, en 1990, los Estados participantes de la OSCE afirmaron el derecho a la libertad de asociación y reunión pacífica (OSCE: Charter of Paris for a New

Europe, 1990). En Copenhague, en el mismo año, destacaron la importancia del derecho a constituir partidos políticos (OSCE:Document of the Copenhagen Meeting of the Conference on the Human Dimension of the CSCE, 1990).

5.6.1. Código de conducta sobre los aspectos político-militares de la seguridad

El punto de partida del enfoque del manual es el Código de conducta de la OSCE sobre los aspectos político-militares de la seguridad. De acuerdo con el Código de conducta sobre los aspectos político-militares de la seguridad de 1994, en su apartado VII 23 del preámbulo se indica que «Cada Estado participante, aun atendiendo al ejercicio de los derechos civiles de los miembros de sus Fuerzas Armadas, velará por que éstas, como tales, sean políticamente neutrales» (Bueno, A., y Bueno, A., 2018).

El Código de Conducta se refiere a los derechos del personal de las Fuerzas Armadas en varias ocasiones, la más importante de que es párr. 32: «Cada Estado participante velará por que el personal que sirva en sus fuerzas militares, paramilitares y de seguridad pueda disfrutar y ejercer sus derechos humanos y libertades fundamentales recogidos en los documentos de la CSCE y el derecho internacional, de conformidad con las disposiciones constitucionales y legales pertinentes y con las necesidades del servicio» (Sánchez de Rojas Dçíaz, E., 2020, págs. 157-188).

Este párrafo subraya la noción de que los miembros de las Fuerzas Armadas tienen derecho a disfrutar de sus derechos humanos y libertades fundamentales con sujeción a las limitaciones y deberes del servicio militar según lo dispuesto por las leyes y/o constitución del respectivo país (Rubio Llorente, F., 2022, págs. 11-56).

Otras disposiciones del Código de Conducta se refieren a los Derechos Humanos del personal de las Fuerzas Armadas y, en particular, a los Derechos Humanos en el contexto de la neutralidad política de las Fuerzas Armadas (párr. 23); contratación y convocatoria (párr. 27); derechos y deberes, así como exenciones o alternativas al servicio militar (párr. 28); y la obligación de los estados de prever los procedimientos legales y administrativos apropiados para proteger los derechos del personal militar (párr. 33).

El enfoque consagrado en el Código de Conducta puede resumirse como el «ciudadano en uniforme», según el cual los miembros de las Fuerzas Armadas conservan sus derechos y libertades fundamentales, pero estos están sujetos a ciertas limitaciones y deberes impuesto por el servicio militar. Aunque los Estados participantes de la OSCE están de acuerdo en que el personal de las Fuerzas Armadas tiene derecho a disfrutar de los Derechos Humanos universales, la comprensión del concepto de ciudadanos en uniforme es probable que varíe de un país a otro, dependiendo de su particular historia, cultura militar, una posible transición reciente del gobierno autoritario a la democracia, así como experiencias con la guerra y el conflicto (Rubio Llorente, F., 2022).

Por estas razones, no existe un modelo único para la protección de los Derechos Humanos del personal de las Fuerzas Armadas. Los Derechos Humanos se agrupan en cuatro grupos: (1) derechos civiles y políticos; (2) derechos relacionados con la igualdad de oportunidades y la no discriminación en las Fuerzas Armadas; (3) derechos relacionados con la vida militar; y (4) derechos procesales relacionados con la implementación y garantía de los Derechos Humanos en los cuarteles (Echevarría Moretó, A. M., 2020, pág. 13).

Si bien las personas no pierden sus derechos humanos cuando ingresan a las Fuerzas Armadas, los Estados pueden limitar su disfrute de los Derechos Humanos debido a requisitos relacionados con las características particulares de la vida militar. Las particularidades de la vida militar que se utilizan para justificar las restricciones al ejercicio de los Derechos Humanos en los cuarteles suelen estar relacionadas con la preservación del orden y la disciplina en las Fuerzas Armadas; establecer la neutralidad política de las Fuerzas Armadas efectivo; mantener la eficacia operativa; proteger la información clasificada; obedeciendo pedidos; y mantener la estructura jerárquica de la organización militar. Cómo y en qué medida, si es que lo hacen, estas características constituyen una justificación para restringir el disfrute de los Derechos Humanos es uno de los temas principales que se analizan a lo largo del manual (Bauzá Martorell, F. J., 2020, págs. 283-317).

En principio, los soldados, como ciudadanos uniformados, gozan de los mismos derechos fundamentales que cualquier ciudadano. Las Fuerzas Armadas de muchos países consideran, sin embargo, que las actividades políticas van en detrimento de la necesidad de disciplina y son incompatibles con la profesión militar. Para ello, la neutralidad política de los soldados es un tema controvertido para todos los sistemas militares. Si bien las reglas sobre la neutralidad política dentro de las Fuerzas Armadas son bastante similares, el alcance de la obligación de abstenerse de realizar actividades políticas fuera de las Fuerzas Armadas varía ampliamente. De manera similar, a menudo se imponen restricciones a la libertad de expresión de los militares, en parte debido a la necesidad de que sean vistos como políticamente neutrales y, en parte, para prevenir la disidencia y la insubordinación (Scharffs, B. G., Maoz, A. y Woolley, A. I., 2018, págs. 55-58).

Las limitaciones más frecuentes a la actividad política de los miembros de las Fuerzas Armadas son las siguientes:

- Limitación al ejercicio del Derecho de Afiliación, tanto política como sindical.
- Limitación al ejercicio del Derecho de Sufragio Pasivo.

- Limitación del Derecho de Manifestación y Asociación.
- Restricciones a la libertad de expresión y publicación.

Hay varias justificaciones para restricciones de este tipo. Primero, las Fuerzas Armadas, como defensoras de la integridad territorial y el orden constitucional, deben ser vistas como independientes y por encima de la controversia política. La neutralidad ayuda a garantizar que solo los votantes determinen quien va a gobernar el estado. En muchas democracias en transición, las Fuerzas Armadas han tenido una la historia contaminada y represiva de asociación con el partido político dominante, y los requisitos de neutralidad son un medio para romper con el pasado (López Lorenzana, A., 2021).

En segundo lugar, las restricciones tienen como objetivo evitar la controversia política dentro de las Fuerzas Armadas. que pudiera restarle eficacia y moral, particularmente en el caso de críticas a la dirección política del país o a las tareas asignadas a las Fuerzas Armadas por funcionarios electos líderes (Quiróz Díaz, A., 2019, pág. 1).

En tercer lugar, el control civil efectivo y la rendición de cuentas de las Fuerzas Armadas requieren una separación de las esferas política y militar. Si los miembros de las Fuerzas Armadas son significativos actores dentro de la esfera política, socavará la responsabilidad democrática y creará conflictos de interés. En consecuencia, pueden ser necesarias restricciones para evitar la participación activa de los miembros de las Fuerzas Armadas en la política (Scharffs, B. G., Maoz, A. y Woolley, A. I., 2018, págs. 55-58).

Aunque las sociedades democráticas suelen considerar las opiniones políticas de una persona como propiedad privada, puede haber un caso limitado para prohibir a las personas con opiniones políticas extremas o asociaciones (por ejemplo, aquellas que abogan por un comportamiento inconstitucional) de la membresía de las Fuerzas Armadas. Esto se debe a que se considera que tales asociaciones políticas carecen del compromiso de otros partidos políticos con el orden constitucional. La necesidad de restricciones en el servicio público sobre personas con puntos de vista extremistas, por ejemplo, ha sido reconocido como un motivo justificable para restringir los derechos civiles y políticos en virtud del Convenio Europeo para la Protección de los Derechos Humanos y las Libertades Fundamentales (López Pintor, R., 2020, págs. 149-179).

No obstante, también algunos países (Alemania, por ejemplo) opinan que la mejor la educación en la práctica democrática para los miembros de las Fuerzas Armadas es ciudadanía activa. Por lo tanto, imponen restricciones mínimas a las actividades políticas. Donde hay restricciones impuestas a las actividades políticas de los miembros de las Fuerzas Armadas, es claro que no debe ser más que proporcional a los objetivos de garantizar el orden constitucional o proteger la disciplina militar. Deben estar fundamentados legalmente de una manera que haga hacerlos transparentes, predecibles y abiertos al desafío (Scharffs, B. G., Maoz, A. y Woolley, A. I., 2018, págs. 55-58).

La participación en la política nacional puede estar justificada por la necesidad de separar las Fuerzas Armadas y política, pero el caso es más débil con respecto a la política local, especialmente si no hay control o la participación de las autoridades locales en asuntos militares. El requisito para la apariencia de neutralidad puede ser atendida por códigos que restringen la identificación pública en los partidos políticos (por ejemplo, prohibir el uso de uniformes en las reuniones del partido), en lugar de prohibir participación como tal. Las restricciones pueden relajarse después de que un miembro de las Fuerzas Armadas haya dejado el servicio, y el caso de las restricciones es más débil cuando se trata de reservistas en lugar de que los miembros en servicio regular de las Fuerzas Armadas (Barrios Flores, L. F., 2021, págs. 151-188).

Como se mencionó anteriormente, las restricciones a estos derechos pueden estar justificadas debido a la necesidad de garantizar la neutralidad política de las Fuerzas Armadas. Este es un objetivo reconocido en el derecho y la práctica internacionales de los Derechos Humanos, de acuerdo con el punto 23 del Código de Conducta de la OSCE sobre Aspectos Político-Militares de la Seguridad establece que, «al tiempo que prevé los derechos civiles de los miembros del servicio, cada Estado se asegurará de que sus Fuerzas Armadas sean políticamente neutral». También está claro que el Convenio Europeo para la Protección de los Derechos Humanos y Libertades Fundamentales permitirá restricciones a los derechos de los miembros de las Fuerzas Armadas diseñadas para alcanzar este objetivo, como muestra a continuación (Ferrero-Turrión, R., 2019).

En un caso entre el TEDH y Hungría, se debatió la neutralidad política: el TEDH y Hungría. En un supuesto relativo a restricciones impuestas en Hungría que impedían a miembros de las Fuerzas Armadas, la policía y servicios de seguridad afiliarse a cualquier partido político y participar en cualquier actividad política, el TEDH consideró que no hubo violación de los arts. 10 u 11 de la CEDH ya que las restricciones perseguían objetivos legítimos, a saber, la protección de la seguridad nacional y pública y la prevención del desorden. Estos límites tenían por objeto despolitizar la policía y, por tanto, contribuir a la consolidación y mantenimiento de democracia pluralista. Teniendo en cuenta el importante papel de la policía en la sociedad, la Corte consideró que las restricciones eran coherentes con los principios democráticos.

El caso en cuestión enmiendas constitucionales en virtud de las cuales la policía y los servicios de seguridad se les prohibió afiliarse a cualquier partido político y participar en cualquier actividad política. El jefe de la Policía Nacional solicitó, de cara a las próximas elecciones parlamentarias elecciones, que los agentes de policía se abstuvieran de actividades políticas e indicó que quien deseara dedicarse a actividades políticas tendría que dejar la policía. El solicitante sostuvo que la prohibición de participar en «actividades políticas» contenida en el artículo 40/B § 4 de la Constitución húngara equivalía a una injerencia injustificada en su derecho a la libertad de expresión, en violación del artículo 10 de la Convención. Las autoridades de Hungría subrayaron que en el presente caso la obligación impuesta a determinadas categorías de funcionarios públicos, incluidos los agentes de policía, de abstenerse de actividades políticas tiene por objeto despolitizar los servicios en cuestión y contribuir así a la consolidación y mantenimiento de la democracia pluralista en el país[72].

El Tribunal finalmente declaró:

> « [...] Los agentes de policía están investidos de poderes coercitivos para regular la conducta de los ciudadanos, en algunos países autorizados a portar armas en el ejercicio de sus funciones. En última instancia, la policía está al servicio del Estado. Por lo tanto, los miembros del público tienen derecho a esperar que en sus tratos con la policía estén confrontado con oficiales políticamente neutrales que están separados del debate político».

Principios similares se aplicarían a los miembros de las Fuerzas Armadas. En su caso, sin embargo, las restricciones a la participación en la política local son quizás más difíciles de justificar porque la necesidad de neutralidad para evitar un conflicto de intereses se aplica principalmente a nivel nacional.

El derecho a votar y presentarse a cargos públicos del artículo 25 del Pacto Internacional de Derechos Civiles y Políticos establece: «Todo ciudadano tendrá el derecho y la oportunidad, sin ninguna de las distinciones mencionadas en el artículo 2 y sin restricciones irrazonables: a) Participar en la dirección de los asuntos públicos, directamente o por conducto de su libre elección. representantes; b) Votar y ser elegidos en elecciones periódicas, auténticas, por sufragio universal e igual y por voto secreto, garantizando la libre expresión de la voluntad de los electores; c) A tener acceso, en condiciones generales de igualdad, a las funciones públicas de su país»[73].

El Comité de Derechos Humanos de la ONU ha señalado que, si existen motivos razonables para con respecto a ciertos cargos electivos como

---

72 Los policías están investidos por los poderes para regular la conducta de los ciudadanos y, en algunos países, autorizados para portar armas en el desempeño de sus funciones. Como tal, los miembros del público tienen derecho esperar que cuando interactúen con la policía, sean recibidos por oficiales políticamente neutrales que no tengan opiniones políticas que puedan poner en peligro el desempeño imparcial de sus funciones deberes. En opinión del Tribunal, la necesidad de garantizar que el papel crucial de la policía en la sociedad no se ve comprometida por la erosión de su neutralidad política, y por lo tanto en determinados casos, restringir su libertad de expresión es compatible con la democracia principios. Podría decirse que principios similares se aplican a los miembros de las Fuerzas Armadas.

73 Además, el art. 3 del Primer Protocolo del CEDH establece: «Las Altas Partes Contratantes se comprometen a celebrar elecciones libres a intervalos razonables por voto secreto, en condiciones que aseguren la libertad de expresión de la opinión del pueblo en la elección de la legislatura».

incompatibles con la tenencia de cargos específicos (por ejemplo, el poder judicial, alto cargo militar, servicio público), medidas para evitar cualquier conflicto de interés no debe limitar indebidamente los derechos protegidos por el párr. (b)[74]. En un caso, las restricciones impuesto en los Países Bajos que impide que un oficial de policía en servicio tome su cargo electo lugar en un consejo local fueron confirmados: el Comité consideró que no había violación del art. 25 porque las restricciones fueron diseñadas para prevenir un conflicto de intereses[75]. Se aplicarían principios similares a las restricciones en las Fuerzas Armadas.

5.6.2. Derechos de los militares desplegados en misiones OTAN

Los principales derechos en juego son la libertad de asociación (es decir, afiliarse a un partido político), el derecho a votar y a presentarse a cargos públicos y el derecho a participar en manifestaciones públicas, todos ellos garantizados por los tratados de derechos humanos.

Si bien en décadas anteriores, la Corte Europea de Derechos Humanos tendía a otorgar a los Estados un amplio margen de apreciación en casos que involucraban restricciones a los Derechos Humanos por razones de seguridad nacional, esto se ha reducido progresivamente en los últimos años en lo que respecta a los derechos del personal de las Fuerzas Armadas[76]. Si un Estado no puede demostrar que una restricción tiene una base legal, no puede aprovechar estas restricciones. La prueba de necesidad y proporcionalidad empleada por el sistema de la Convención requiere considerar la naturaleza y la medida en que una restricción está justificada por un objetivo legítimo.

Las restricciones al derecho a la libertad de asociación del personal de servicio están permitidas en virtud del artículo 11 (2) del CEDH. Sin embargo, la Corte ha interpretado el artículo 11 (2) en el sentido de que solo permite

---

74 Comité de Derechos Humanos de las Naciones Unidas, Observación General 25 (57), UN Doc. CCPR/C/21/Rev.1/Add.7 (1996), párr. 25.

75 Debreczeny v. The Netherlands, Comité de Derechos Humanos de la ONU, 3 de abril de 1995, Comunicación No. 500/92, Doc. ONU CCPR/C/53/D/500/1992.

76 Ver: Tribunal Europeo de Derechos Humanos, Hadjianastassiou c. Grecia (demanda núm. 12945/87, sentencia de 16 de diciembre de 1992); Grigoriades contra Grecia; Vereinigung Demokratischer Soldaten Österreichs [VDSO] y Gubi c. Austria (demanda n.° 15153/89, sentencia de 19 de diciembre de 1994); Lustig-Prean y Beckett contra el Reino Unido (demandas núm. 31417/96 y 32377/96, sentencia de 27 de septiembre de 1999); Smith y Grady contra el Reino Unido, (Demanda núm. 33985/96 y 33986/96, sentencia de 27 de septiembre de 1999); y Konstantin Markin c. Rusia, *op. cit.*, nota 47. Véase también: División de Investigación del Consejo de Europa, Seguridad Nacional y Jurisprudencia Europea (Estrasburgo: División de Investigación del Consejo de Europa, 2013).

restricciones al ejercicio del derecho a la libertad de asociación para el personal de servicio. Por lo tanto, el artículo 11 (2) no puede utilizarse para eliminar por completo este derecho[77].

De la jurisprudencia de la Corte Europea de Derechos Humanos se desprende claramente que el concepto de «restricción legal» en virtud del artículo 11 (2) no significa que todas las leyes nacionales que restringen derechos serán necesariamente compatibles con la Convención[78]. A falta de una referencia expresa a un requisito de proporcionalidad para los intereses protegidos mencionados en el artículo 11 (2), la Corte ha abordado las limitaciones de esta manera[79].

Las restricciones a los derechos recogidos en el artículo 11 pueden estar justificadas por la necesidad de garantizar la neutralidad política de las Fuerzas Armadas. Este es un objetivo reconocido en la práctica y el derecho internacional de los Derechos Humanos. El párrafo 23 del Código de Conducta de la OSCE sobre Aspectos Político-Militares de Seguridad establece que, «al tiempo que garantiza los derechos civiles de cada miembro del servicio, cada Estado se asegurará de que sus Fuerzas Armadas sean políticamente neutrales». También es claro que el CEDH permite restricciones a los derechos de los miembros de las Fuerzas Armadas diseñadas para lograr este propósito.

La libertad de expresión no es solo un derecho central (Casadevall, J., 2012) dentro del CEDH, sino que también es de fundamental importancia para una sociedad democrática (Beetham, D., 2004, págs. 61-75); constituye un fundamento para otros derechos como el derecho de reunión o el derecho de asociación. A menudo, los casos relacionados con la libertad de expresión «plantean cuestiones de principio bien definidas para profesionales, políticos, académicos y activistas de derechos civiles por igual» (Reid, K., 2011, pág. 211). Pero esto no necesariamente da como resultado una jurisprudencia clara o coherente. Un ámbito en el que parecen faltar líneas tan claras, en concreto, es en lo que respecta a las expresiones de los funcionarios públicos.

---

77 Ver: Tribunal Europeo de Derechos Humanos, Matelly v. Francia, nota 2, párrs. 57-58; y ADEFDROMIL c. Francia (demanda núm. 32191/09, sentencia de 2 de octubre de 2014), párrs. 43-44. En ambos casos, la Corte señaló que «las restricciones impuestas a los tres grupos mencionados en el artículo 11 (incluidos los miembros de las Fuerzas Armadas) son de interpretación estricta y, por lo tanto, deben limitarse al ejercicio de «los derechos en cuestión».

78 Véase: Corte Europea de Derechos Humanos, Sunday Times c. Reino Unido, *op. cit.*, nota 132, párr. 49; y Silver y otros contra el Reino Unido, *op. cit.*, nota 133, párrs. 88-90. Véase también el resumen de la jurisprudencia del Tribunal Europeo de Derechos Humanos sobre este asunto en el «Capítulo 4: Protecciones nacionales de los Derechos Humanos del personal de las Fuerzas Armadas».

79 Ver, en lugar de otros: Tribunal Europeo de Derechos Humanos, Rekvényi c. Hungría (demanda núm. 25390/94, sentencia de 20 de mayo de 1999), párr. 49; Matelly contra Francia, párr. 76; y ADEFDROMIL c. Francia, párr. 61, nota 143.

Cabe preguntarse hasta qué punto los funcionarios públicos y otros empleados del Estado, incluidos los jueces, los titulares electos de cargos públicos y los miembros de las Fuerzas Armadas, pueden basarse en el artículo 10 del CEDH para expresar una opinión cuya expresión el Estado busca limitar.

5.7. Ejercicio por parte de los militares de los derechos de expresión, asociación, manifestación y sindicación en los diferentes ordenamientos jurídicos de los países de la Alianza Atlántica

En los diferentes ordenamientos jurídicos de los países de la Alianza Atlántica, los militares tienen limitaciones en el ejercicio de los derechos de expresión, asociación, manifestación y sindicación. Estas limitaciones se justifican por la naturaleza especial de las funciones que desempeñan los militares y su necesidad de mantener la disciplina, la cohesión y la eficacia en el desempeño de sus tareas.

En general, los militares tienen derecho a expresarse y asociarse, pero estos derechos están sujetos a restricciones especiales. Por ejemplo, pueden ser penalizados por difundir información clasificada o por criticar públicamente las políticas del gobierno o de sus superiores. Además, la sindicación y la manifestación suelen estar prohibidas o limitadas para los militares en muchos países, debido a la necesidad de mantener la disciplina y la unidad en las Fuerzas Armadas. En cualquier caso, las limitaciones específicas varían según el país y dependen del contexto político y social en el que operan las fuerzas militares (De la Cerda Juan, J. C., 2022, págs. 22-26).

En principio y en la práctica, el personal de las Fuerzas Armadas, como «ciudadanos de uniforme», disfruta de los mismos derechos fundamentales que los ciudadanos. En muchos Estados, sin embargo, las Fuerzas Armadas consideran que las restricciones a la libertad de expresión del personal de servicio son necesarias, en parte debido a la necesidad de que se les considere políticamente neutrales y también para prevenir la disidencia y la insubordinación. Además, en determinadas situaciones, incluidos los despliegues operacionales, serán necesarias restricciones especiales para mantener la seguridad de las operaciones y proteger el derecho a la vida del personal de las Fuerzas Armadas.

5.7.1. Libertad de expresión

Este apartado comienza con una discusión general sobre la libertad de expresión en el ejército. A continuación, se examinan los requisitos del derecho internacional de los Derechos Humanos sobre el derecho a la libertad de expresión y las limitaciones del derecho.

La libertad de expresión es una forma valiosa de autoexpresión que permite al personal de servicio dar a conocer sus opiniones. El art. 10.1 del CEDH establece el derecho de toda persona a la libertad de expresión que recoge la libertad de opinión y la libertad de recibir o de comunicar informaciones o ideas. No obstante, el segundo apartado de este artículo prevé el sometimiento de dicho derecho a determinadas formalidades y restricciones contempladas en la ley, por lo que supone deberes y responsabilidades. Entre los bienes jurídicos que permiten limitar dicho derecho encontraríamos «la defensa del orden», debiendo entender por orden no solo el orden público, sino todo orden que resulta predicable del interior de un grupo social particular ya que el desorden de las fuerzas de seguridad puede provocar un caos en la sociedad entera. No se debe perjudicar la disciplina militar, por lo que es lógico que se vean afectados por las cláusulas limitativas que enuncia el art. 10.2 del CEDH (Fernández Segado, F., 1989, pág. 103).

En un contexto militar, la libertad de expresión puede ser relevante en varias formas. Éstos van desde la emisión de comunicaciones quejándose sobre las condiciones de servicio y la publicación de boletines informativos de los cuarteles, hasta el mantenimiento de blogs y el uso de las redes sociales, así como la expresión pública de disconformidad con las órdenes militares, la crítica en los medios de comunicación y la denuncia de abusos de derechos humanos o actividades ilegales.

En un contexto militar, la libertad de expresión puede ser un tema complejo, ya que la naturaleza de la profesión implica una disciplina y jerarquía rigurosas. Sin embargo, en los últimos años, la importancia de la libertad de expresión en el ámbito militar ha sido reconocida por varias sentencias internacionales (Loretti, D. y Lozano, L., 2019, págs. 15-18).

Una de ellas es). En este caso, los demandantes, que eran soldados del ejército bosnio, fueron despedidos después de que publicaron un boletín informativo en el que criticaban la gestión del ejército y los superiores. El tribunal dictaminó que los soldados tenían derecho a la libertad de expresión y que sus despidos fueron una violación de sus derechos humanos.

En su sentencia de 2009, el TEDH sostuvo que la libertad de expresión es un derecho fundamental que se aplica también a los miembros del servicio militar, siempre y cuando el ejercicio de este derecho no ponga en peligro la disciplina y la eficacia de las fuerzas armadas. El Tribunal señaló que la publicación del boletín informativo no había causado un daño significativo a la disciplina o la eficacia del ejército, y que, por lo tanto, el despido de los soldados había sido una violación de su derecho a la libertad de expresión (Fernández Segado, F., 1990, págs. 93-124).

El Tribunal también señaló que el artículo 10 del Convenio Europeo de Derechos Humanos protege el derecho a la crítica, incluso si esta crítica es severa o molesta a las autoridades. El Tribunal afirmó que los soldados habían expresado su crítica de una manera constructiva y que habían utilizado los canales adecuados para hacerlo (Fernández Segado, F., 1990).

En conclusión, la sentencia del TEDH en el caso «Hadži-Nešić y otros contra Bosnia y Herzegovina» estableció que los miembros del servicio militar tienen derecho a la libertad de expresión y a expresar críticas constructivas sin temor a represalias siempre y cuando estas no pongan en peligro la disciplina y la eficacia de las fuerzas armadas.

Otra sentencia importante es la del Tribunal de Apelaciones de los Estados Unidos en el caso «National Institute of Military Justice contra Department of Defense» en 2012. En este caso, el tribunal dictaminó que los miembros del servicio militar tienen derecho a expresarse sobre cuestiones políticas y sociales siempre que no se involucren en actividades partidistas o discriminatorias.

En general, la libertad de expresión en el ámbito militar debe equilibrarse con la necesidad de mantener la disciplina y la eficacia en la defensa del país (Fernández Segado, F., 1990, págs. 93-124). Sin embargo, los soldados y los miembros del servicio tienen derecho a expresarse y denunciar abusos de derechos humanos o actividades ilegales sin temor a represalias.

Respetar y proteger el derecho de cada individuo a ejercer su libertad de expresión es fundamental para el bienestar de las sociedades democráticas. También está estrechamente relacionado con otras preocupaciones de derechos humanos y es parte integral de, por ejemplo, la capacidad de ejercer los derechos civiles y políticos (Ienca, M. y Andorno, R., 2021, págs. 141-186). Además, el ejercicio de este derecho también está estrechamente vinculado a la posibilidad de denunciar cualquier mala praxis ilegal, mala conducta, malos tratos o abusos a los Derechos Humanos cometidos en las Fuerzas Armadas. Este último aspecto es tanto más importante debido al entorno tradicionalmente acuartelado de las Fuerzas Armadas, en el que es más probable que esos abusos estén protegidos de la vista del público y el secreto puede conducir a una cultura de impunidad.

En muchos casos, el entorno acuartelado y la jerarquía rígida de las Fuerzas Armadas pueden dificultar la denuncia de estos abusos. Por lo tanto, la libertad de expresión se convierte en un medio importante para romper con la cultura de la impunidad y exponer las malas prácticas que de otra manera podrían quedar ocultas (Ordoñez, M. P. Á., y Santamaría, R. Á., 2011).

Además, los medios de comunicación y las redes sociales permiten a los miembros del servicio militar y a los ciudadanos en general, acceder a información sobre las actividades de las fuerzas armadas, y denunciar posibles violaciones de los derechos humanos o la comisión de crímenes internacionales en situaciones de conflicto armado. Estas denuncias pueden llevar a investigaciones internas, procesos judiciales y medidas de rendición de cuentas contra aquellos responsables de abusos.

En varios Estados participantes de la OSCE, el personal de las Fuerzas Armadas tiene derecho a presentar peticiones y denuncias a instituciones públicas y estatales, como las instituciones de defensa del pueblo y las comisiones de derechos humanos. Algunos países (como Armenia) ofrecen líneas directas dedicadas para permitir informes de este tipo.

En el caso español, en el art. 20.1 de la Carta Magna se contempla la facultad de manifestar y difundir pensamientos, ideas y opiniones de forma libre, ya sea por palabra, escrito o cualquier otro medio, aunque se sujeta al límite de los intereses de la defensa nacional. De este modo, el militar debe evitar expresiones que afecten a su trabajo, debiendo ser reservado y guardar el debido secreto. Por ello, se puede decir que el militar debe respetar el sistema político del país siendo neutral ante las fuerzas políticas y su competición (López de Gea, J., 2013, pág. 181).

Como ha manifestado el Tribunal Constitucional en su sentencia 97/1985[80], se busca evitar «disensiones y contiendas dentro de las Fuerzas Armadas, las cuales necesitan imperiosamente, para el logro de los altos fines que el artículo 8.1 de la Constitución les asigna, una especial e idónea configuración».

En otra sentencia, el Tribunal Constitucional establece que «el funcionamiento eficaz de un ejército difícilmente se concibe sin reglas jurídicas destinadas a impedir que sea minada la disciplina militar, en particular mediante escritos [...]» (STC 38/2017 rec.7430/2015).

El funcionamiento de un ejército requiere un alto grado de disciplina y jerarquía, especialmente en situaciones de conflicto armado. Para mantener la disciplina y el orden en las fuerzas armadas, se han establecido reglas jurídicas destinadas a prevenir la difusión de información que pueda minar la disciplina militar. En este sentido, la libertad de expresión en el ámbito militar

---

80 STC de 29 de julio de 1985, núm. 97/1985, rec. 809/1983. El art. 452.2 del Código de Justicia Militar, pese a colisionar con el derecho a la tutela judicial efectiva relacionado con el derecho enunciado en el art. 125 de la Constitución Española, se fundamenta en la Carta Magna en cuanto está pensado para evitar disensiones y contiendas entre miembros de las Fuerzas Armadas, las cuales necesitan imperiosamente, para el logro de los altos fines que el art. 8.1 de la C.E. les asigna, una especial e idónea configuración, de donde surge, entre otras singularidades, el reconocimiento constitucional de una jurisdicción castrense estructurada y afianzada en términos no siempre coincidentes con los propios de la jurisdicción ordinaria. 2. Se hace necesario realizar una interpretación del art. 452.2 del CJM., centrada en el ejercicio de la acción privada, que atienda sustancialmente a la finalidad del precepto y lo armonice de manera íntegra con el art. 24.1 de la CE. Siempre que la acción privada pretenda ser ejercitada por un militar frente a otro, estando ambos ligados orgánicamente, ha de estimarse prohibida tal eventualidad, salvo que se trate de delitos perseguibles a instancia de parte. Por el contrario, en ocasiones en las que el ejercicio de la acción privada por personas no pertenecientes a las Fuerzas Armadas y asistidas de un posible agravio directo, por la muerte de un hijo por un disparo de un miembro perteneciente a dichas fuerzas, no represente ningún peligro para la cohesión de éstas, se ha de interpretar el art. 452.2 del CJM., de forma tan flexible que no impida al instructor efectuar el oportuno ofrecimiento de acciones. 3. Es doctrina reiterada por este Tribunal Constitucional la de que la legalidad ordinaria ha de ser interpretada de conformidad con la Constitución y en el sentido más favorable para la efectividad del derecho constitucional a la tutela efectiva de Jueces y Tribunales (STC 19/1983, entre otras).

debe equilibrarse con la necesidad de mantener la eficacia y la disciplina de las fuerzas armadas. La difusión de información o la crítica a los superiores, que puede ser tolerable en otros ámbitos, puede ser contraproducente en el contexto militar (Ramírez, S. G. y Sánchez, J. M., 2013, págs. 163-218).

Los militares están obligados a obedecer las órdenes de sus superiores y trabajar en equipo para lograr los objetivos militares. Por lo tanto, cualquier acción que socave la disciplina y la eficacia de las fuerzas armadas debe ser restringida.

La difusión de información confidencial, la publicación de material que puede desmoralizar a las tropas o la crítica infundada a los superiores, pueden ser considerados como actos que minan la disciplina militar y, por lo tanto, pueden ser objeto de sanciones disciplinarias.

La libertad de expresión individual también está estrechamente relacionada con la libertad de los medios de comunicación. En principio, existe una distinción entre un miembro de las Fuerzas Armadas que expresa su propia opinión como persona privada y como representante del Estado. En la primera situación, es probable que los comentarios hechos a título oficial se rijan por directrices internas, como ocurre con cualquier organización pública y privada. Las Fuerzas Armadas que no prohíben al personal de servicio comunicarse con los medios de comunicación a menudo requieren que reciban un permiso previo del superior correspondiente. Alternativamente, las comunicaciones con los medios solo pueden realizarse a través de un portavoz autorizado, a menudo personal capacitado en relaciones con los medios.

La disciplina militar requiere algunos límites a la libertad de expresión. En consecuencia, los tipos de expresión que socavarían la disciplina pueden restringirse, incluso si una conducta equivalente no estuviera regulada en el empleo civil (STC 38/2017 rec. 7430/2015). La necesidad de garantizar la neutralidad política de las Fuerzas Armadas también puede justificar las restricciones al derecho a la libertad del personal de servicio de expresión. De manera similar, los intereses de la seguridad nacional impiden que el personal de servicio revele información clasificada y detalles operativos, especialmente durante los despliegues operativos, y esto a veces puede extenderse a la comunicación de detalles personales y de otro tipo que en entornos no operativos serían inocuos. Dificultades logísticas de la vida militar, en particular, el despliegue en el extranjero puede crear barreras para la comunicación personal. Las Fuerzas Armadas a menudo facilitan las comunicaciones personales entre el personal y sus familias para apoyar su bienestar y, por lo tanto, fortalecer la moral (Loretti, D. y Lozano, L., 2019, págs. 66-68).

El uso ubicuo de teléfonos móviles también presenta desafíos potenciales. Por un lado, los teléfonos móviles permiten al personal de las Fuerzas Armadas mantener contacto con familiares y amigos incluso cuando se encuentran en un despliegue militar, con los consiguientes beneficios para la moral.

El personal de las Fuerzas Armadas puede usar sus teléfonos para describir su situación y condiciones en la unidad a sus familiares, amigos u otros contactos a través de llamadas telefónicas, mensajes de texto, videos y fotos. Los teléfonos móviles también les permiten comunicar más fácilmente el acoso, el maltrato y otros abusos.

Por otro lado, en situaciones de despliegue activo, el uso del teléfono móvil puede ser un peligro potencial, poniendo en riesgo la vida tanto del usuario como de otros miembros de su unidad, impactando así la efectividad militar. Existe un riesgo real de que el personal de servicio pueda revelar inadvertidamente detalles operativos confidenciales. Además, hay casos recientes en los que un adversario ha utilizado datos de GPS de teléfonos móviles para rastrear unidades militares y ataques directos contra ellas. Incluso las aplicaciones aparentemente inocuas pueden proporcionar información útil, como el diseño de las bases militares, al registrar las rutas de trote del personal. No es sorprendente, entonces, que varias Fuerzas Armadas regulan el uso de teléfonos móviles en condiciones operativas a fin de proteger la seguridad operativa y la vida del personal de las Fuerzas Armadas (OSCE, pág. 91).

Los militares españoles tienen libertad de expresión y, por ejemplo, pueden criticar de forma pública al Ejército siempre que lo hagan «con moderación y respeto» y «mesura» (STS rec. 144/2014). En este sentido, el Alto Tribunal ha anulado la sanción que se estableció al subteniente del Ejército de Tierra y presidente de la Asociación Unificada de Militares Españoles, Jorge Bravo Álvarez, por criticar de forma pública los recortes que sufría el ejército en 2012 y la incongruencia de tener gastos innecesarios como «las bodas de plata de una promoción». Por lo tanto, no se considera falta grave del apartado 18 del art. 8 de la Ley Orgánica del Régimen Disciplinario de las Fuerzas Armadas.

El Tribunal Europeo de Derechos Humanos ha establecido, en cuanto a la libertad de expresión de los miembros de las Fuerzas Armadas, que aquella libertad garantizada en el art. 10 del Convenio es aplicable a los militares como a todas las personas que formen parte de los Estados contratantes; aunque la eficacia de la actividad de un ejército difícilmente se concibe sin reglas jurídicas que dirijan su actuación, sin que se vea perjudicada la disciplina militar, en concreto mediante escritos. En este sentido, a juicio de dicho Tribunal, no se debe olvidar, en el campo de la libertad de expresión de los miembros de las Fuerzas Armadas, las peculiaridades concretas de la condición militar y sus efectos en la situación de miembros individuales de las Fuerzas Armadas, así como sus correspondientes deberes y responsabilidades (STEDH de 8 de junio de 1976, caso Engel y otros, fundamentos de Derecho 54, y 99 a 103).

Los demandantes en el caso Engel et al. contra los Países Bajos eran todos soldados conscriptos que prestaban servicio en las Fuerzas Armadas de los Países Bajos (párrafo 14). Con respecto al artículo 10 del CEDH, las denuncias presentadas por el Sr. Dona y el Sr. Schul son las pertinentes. El Sr. Dona era editor de una revista llamada «Alarm», cuyo núm. 8 se había prohibido provisionalmente su distribución en el cuartel General Spoor en Ermelo; esto se debió a que el comandante encontró que su contenido era incompatible con la disciplina militar (párrafo 43). Posteriormente, el señor Dona fue condenado a tres meses de internamiento en una unidad disciplinaria por haber participado en la publicación y distribución de un escrito que buscaba socavar la disciplina.

El Sr. Schul también fue editor de «Alarm» y los hechos de sus quejas son casi idénticos a los del Sr. Dona. Sin embargo, el castigo del Sr. Schul fue inicialmente de cuatro meses, debido a la circunstancia agravante adicional de su participación en la publicación de un «Boletín de Información» para los nuevos reclutas; cuya distribución había sido prohibida en razón de su contenido negativo (párrafo 45). El Tribunal en el mismo encontró una «incuestionable interferencia» con los derechos de los demandantes en virtud del artículo 10 del CEDH, por lo que esta interferencia fue examinada para una justificación bajo el párrafo 2. Nuevamente, el Tribunal determinó que La «prevención del desorden» también incluyó a grupos sociales cerrados como los militares y que, bajo los hechos específicos, esto justificó la sanción de los demandantes.

La Corte Europea de Derechos Humanos tuvo la oportunidad de volver a tratar las declaraciones de un servidor del Estado. En el caso de Jokšas contra Lituania, el demandante presentó una denuncia contra la República de Lituania ante el Tribunal Europeo de Derechos Humanos por violación de sus derechos de conformidad con el artículo 6 del Convenio para la protección de los Derechos Humanos y las libertades fundamentales y el artículo 10 del CEDH, tomado solo o en conjunto con el artículo 14, el 6 de junio de 2007 (párrafo 3). El demandante alegó que su derecho a la libertad de expresión había sido violado porque había sido dado de baja del ejército a causa de una declaración pública que había hecho (artículo 10 ECHR). El demandante también se quejó de que los tribunales nacionales, que conocieron esas denuncias, fueron injustos, vulnerando el artículo 6, apartado 1, del CEDH.

El segundo párrafo del artículo 10, relativo a las restricciones a la libertad de expresión, se refiere a los «deberes y responsabilidades» asociados al ejercicio de ese derecho. En su mayor parte, la Corte se ha limitado a evaluar la legitimidad de una restricción basada en el contexto (Rodríguez Gómez, L. T., Giraldo Gómez, J. y Calderón Suta, S.H., 2017). Al mismo tiempo, y como se ha señalado arriba, ciertos actores sociales, más obviamente los medios de comunicación, pero también otros que informan en el interés público, reciben protección especial bajo el art. 10 debido a la importancia de tal protección para la democracia. En otros casos, la Corte ha tenido que abordar la cuestión de si puede ser legítimo imponer mayores limitaciones sobre los derechos del art. 10 de ciertos individuos, debido a sus posiciones particulares en sociedad.

En uno de sus primeros casos, Engel y otros contra los Países Bajos, 1976, la Corte había evaluar la legitimidad de la prohibición de la publicación y distribución por parte de los soldados de un papel criticando a ciertos oficiales superiores (Alonso de Antonio, Á. L., 2015, págs. 265-269). No hay duda de que una prohibición similar hacia los ciudadanos comunes habría violado el derecho a la libertad de expresión. Sin embargo, la Corte no encontró incumplimiento en ese caso, dado que eran soldados, señalando:

En estas circunstancias, el Tribunal Militar Supremo puede haber tenido razones fundadas para considerar que habían intentado socavar la disciplina militar y que era necesaria para la prevención del desorden para imponer la pena infligida.

En Hadjianastassiou c. Grecia, 1992, un oficial fue condenado por haber proporcionado información técnica detallada sobre un arma a una empresa privada a cambio de dinero. Al sostener que esto no fue una violación de su derecho a la libertad de expresión, el Tribunal declaró:

> «Es [...] necesario tener en cuenta las condiciones especiales que se vinculan a la vida militar y los "deberes" y "responsabilidades" específicos que incumben a los miembros de las Fuerzas Armadas. El demandante, como funcionario de la KETA a cargo de un programa de misiles experimentales, estaba obligado por una obligación de discreción en relación con todo lo relativo a la ejecución de sus deberes [...]».

El Tribunal llegó a una conclusión diferente en el caso de Vereinigung demokratischer Soldaten Österreichs y Gubi c. Austria, 1994, que implicó la denegación de las autoridades militares austríacas para hacer circular una determinada publicación a los reclutas, aunque circularon otras publicaciones, y posteriormente una orden a uno de los solicitantes a dejar de distribuir la publicación (Alonso de Antonio, Á. L., 2015, págs. 265-269). Al encontrar una violación del derecho a la libertad de expresión incluso en la negativa a distribuir la publicación, la Corte subrayó que la discusión de ideas debe ser tolerada en el ejército como en otras áreas de la vida democrática (Alonso de Antonio, Á. L., 2015, págs. 265-269). La publicación no incitaba a los soldados a comportamientos ilegales ni siquiera desobediencia, sino que, más bien, les instó a utilizar los sistemas legales para denunciar y abordar sus preocupaciones:

> «Ninguna de las cuestiones de *der Igel* presentadas como prueba recomiendan desobediencia o violencia, o incluso cuestionar la utilidad del ejército. Es cierto que la mayoría de los temas plantean quejas, presentan propuestas de reformas o animar a los lectores a interponer demandas o apelaciones legales a las actas. Sin embargo, a pesar de su tenor a menudo polémico, no parece que sobrepasaron los límites de lo que es permisible en el contexto de una mera discusión de ideas, que debe ser tolerada en el ejército de un Estado democrático tal como debe ser en la sociedad que tal ejército sirve[81]».

---

81 Vereinigung demokratischer Soldaten Österreichs and Gubi v. Austria, 1994, § 38.

El Sr. Alvydas Jokšas, ciudadano lituano nacido el 19 de junio de 1956, se incorporó al ejército lituano durante la década de 1990. Por lo tanto, tenía una estrecha relación de subordinación con el Estado. El demandante se acercó a un periódico con un artículo que criticaba el nuevo Estatuto Disciplinario del Ejército. El artículo «Guerra sin derechos constitucionales» fue publicado el 1 de marzo de 2006 en Kauno Diena. Luego, los superiores del demandante iniciaron una investigación interna sobre su comunicación con los periodistas.

El 13 de marzo de 2006, el mismo periódico publicó otro artículo [titulado «Crítica al Estatuto enfurece al Ministerio (de Defensa)»] en el que se citaba la crítica de la demandante. Los superiores firmaron una orden que lo destituía de su cargo con el argumento de que había alcanzado la edad de jubilación. En ese momento, el contrato de servicio profesional del demandante aún estaba vigente. De este modo, el caso «Jokšas c. Lituania» se refiere a un oficial de las Fuerzas Armadas lituanas que fue expulsado del servicio militar debido a su participación en un partido político de oposición. El oficial presentó una demanda alegando que su expulsión violaba su derecho a la libertad de asociación, protegido por el artículo 11 del Convenio Europeo de Derechos Humanos.

El demandante nombró como testigos a cuatro militares que ya habían superado la edad de jubilación, pero seguían en servicio. Los testigos nunca fueron citados ante el tribunal. El demandante afirma que no fue despedido por su edad, sino como consecuencia de sus declaraciones críticas con la prensa (párrafo 49) y en este documento ve una discriminación basada en la opinión (Artículo 14 en conjunción con el artículo 10 del CEDH).

En su decisión, el tribunal sostuvo que, si bien el derecho a la libertad de expresión de los oficiales del ejército puede vulnerarse por motivos de protección de la disciplina militar, las autoridades no pueden abusar de esta prerrogativa para sancionar cualquier declaración crítica dirigida contra ese ejército como institución (párrafos 70 y siguientes). El despido del demandante no puede atribuirse directamente a la publicación en el periódico, el tribunal no encuentra ninguna violación del artículo 14 del CEDH (prohibición de discriminación). «La libertad de expresión, consagrada en el artículo 10, está sujeta a una serie de excepciones», por ejemplo, cuando el titular de los derechos se encuentre en una estrecha relación de subordinación con un Estado Contratante al CEDH. Sin embargo, la vulneración del derecho debe estar especialmente justificada. En el caso que nos ocupa, el tribunal sostuvo que no hubo violación del artículo 10 del CEDH (Alonso de Antonio, Á. L., 2015, págs. 265-269).

En este supuesto, se debe tener en cuenta que el solicitante actuó como miembro de las Fuerzas Armadas en los hechos que llevaron a la cuestión jurídica del caso. El reclamante había entrado en una relación especial de subordinación, que otorgaba a las autoridades estatales cierto derecho a vulnerar sus derechos cuando fuera justificable con un interés especial del Estado. En Jokšas c. Lituania, el gobierno consideró que los «intereses de la seguridad nacional» y la «prevención del desorden» son objetivos legítimos que pueden ser perseguidos suponiendo un límite de los derechos del funcionario. Al hacerlo, el Tribunal siguió los precedentes en Engel c. los Países Bajos (STEDH 8 Junio de 1976) y Vereinigung demokratischer Soldaten Österreichs y Gubi c. Austria (STEDH de 19 de Diciembre de 1994). Allí, la Corte pronunció una infracción injustificada «si no fue prescrita por la ley», si no persiguió uno de los fines más legítimos a que se refiere el párrafo 2 de dicho artículo (artículo 10-2) o si no fue necesario en una sociedad democrática «para alcanzar tales objetivos». En Vereinigung demokratischer Soldaten Österreichs y Gubi c. Austria, se debía prevenir el desorden en las Fuerzas Armadas. Mientras tanto, en Engel v. Los Países Bajos, la Corte establece que el «desorden» no solo debe afectar a un orden público mayor (orden público), sino que solo puede sugerir un orden «dentro de los límites de un grupo social específico», designando así la prevención de el desorden dentro de las Fuerzas Armadas como fin legítimo.

Jokšas presenta un caso clásico de vulneración de un derecho humano que, sin embargo, puede justificarse y declararse lícito teniendo en cuenta la especial relación jurídica del demandante con su Estado. Siguiendo su precedente en Harabin c. Eslovaquia[82], la Corte consideró que la violación del derecho a la libertad de expresión no había sido desproporcionada sino justificada.

Hacer referencia a la cuestión de la libertad de expresión de los militares requiere como tema previo, si se quiere comentar cabalmente la STC de 24 de abril de 2017 (STC 38/2017 rec. 7430/2015), trazar epidérmicamente una panorámica sobre el ejercicio y reconocimiento de los derechos fundamentales de los miembros de las Fuerzas Armadas, así como la técnica y alcance de las restricciones que se les imponen a sus derechos, en razón de su pertenencia a la institución castrense. Desde este punto de vista, la doctrina ha producido diferentes construcciones teóricas para dar respuesta a esta cuestión. Así, y, en primer lugar, tendríamos la «comunidad separada» como tesis elaborada en Estados Unidos sobre resoluciones de su Corte Suprema [Parker v. Levy, 417 US 733(1974)]; desde este punto de vista, se consagra que lo militar «constituye una comunidad especializada gobernada por una disciplina separada de la de los civiles», por lo que la jurisdicción ordinaria debe abstenerse de intervenir en actos internos de las Fuerzas Armadas por la diversidad de las disciplinas.

Frente a esta doctrina, la teoría del ordenamiento interno, de origen italiano, defiende que el contexto militar está separado del orden general de

82 Se debe comparar con el caso de STEDH de 20 de noviembre de 2012, Harabin v. Eslovaquia, párrafo 149.

la sociedad civil y cuenta con un ordenamiento especial, con unos principios propios, diferenciados de los del resto de la sociedad civil y aunque las Fuerzas Armadas sean un sector más de la administración pública requieren un tratamiento excepcional (Cancio Fernández, R., 2017, págs. 13-18). Finalmente, la doctrina alemana de la sujeción especial considera que el ciudadano se relaciona con el gobierno desde distintas posiciones: en relaciones de sujeción general o indiferenciada o bien, con una mayor intensidad, la que justificaría un cierto grado de restricción de sus derechos fundamentales, que es lo que sucede con los militares. Ya habrán advertido que, cualesquiera de las posturas doctrinales que se escoja, dejan al ciudadano-soldado en una situación de precariedad en el ejercicio de sus derechos cívicos, que no siempre queda justificado por una tutela concreta del principio de seguridad nacional o de la necesaria disciplina.

Por ello, se ha abierto paso la tendencia jurisprudencial, legislativa y doctrinal de ampliar y asegurar institucionalmente las libertades de los miembros de las Fuerzas Armadas, en tres líneas diversas: (i) la garantía constitucional expresa, en la que la propia carta magna avala de forma explícita la igualdad de derechos entre los ciudadanos y los militares, como es el caso de la constitución austríaca de 1920 que garantizó en su artículo 7 punto 2 «a los empleados públicos, incluyendo a los individuos pertenecientes al ejército federal, el ejercicio sin restricción de sus derechos políticos». (ii) El silencio constitucional y los límites implícitos son los mecanismos empleados en Francia, Italia, Portugal, Bélgica o Suecia, entre otros países, merced a los cuales no se establece ninguna peculiaridad respecto a la condición del soldado, si bien tolerando genéricamente restricciones cuando exista una eventual colisión con las necesidades institucionales de las Fuerzas Armadas. (iii) Finalmente, hay ordenamientos en los que se concretan constitucionalmente los límites a los derechos de los militares, verbigracia Alemania, mediante reformas a su Constitución, en el artículo 17.a) concreta que: «las leyes relativas al servicio militar y al servicio de sustitución podrán determinar que para los integrantes de las Fuerzas Armadas y del servicio de sustitución se restrinja durante el período de servicio el derecho fundamental de expresar y difundir libremente su opinión por medio de la palabra, por escrito y por la imagen, el derecho fundamental de reunirse libremente y el derecho de petición en cuanto confiere el derecho de presentar peticiones o reclamaciones de forma colectiva» (Landa Arroyo, C., 1995, págs. 171-179).

El Tribunal Constitucional Alemán, interpretando la reforma constitucional ha indicado que «la *ratio legis* del artículo 17 es, además de la garantía efectiva de los derechos fundamentales para los soldados que, en interés de la eficacia del ejército, algunos derechos fundamentales de los soldados estén sometidos a una mayor limitación que la que está permitida para las personas civiles», por lo que los límites a los derechos son calculables y previsibles.

Si nos centramos en uno de esos derechos fundamentales de los que hablábamos ad supra, puede señalarse un cambio radical en el reconocimiento y tutela de la libertad de expresión de los militares. Afortunadamente, ha llovido mucho desde aquella afirmación de Alfred de Vigny cuando en 1835 sostenía que «el ejército debe ser ciego y mudo» y hoy en día las restricciones previas al ejercicio de este derecho deben justificarse sólidamente. En Alemania la «soldaten gesetz» o ley del soldado de 1956, así como la Ley Austríaca de 1990 establecen un régimen de autorización previa, pero solo en materia de secretos militares. Debe indicarse que en Alemania el ombusman militar ha considerado que la autorización previa atenta contra la Ley Fundamental de Bonn. En este sentido, la Corte Constitucional italiana, en sentencia de 1985, aprecia que «la pacífica manifestación del disenso de los militares con respecto a la autoridad militar [...] promueve el desarrollo en sentido democrático del ordenamiento de las Fuerzas Armadas». Por otro lado, el TEDH, desde 1991, viene declarando que los peligros de una previa restricción de la libertad de expresión pueden dañar a la prensa puesto que las noticias son una mercancía perecedera y no se debe demorar injustificadamente la publicación de información proporcionada por un militar.

En el caso Debreczeny v. The Netherlands, presentado ante el Comité de Derechos Humanos de la ONU[83], el demandante, un oficial de las Fuerzas Armadas neerlandesas, alegó que su libertad de expresión había sido violada después de que se le prohibiera dar una entrevista a un periódico en la que planeaba criticar las políticas del gobierno sobre las armas nucleares.

El Comité de Derechos Humanos de la ONU consideró que la prohibición del gobierno neerlandés de la entrevista del demandante fue una violación de su derecho a la libertad de expresión, tal y como se establece en el artículo 19 del Pacto Internacional de Derechos Civiles y Políticos. El Comité destacó que la libertad de expresión se aplica no solo a las expresiones inofensivas o indiferentes, sino también a aquellas que pueden ser consideradas ofensivas, chocantes o perturbadoras. Además, el Comité subrayó que la libertad de expresión es especialmente importante para las personas que ejercen funciones públicas, como los militares, para garantizar la rendición de cuentas y la transparencia en la gestión pública.

El Comité concluyó que la prohibición de la entrevista del demandante no estaba justificada y, por lo tanto, constituyó una violación del derecho a la libertad de expresión del demandante. El Comité instó al gobierno neerlandés a garantizar que en el futuro no se limite indebidamente la libertad de expresión de los militares y a tomar medidas para reparar el daño causado al demandante en este caso.

En nuestro ordenamiento, tanto desde el punto de vista constitucional, como desde el punto de vista del derecho supranacional aplicable, está plenamente consolidado y garantizado el derecho a expresar y difundir libre-

83 Joszef Debreczeny v. Netherlands, Comunicación No. 500/1992, UN. Doc. CCPR/C/53/D/500/1992 (1995). Comunicación pronunciada el 4 de abril de 1995.

mente los pensamientos, ideas y opiniones mediante la palabra, el escrito o cualquier otro medio de reproducción, con el límite en el respeto a los derechos reconocidos, en los preceptos de las leyes que lo desarrollen y, especialmente, en el derecho al honor, a la intimidad, a la propia imagen y a la protección de la juventud y de la infancia, pudiendo someterse a ciertas formalidades, condiciones, restricciones o sanciones contempladas en la ley, que constituyan medidas necesarias, en una sociedad democrática, para la seguridad nacional, la integridad territorial o la seguridad pública, la defensa del orden y la prevención del delito, la protección de la salud o de la moral, la protección de la reputación o de los derechos ajenos, para impedir la divulgación de informaciones confidenciales o para garantizar la autoridad y la imparcialidad del poder judicial (arts. 20 CE y 10 CEDH).

Estas limitaciones se encuentran genéricamente en el artículo 12 de la Ley Orgánica 9/2011, de 27 de julio, de derechos y deberes de los miembros de las Fuerzas Armadas, cuando pondera que «El militar tiene derecho a la libertad de expresión y a comunicar y recibir libremente información en los términos establecidos en la Constitución, sin otros límites que los derivados de la salvaguarda de la seguridad y defensa nacional, el deber de reserva y el respeto a la dignidad de las personas y de las instituciones y poderes públicos».

En otras palabras, en el ordenamiento jurídico español, cualquier persona es titular de este derecho fundamental, incluidos los miembros de las Fuerzas Armadas y de la Guardia Civil, con las excepciones vistas, pues existen sectores o grupos que por motivo de la función que ejercen están sometidos a límites concretos, lógicamente más estrictos (Cancio Fernández, R., 2017, págs. 13-18). En el caso de los militares, dichos términos han sido minuciosamente definidos por la jurisprudencia de la Sala V del Tribunal Supremo, que se ha pronunciado reiteradamente sobre el alcance del reconocimiento del derecho a la libertad de expresión en el ámbito castrense en la STS de 22 de diciembre de 2014 (FJ 1.° y 2.° de la STS de 22 de diciembre de 2014, rec. 99/2014), entre otras, en la línea establecida por el Tribunal Constitucional [SSTC de 13 de diciembre de 1993 (FJ 1.° y 2.° de la STC de 13 de diciembre de 1993); de 27 de octubre de 1994 (FJ 3.° de la STC de 27 de octubre de 1994, n.° 288/1994, rec. 1385/1993.)], y por el TEDH en SSTDH de 8 de junio de 1976, caso Engel y otros.

A continuación, se mostrará cómo se cohonesta este singular escenario legislativo y jurisprudencial con la STC del 24 de abril de 2017 (FJ 2.° y 3.° de la STC de 24 de abril de 2017, n.° 38/2017, rec. 7430/2015).

Por resolución de 22 de julio de 2.013, el General jefe del Mando Aéreo de Combate impuso a un Subteniente una sanción disciplinaria de un mes y tres días de arresto, por la comisión de la falta grave consistente en «hacer reclamaciones, peticiones y manifestaciones contrarias a la disciplina o basadas en aseveraciones falsas; realizarlas a través de los medios de comunicación social o formularlas con carácter colectivo», contemplada en el artículo 8, apartado 18, de la Ley Orgánica 8/1998, de 2 de diciembre, de Régimen Disciplinario de las Fuerzas Armadas, confirmada después en alzada por el General Jefe del Estado Mayor del Ejército del Aire.

Frente a las anteriores resoluciones sancionadoras, el encartado interpuso recurso Contencioso Disciplinario militar ordinario ante el Tribunal Militar Central, el cual dictó sentencia confirmando la sanción impuesta. Notificada la referida resolución, el citado Subteniente anunció su intención de interponer recurso de casación contra la misma, por vulneración de los artículos 25, 20 y 22 de la Ley Fundamental española, en relación con el artículo 18, apartado 8, de la LORDFAS, que fue resuelto por Sentencia de la Sala V del Tribunal Supremo de fecha 3 de noviembre de 2015, desestimándolo, en resumen, con el argumento de que el expediente disciplinario se inició por realizar aseveraciones falsas, la sanción, en consecuencia, se fundamenta solamente en la expresión «con esta reunión también queremos dar un apoyo solidario a nuestra delegada para asuntos femeninos a la que están complicando la vida por su labor asociativa», a través del correo del Ministerio de Defensa, que para nada tienen que ver con la labor informativa o divulgativa que pudiera realizar como representante de una asociación y, consecuentemente, si la acción realizada se puede encuadrar en las faltas disciplinarias contempladas en la ley y no se encuentra amparada por el ejercicio de sus derechos fundamentales puede ser sancionado, tal como sucedió en el presente caso, donde se ha colmado el tipo disciplinario apreciado en la resolución sancionadora confirmada en la instancia. Debe subrayarse la existencia de un proteico voto particular discrepante, al que se adhirió otro magistrado de la Sala.

El militar sancionado, en desacuerdo con la referida sentencia, interpuso recurso de amparo ante el Tribunal Constitucional, invocando la lesión del derecho a la legalidad en materia sancionadora (art. 25.1 CE), en relación con el derecho a la libertad (art. 17.1 CE), así como la vulneración del derecho a la libertad de expresión (art. 20.1.a CE) en relación con el derecho de asociación (art. 22 CE), en la creencia que lo manifestado a través del correo electrónico queda amparado por la libertad indicada, ya que no rebasó los límites que le impone su condición de militar.

El Tribunal, tras estudiar la naturaleza del mensaje, concluye que éste tiene dos partes bien diferenciadas: una primera, claramente informativa, en la que se señala el lugar y momento en que se celebrará una próxima reunión; y una segunda, en la que se pone de manifiesto el apoyo a dos compañeros de la asociación, entre ellos, la delegada para asuntos femeninos, siendo ese segundo párrafo donde se incluye la ya citada frase que provoca la sanción: «a la que están complicando la vida por su labor asociativa». Respecto de ella, el intérprete constitucional considera que su intención es complementar el apoyo que el recurrente brinda a su compañera, pues aclara la razón por la que merece el respaldo de la asociación, considerando que el sintagma controvertido debe ser valorado desde el prisma del derecho a la libertad de expresión (art. 20.1.a CE), y no del derecho a la información, como se interpretó tanto en vía contencioso-militar como por la Sala V. En este sentido, se debe recordar que el carácter meramente valorativo y no asertivo de la expresión, no permite la tacha de falsedad que se le imputa (Sentencia de 30 de septiembre de 2015, en el recurso núm. 57/2015, «el tipo sancionatorio cuando se refiere a afirmaciones falsas ha de entenderse como afirmaciones atinentes a hechos objetivos perceptibles por los sentidos, y no a los juicios de valor»).

En este caso, y apartada la exigencia de veracidad por tratarse de un juicio de valor, la frase analizada permite deducir que el demandante «se limitó a comunicar que la actividad desarrollada por la delegada para asuntos femeninos provocó reacciones adversas en contra de ella», pero sin concretar ni en qué habrían consistido esas reacciones ni por parte de quién venían. Si bien la frase dirige una crítica hacia personas que solo pueden ser militares, «no contiene expresiones irrespetuosas o descalificativas», expresando, desde el plano objetivo, una valoración genérica que refleja una apreciación asociativa, y que puede ser discutible, en un Estado de Derecho no puede ser calificado de falso aquello que simplemente resulte molesto (STEDH Schachsach contra Austria, de 13 de noviembre de 2003), aunque apenas puede afirmarse su falsedad, dado que complicar la vida es una expresión tan genérica que puede englobar muchas actividades, de muchas procedencias, algunas tan sutiles que difícilmente pueden ser acreditadas.

La revocación de la sentencia de la Sala V al reconocerse el derecho fundamental del demandante a la libertad de expresión, reconcilia además la doctrina de la instancia, no en vano, en sentencia de 20 de mayo de 2015, se produjo el mismo fenómeno que ahora comentamos, pero a la inversa, al estimarse el recurso de casación interpuesto por un Subteniente del Ejército de Tierra contra Sentencia del Tribunal Militar Central, por la que se desestimó el recurso Contencioso-Disciplinario Militar Ordinario interpuesto por el citado recurrente, contra la resolución sancionatoria de un mes y un día de arresto, como autor responsable de la falta grave de «hacer reclamaciones, peticiones o manifestaciones contrarias a la disciplina o basadas en aseveraciones falsas; realizarlas a través de los medios de comunicación o formularlas con carácter colectivo», en su modalidad de «hacer reclamaciones a través de los medios de comunicación», y que contó asimismo, con un voto particular suscrito por dos magistrados de la Sala.

Más allá del debate sobre la libertad de expresión en el ámbito de las Fuerzas Armadas, la sentencia de la que aquí se da cuenta, destaca y fortalece como valioso rudimento procesal en este sinuoso ámbito de enjuiciamiento, la extraordinaria importancia de identificar exactamente la naturaleza del acto o conducta litigiosa, pues de su adecuado juicio, depende la efectiva cobertura constitucional. En este supuesto concreto, la textura no informativa del sintagma del que trae cuenta la sanción impuesta, impedía considerar la conducta como típica y, consecuentemente, susceptible de ser ampararse bajo la libertad de expresión.

5.7.2. Afiliación a partidos políticos y sindicatos

En un caso de restricciones impuestas en Hungría que impidieron a miembros de las Fuerzas Armadas, la policía y los servicios de seguridad afiliarse a partidos políticos y participar en actividades políticas, las restricciones fueron impugnadas por lo que respecta a la policía. El Tribunal Europeo de Derechos Humanos determinó, sin embargo, que no hubo violación de los artículos 10 u 11 del CEDH, ya que las restricciones perseguían fines legítimos, a saber, la protección de la seguridad nacional y la seguridad pública y la prevención de desórdenes, y fueron dadas el contexto en Hungría, necesario y proporcionado[84]. Además, los límites impuestos por la ley húngara estaban destinados a despolitizar a la policía y, por lo tanto, a contribuir a la consolidación y mantenimiento de una democracia pluralista. Teniendo en cuenta el importante papel de la policía en la sociedad, la Corte consideró que las restricciones son consistentes con los principios democráticos, señalando que:

«En definitiva, la policía está al servicio del Estado. Por lo tanto, el público tiene derecho a esperar que, en su trato con la policía, se enfrente a agentes políticamente neutrales que están separados de la contienda política».

El Comité de Derechos Humanos de la ONU ha señalado que, si existen motivos razonables para considerar que ciertos cargos electos son incompatibles con el desempeño de cargos específicos dentro del ejército (como en el caso de un cargo militar de alto rango), se deberían tomar medidas para evitar cualquier conflicto de intereses. no limitar indebidamente los derechos protegidos por el artículo 25 (b) del Pacto Internacional de Derechos Civiles y Políticos (Comité de Derechos Humanos de la ONU, 12 de julio de 1996, CCPR / C / 21 / Rev.1 / Add.7). En un caso, se mantuvieron las restricciones impuestas en los Países Bajos que impedían a un oficial de policía en activo ocupar su escaño electo en un consejo local. El Comité consideró que no hubo violación del artículo 25 porque las restricciones estaban diseñadas para prevenir un conflicto de intereses. Se aplicarían principios similares a las restricciones al personal de las Fuerzas Armadas.

La afiliación de hombres y mujeres en servicio a sindicatos u otros representantes colectivos cuerpos plantea dos problemas distintos. El primero es la cuestión de la disciplina militar y la posible interferencia con el espíritu de cuerpo. La presentación de quejas colectivas por parte de miembros de las Fuerzas Armadas se ha considerado tradicionalmente como equivalente a la insubordinación o incluso el delito militar grave de motín. Se argumenta que la naturaleza disciplinada de las Fuerzas Armadas exige que no se cuestionen las órdenes (Trillo-Figueroa, F., 1979, pág. 7). Además, la acción industrial podría interrumpir operaciones vitales de una manera que amenaza la seguridad nacional. Si este interés también prohíbe cualquier discusión sobre las

84 Rekvényi c. Hungría, párrs. 46-50.

condiciones de servicio en general es más discutible, sin embargo. También hay motivos para el escepticismo sobre el argumento general, basado en encuestas de países que han permitido asociaciones militares (ver encuestas del Senado francés y preparado para la Escuela de Comando y Estado Mayor de Servicios Conjuntos en el Reino Unido)[85].

El segundo tema está relacionado con la lealtad y la influencia externa. La afiliación a sindicatos se considera indeseable porque los miembros de un sindicato pueden actuar colectivamente siguiendo las instrucciones de los dirigentes sindicales (por ejemplo, en la realización de acciones laborales), y esto puede ser visto como un factor que vulnera la autoridad y lealtad a la cadena de mando dentro de las Fuerzas Armadas. La objeción es tanto mayor si el sindicato en cuestión es civil.

Para abordar estos problemas hasta cierto punto, los órganos representativos colectivos, en países donde están permitidos, comúnmente trabajan bajo dos restricciones. El primero es que el cuerpo representativo puede estar limitado a miembros de las Fuerzas Armadas (contrarrestando así la objeción de influencia externa) y no vinculado a otros sindicatos. En segundo lugar, pueden imponerse barreras que prohíban las huelgas u otras formas de acción industrial que podrían interrumpir las operaciones o amenazar la seguridad.

El contexto cambiante en el que ahora operan las fuerzas militares impulsa una reevaluación de restricciones a la asociación, por dos razones distintas (Álvarez Rodríguez, I., 2014, págs. 147-190). La primera es que la naturaleza de las tareas que ahora se da al personal de las Fuerzas Armadas y el entorno en el que se despliega el ejército son a menudo no tradicionales. Ahora es más probable que los miembros de las Fuerzas Armadas formen parte de una fuerza multinacional o participando en operaciones de mantenimiento de la paz que en un conflicto convencional.

Este tipo de misiones conduce naturalmente a comparaciones entre las condiciones de servicio de diferentes fuerzas nacionales trabajando juntas. Soldados de un estado donde los derechos de asociación están restringidos pueden cuestionar razonablemente la necesidad operativa de este cuando trabajan junto a personal de servicio de un estado que tiene una visión más relajada. Las comparaciones desfavorables de las condiciones de servicio pueden producir descontento y pérdida de moral (y, a su vez, de eficiencia operativa).

La segunda causa de reevaluación es la creciente profesionalización de las Fuerzas Armadas, lo que significa que las Fuerzas Armadas necesitan competir efectivamente en el mercado laboral para poder atraer personal de alta calidad. Cualquier condición de servicio que haga que las Fuerzas Armadas sean menos

85 Meltex Ltd and Mesrop Movsesyan v. Armenia, 2008.

atractivo como carrera será analizado por los participantes potenciales. Es aconsejable por tanto para las propias Fuerzas Armadas para reevaluar si las restricciones a la libertad de afiliación y sindicación siguen siendo estrictamente necesarias.

5.7.3. Derecho de sufragio

De conformidad con el artículo 3 del Protocolo 1 del CEDH: «Las Altas Partes Contratantes se comprometen a celebrar elecciones libres a intervalos razonables mediante votación secreta, en condiciones que aseguren la libre expresión de la opinión del pueblo en la elección de la legislatura».

En su interpretación del artículo 3, Protocolo 1, el Tribunal Europeo de Derechos Humanos ha diferenciado entre los requisitos que pueden imponerse a la elegibilidad para presentarse para la elección al parlamento (el aspecto «pasivo») y la elegibilidad para votar (el aspecto «activo»)[86]. Al considerar tales restricciones «pasivas», la Corte observa que no debe haber arbitrariedad en los procedimientos internos que descalifiquen a un individuo de presentarse como candidato[87]. Los Estados disfrutan de un margen de apreciación más amplio con respecto al aspecto que del aspecto «activo»[88]. Si bien la Corte no ha considerado restricciones a la candidatura de miembros en servicio de las Fuerzas Armadas, ha mantenido restricciones comparables a los funcionarios públicos y funcionarios del gobierno local, que tienen el propósito de asegurar la imparcialidad política y asegurar que existe una distinción entre representantes electos y funcionarios[89].

El aspecto activo y el requisito de celebrar elecciones libres mediante voto secreto también son relevantes en términos de los arreglos realizados para garantizar que los miembros de las Fuerzas Armadas puedan ejercer el derecho al voto, independientemente del servicio militar. La mayoría de los Estados participantes que respondieron al cuestionario de la OIDDH permiten que el personal de servicio ejerza su derecho al voto en los colegios

86 European Court of Human Rights, *Guide on Article 3 Protocol 1: Right to Free Elections*, Strasbourg, 2018. Disponible en: https://www.echr.coe.int/Documents/Guide_Art_3_Protocol_1_ENG.pdf.

87 European Court of Human Rights, Ždanoka v. Latvia (Application no. 58278/00, Grand Chamber judgment de 16 de marzo de 2006), párr. 115; y Melnitchenko c. Ucrania (demanda núm. 17707/02, sentencia de 19 de octubre de 2004), párr. 57.

88 Tribunal Europeo de Derechos Humanos, Etxeberria y otros c. España (Demanda núm. 35579/03, 35613/03, 35626/03 y 35634/03, sentencia de 30 de junio de 2009), párr. 50; y Davydov y otros c. Rusia (demanda núm. 75947/11, sentencia de 30 de mayo de 2017), párr. 286.

89 Tribunal Europeo de Derechos Humanos, Ahmed y otros c. Reino Unido (demanda núm. 22954/93, sentencia de 2 de septiembre de 1998); y Briķe c. Letonia (demanda núm. 47135/99, decisión de 29 de junio de 2000).

electorales civiles. Hay algunas circunstancias de despliegue activo (como despliegue en lugares de difícil acceso y en el extranjero) donde la capacidad de ejercer el derecho al voto en unidades militares es una preocupación, sin embargo. Así, en Austria, por ejemplo, las Fuerzas Armadas garantizan que el personal de servicio el día de las elecciones tenga el tiempo necesario para votar en un colegio electoral civil o por correo.

El Consejo de Ministros del Consejo de Europa recomendó en 2010 que: «Se deben eliminar todas las restricciones a los derechos electorales de los miembros de las Fuerzas Armadas que ya no sean necesarias y proporcionadas para la consecución de un objetivo legítimo. Los Estados miembros pueden imponer restricciones a la pertenencia a las Fuerzas Armadas durante la candidatura de un miembro o, después de la elección, durante el mandato»[90].

El art. 25 del Pacto Internacional de Derechos Civiles y Políticos establece:

> «Todo ciudadano tendrá el derecho y la oportunidad, sin ninguna de las distinciones mencionadas en el artículo 2 y sin restricciones irrazonables:
>
> a) Participar en la dirección de los asuntos públicos, directamente o por conducto de la libre elección de los representantes;
>
> b) Votar y ser elegidos en elecciones periódicas, auténticas, por sufragio universal e igual y por voto secreto, que garantice la libre expresión de la voluntad de los electores;
>
> c) A tener acceso, en condiciones generales de igualdad, a las funciones públicas de su país».

El Comité de Derechos Humanos de la ONU ha señalado que, si existen motivos razonables con respecto a ciertos cargos electivos como incompatibles con la tenencia de cargos específicos (por ejemplo, el poder judicial, alto cargo militar, servicio público), medidas para evitar cualquier conflicto de interés no debe limitar indebidamente los derechos protegidos por el párr. (b)[91].

En un caso, las restricciones impuestas en los Países Bajos que impide que un oficial de policía en servicio tome su cargo electo lugar en un consejo local fueron confirmados: el Comité consideró que no había violación del art. 25 porque las restricciones fueron diseñadas para prevenir un conflicto de intereses[92]. Se aplicarían principios similares a las restricciones en las Fuerzas Armadas.

Una sentencia del TEDH sobre el Derecho de sufragio de los militares es la del caso Matelly v. Francia en el año 2008. En este caso, el demandante alegó que su derecho a votar había sido violado porque como militar francés

90 Consejo de Europa, Recomendación CM / Rec (2010) 4, *op. cit.*, nota 26, párrs. 38 y 39.

91 Comité de Derechos Humanos de las Naciones Unidas, Observación General 25 (57), UN Doc. CCPR/C/21/Rev.1/Add.7 (1996), párr. 25

92 Debreczeny v. The Netherlands, Comité de Derechos Humanos de la ONU, 3 de abril de 1995, Comunicación No. 500/92, Doc. ONU CCPR/C/53/D/500/1992.

en activo no podía votar en las elecciones municipales y regionales en su lugar de residencia. El demandante argumentó que esto constituía una discriminación injusta contra los militares y que su derecho a voto debería ser respetado.

El TEDH determinó que la prohibición de votar en las elecciones municipales y regionales para los militares en activo era justificada en el contexto de la necesidad de mantener la neutralidad política de las fuerzas armadas. El tribunal sostuvo que el gobierno francés tenía un amplio margen de apreciación en este asunto y que la prohibición no era desproporcionada. Por lo tanto, el TEDH concluyó que no hubo violación del derecho a votar del demandante.

5.7.4. Libertad de reunión y asociación

Asimismo, la libertad de reunión pacífica está garantizada por el artículo 21 del Pacto Internacional de Derechos Civiles y Políticos y el artículo 11 del CEDH. En general, la imposición de un castigo (incluida una sanción disciplinaria profesional) por participar en una manifestación se considera una infracción del artículo 11, y cualquier restricción legítima debe satisfacer los criterios de necesidad y proporcionalidad[93] del CEDH permite a los estados restringir este derecho para, entre otros, miembros de las Fuerzas Armadas.

Por otro lado, la libertad de asociarse con otros es un derecho fundamental que está claramente reconocido en los principales tratados de derechos humanos, y esto se extiende a la libertad de unirse a organismos profesionales y sindicatos (García Viña, J., 2022, págs. 31-33). La acción colectiva puede involucrar manifestaciones o declaraciones públicas que representen los intereses de grupo de los miembros de las Fuerzas Armadas.

Los organismos colectivos pueden desempeñar un papel valioso en la representación de los intereses de los miembros, incluida la protección de sus derechos humanos. Las asociaciones o uniones militares pueden promover el bienestar de los miembros individuales al presentar quejas en su nombre, representar sus intereses en diferentes niveles desde el de la unidad hacia arriba, y consultar o negociar sobre condiciones de colectivos de servicio en las Fuerzas Armadas. También pueden desempeñar un papel valioso como intermediarios entre el Ministerio de Defensa y el personal de las Fuerzas Armadas cuando se trata de asuntos como la reestructuración de las Fuerzas Armadas.

Donde existen estas asociaciones, su naturaleza varía de un país a otro (Leigh, I. D. y Born, H., 2008, págs. 15-17). Algunas variaciones importantes

93 Tribunal Europeo de Derechos Humanos, Ezelin c. Francia (demanda núm. 11800/85, sentencia de 26 de abril de 1991), párrs. 52-53.

se refieren a la medida en que son autónomas, sus vínculos con federaciones profesionales o sindicales, y si están legalmente autorizados a participar en la acción industrial. En países como Suecia o Alemania, existen asociaciones militares independientes que se financian con las cuotas de los miembros y que emplean su propio personal asesor. En otros países, como Bulgaria, la financiación proviene del Ministerio de Defensa. Es más común que las asociaciones se definan a sí mismas como organismos que representan a hombres y mujeres en servicio profesional en lugar de sindicatos militares, aunque esto es en parte una consecuencia de la cultura jurídica en países específicos. Para colegios profesionales, enlaces externos con las confederaciones de sindicatos no son normales, aunque existen, por ejemplo, en Suecia y Los Países Bajos. En otros casos, las asociaciones militares se han unido a asociaciones paraguas en representación de profesionales o servidores públicos. Además, muchas asociaciones militares o los sindicatos son miembros de asociaciones internacionales que promueven los intereses de los militares y mujeres. La más grande con diferencia es la Organización Europea de Asociaciones Militares (EUROMIL), con más de 30 asociaciones (tanto asociaciones profesionales como sindicatos) de más de 20 países, pero existen varios otros a nivel regional. La mayoría de los Estados participantes de la OSCE prohíben las acciones colectivas de los miembros de las Fuerzas Armadas.

Es común en muchos países la libertad de asociación de los servidores públicos, incluyendo miembros de las Fuerzas Armadas, con carácter limitado. Esta diferencia de trato en comparación con otros trabajadores puede estar justificado por el interés público de garantizar que los servicios públicos no se interrumpen. Se puede argumentar que los miembros de las Fuerzas Armadas son no trabajadores en un sentido convencional en el sentido de que, al encuadrarse en el régimen militar, se someten a un amplio sistema de restricciones bajo un sistema de disciplina militar que es mucho más más amplio que el control habitual de un empleador sobre un empleado. Sin embargo, es notable que algunos cuerpos legales han tratado a los miembros de las Fuerzas Armadas como «trabajadores» (León Castaño, S., 2018, págs. 56-74).

La libertad de asociarse con otros es un derecho fundamental que está claramente reconocido en la Declaración Universal de Derechos Humanos y los principales tratados de derechos humanos, incluido el Pacto Internacional de Derechos Civiles y Políticos, y de Derechos Económicos, Sociales y Culturales, así como el Convenio Europeo para la Protección de los Derechos Humanos y Libertades Fundamentales y la Carta Social Europea, y esto se extiende a la libertad de afiliarse a sindicatos (Mejía Cáez, M. R., 2017, págs. 38-63).

Además de estos, el art. 12 de la Carta de los Derechos Fundamentales de la UE establece que: «Toda persona tiene derecho a la libertad de reunión pacífica y a la libertad de asociación en todos los niveles, especialmente en los ámbitos político, sindical y cívico, lo que implica el derecho de toda persona a fundar con otros sindicatos y a afiliarse a los mismos para la defensa de sus intereses». La Carta es notable porque el derecho no es calificado en el caso de miembros de las Fuerzas Armadas. Sin embargo, no tiene el estatus de una norma jurídica directamente aplicable.

Desde la Conferencia de Madrid de 1983, la OSCE ha reconocido el derecho de los trabajadores a «establecer y afiliarse a sindicatos», dentro de la ley del estado respectivo. En la Conferencia de Copenhague Conferencia de 1990, la OSCE añadió el derecho de las personas a formar partidos políticos y organizaciones políticas, junto con el corolario del derecho de reunión y manifestación pacíficas. Cualquier restricción de estos derechos debe estar prescrita por ley (Lambert, A. , 2006, págs. 41-42).

La Conferencia también reconoció el derecho de los sindicatos a determinar su propia afiliación. Junto a estos derechos están las disposiciones más generales relacionadas con la libertad de expresión, el respeto por los demás y las diferencias culturales de las minorías. Ninguno de los documentos de la OSCE incluye compromisos específicos en relación con los sindicatos de las Fuerzas Armadas.

La Organización Internacional del Trabajo reconoce los derechos sindicales en una serie de convenciones internacionales, incluida la Libertad de Asociación y la Protección del Derecho a Organización de la Convención, 1948; el Convenio sobre el derecho de sindicación y de negociación colectiva, 1949; y la Convención de Negociación Colectiva, 1981. Estos establecen derechos importantes para trabajadores, incluido el derecho: a establecer y, sujeto solo a las reglas de la organización interesada, a afiliarse a organizaciones de su propia elección sin autorización previa (art. 2 de la Convención de 1948); a la autonomía sindical, libre de injerencia de las autoridades públicas (art. 3 de la Convención de 1948); y establecer y afiliarse a federaciones de sindicatos (art. 5 de la Convención de 1948) (Lambert, A. , 2006, págs. 41-42). La Convención de 1981 alienta a los estados a proporcionar y promover el uso de negociaciones voluntarias entre los empleadores o las organizaciones de empleadores y organizaciones de trabajadores, con miras a la regulación de los términos y condiciones de empleo por medio de convenios colectivos.

Si bien estos convenios están expresados en términos que se aplican a todos los trabajadores y todos los sectores, sin embargo, contienen cláusulas importantes. Arte. 9 de la Convención de 1948 establece: La medida en que las garantías previstas en el presente convenio se aplicarán a las Fuerzas Armadas y la policía serán determinadas por las leyes o reglamentos nacionales.

Una redacción similar aparece en las demás convenciones (art. 5 de la Convención de 1949 y art. 1.2 de la Convención de 1981). En denuncias ante el Comité de Libertad Sindical de la Organización Internacional del Trabajo sobre la conveniencia de tales restricciones, el Comité ha llegado a la conclusión de que las disposiciones relativas a las excepciones deben interpretarse de manera restrictiva (y no debe aplicarse, por ejemplo, a los civiles que trabajan para las

Fuerzas Armadas en la fabricación establecimientos o en el banco del ejército de un país). El comité ha declarado que, en los casos de duda, los trabajadores deben ser tratados como civiles (Leigh, I. D. y Born, H., 2008, pág. 69).

Un enfoque igualmente restrictivo se desprende del texto del Convenio Europeo para la Protección de los Derechos Humanos y las Libertades Fundamentales. El art. 11.2 establece: «Este artículo no impedirá la imposición de restricciones legales al ejercicio de estos derechos por miembros de las Fuerzas Armadas, de la policía o de la administración del Estado».

Restricciones similares aparecen en el art. 22 del Pacto Internacional de Derechos Civiles y Políticos Derechos.

La restricción del CEDH fue aplicada por la Comisión Europea de Derechos Humanos para rechazar la denuncia de una violación del art. 11 por trabajadores en un establecimiento de inteligencia del Reino Unido afectado por un cambio en sus condiciones de servicio negándoles el derecho a pertenecer a un sindicato (Council of Civil Service Unions and Others v. United Kingdom, 1987, pág. 228).

Asimismo, en el caso de Rekvényi c. Hungría, se encontró que no hubo violación del art. 11 al prohibir a los miembros de las Fuerzas Armadas, la policía, y los servicios de seguridad se afilien a cualquier partido político o participen en diversas formas de protesta pública.

El caso «Rekvényi vs. Hungría» se refiere a un policía húngaro que fue despedido por su afiliación a un partido político de la oposición. El oficial argumentó que su despido violaba su derecho a la libertad de asociación, protegido por el artículo 11 del Convenio Europeo de Derechos Humanos.

La Corte Europea de Derechos Humanos en su sentencia de 1999 determinó que el artículo 11 del Convenio Europeo de Derechos Humanos se aplicaba a los funcionarios públicos, incluyendo a la policía y a las fuerzas armadas. Sin embargo, la Corte no aclaró si la limitación del derecho a la libertad de asociación estaba sujeta a la prueba de proporcionalidad, lo que significa que no se estableció si la limitación estaba justificada en interés del Estado.

Por lo tanto, la sentencia de la Corte en el caso «Rekvényi vs. Hungría» dejó abierta la cuestión de si la limitación del derecho a la libertad de asociación de los miembros de las fuerzas armadas y otros funcionarios públicos estaba sujeta a la prueba de proporcionalidad. Esto significa que aún existe incertidumbre en cuanto a la aplicación de la limitación del derecho a la libertad de asociación en el contexto de los funcionarios públicos.

De esta jurisprudencia se desprende claramente que el concepto de «restricción lícita» del art. 11.2 no significa que todas las leyes internas que restringen derechos serán necesariamente compatibles con la Convención. Los órganos de la Convención emplean una prueba cualitativa: una restricción legal debe ser previsible en su efecto y debe haber ausencia de arbitrariedad[94].

---

94 Rekvényi c. Hungría (demanda núm. 25390/94, sentencia de 20 de mayo de 1999).

Algunos comentaristas han cuestionado si una restricción en virtud del art. 11.2 puede operar para quitar el derecho de asociación por completo. En el caso Rekvényi, la Corte prefirió deja abierta la cuestión relacionada de si el art. 11.2 estaba sujeto a una prueba de proporcionalidad cuando se aplicaba a la policía, miembros de la administración del estado y las Fuerzas Armadas[95].

Es mejor considerar la cuestión como indecisa. Ciertamente se podría argumentar que el interés del estado podría estar adecuadamente protegidos mediante restricciones a la realización de acciones colectivas en lugar de sobre la afiliación a los sindicatos per se.

Esta conclusión a favor de una respuesta proporcionada también está respaldada por el resultado de las impugnaciones internas a tales restricciones en los tribunales constitucionales de Polonia y España. En Polonia en 2000, el Tribunal Constitucional dictaminó que la prohibición de afiliarse a sindicatos en las Fuerzas Armadas era constitucional siempre que hubiera medios alternativos para ejercer el derecho a la libertad de asociación.

En España, el Tribunal Constitucional dictaminó en 2000 que los miembros de las Fuerzas Armadas tenían el derecho constitucional de participar en los órganos que representaban sus intereses sociales y económicos, siempre que estos órganos no tuvieran la intención de participar en acción industrial (Leigh, I. D. y Born, H., 2008, págs. 15-17).

Tabla 1. Reconocimiento de los derechos civiles y políticos del personal de servicio en determinados Estados participantes de la OSCE

	El derecho a unirse a un partido político	El derecho a presentarse a las elecciones	Libertad de asociación
Reconocido en la legislación	Austria, Chipre, Alemania, Italia, Malta, Noruega, Suecia, Suiza, Reino Unido	Albania, Austria, Chipre, República Checa, Dinamarca, Estonia, Finlandia, Alemania, Italia, Letonia, Malta, Montenegro, Noruega, Polonia, Eslovenia, Suecia, Suiza	Albania, Austria, Chipre, República Checa[96], Dinamarca, Estonia, Finlandia, Alemania, Italia[97], Letonia, Lituania, Malta, Montenegro, Noruega, Eslovenia, Suecia, Suiza

95 Sin embargo, en su anterior decisión sobre admisibilidad en el caso del Consejo de Sindicatos de la Función Pública, la Comisión encontró que el término «restricciones legales" en la segunda oración del párr. 2 del art. 11 podría incluir una prohibición de la arbitrariedad, aunque no se pronunció con firmeza al respecto.

96 No se permiten sindicatos.

97 No se puede asistir de uniforme a las reuniones políticas.

Prohibida o no reconocida	Albania, Azerbaiyán, Bosnia y Herzegovina, República Checa, Dinamarca, Estonia, España, Finlandia, Grecia, Irlanda, Letonia, Lituania, Montenegro, Polonia, Rumania, Eslovaquia, Eslovenia	Azerbaiyán, Bosnia y Herzegovina, Grecia, Irlanda, Lituania, Rumania, Eslovaquia[98], España y El Reino Unido	Azerbaiyán, Bosnia y Herzegovina, Grecia, Irlanda, Polonia, Rumania, Eslovaquia[99] y España

Fuente: elaboración propia a partir de la OSCE (2021)

Cuando se imponen restricciones al derecho a la libertad de reunión pacífica en virtud del artículo 11 (2), el Consejo de Ministros del Consejo de Europa recomienda que tales restricciones sean prescritas por la ley cuando sea necesario en una sociedad democrática en interés de la seguridad nacional o la seguridad pública, para la prevención de desórdenes o delitos, para la protección de la salud o la moral, o para la protección de los derechos y libertades de los demás[100]. El artículo 21 del Pacto Internacional de Derechos Civiles y Políticos no permite específicamente restricciones al derecho a la libertad de reunión del personal de servicio [a diferencia del artículo 11 (2) del CEDH], los Estados Partes del Pacto Internacional de Derechos Civiles y Políticos deberían, en cualquier caso, seguir los requisitos para limitar este derecho establecidos en el Pacto Internacional de Derechos Civiles y Políticos [que son muy similares a los establecidos en el artículo 11 (2) del CEDH]. En la práctica, la mayoría de las restricciones impuestas a los miembros de las Fuerzas Armadas están relacionadas con la seguridad nacional, el orden o la seguridad públicos.

El párrafo 23 del Código de Conducta de la OSCE sobre Aspectos Político-Militares de Seguridad establece que, «al tiempo que garantiza los derechos civiles de cada miembro del servicio, cada Estado se asegurará de que sus Fuerzas Armadas sean políticamente neutrales». El equilibrio entre el interés común en la neutralidad política de las Fuerzas Armadas en su conjunto y los derechos políticos de los miembros individuales de las Fuerzas Armadas se puede establecer de diversas formas. Como puede verse en la Tabla 1, varios Estados participantes de la OSCE aplican restricciones a los derechos del personal de servicio a afiliarse a un partido político o presentarse a cargos políticos.

98 El personal militar en servicio activo no puede participar en reuniones de partidos políticos.

99 El personal militar en servicio activo no puede participar en sindicatos ni reuniones de partidos políticos.

100 Consejo de Europa, Recomendación CM / Rec (2010) 4, *op. cit.*, nota 26, párr. 53.

Una comparación de los sistemas de derecho militar europeo destaca tres enfoques del nivel de participación política permitido para el personal de servicio, a saber:

- Políticas de neutralidad política sumamente restrictivas.
- Políticas de neutralidad política moderadamente restrictivas.
- Políticas menos restrictivas de neutralidad política (Nolte, G. y Heike, K., pág. 77).

Las políticas altamente restrictivas aseguran efectivamente la invisibilidad de las Fuerzas Armadas en el debate público. Este enfoque busca asegurar la neutralidad, de hecho, aislando a las Fuerzas Armadas y separándolas de la participación política activa (León Castaño, S., 2018, pág. 57). Estas políticas pueden estar justificadas por el deseo de evitar la repetición de la intervención militar en la vida política (como es el caso de España).

De manera similar, en Polonia, el artículo 26 (2) de la Constitución establece que «[l] as Fuerzas Armadas observarán la neutralidad en materia política y estarán sujetas a procedimientos civiles y democráticos de control».

En 2002, el Tribunal Constitucional de Polonia sostuvo que las restricciones severas a las actividades políticas de los miembros de las Fuerzas Armadas no eran inconstitucionales[101]. El Tribunal concluyó que las disposiciones legales impugnadas que prohíben la pertenencia a un partido político se ajustaban a los principios constitucionales de la libertad de creación y funcionamiento de los partidos políticos, proporcionalidad, igualdad, libertad de asociación e igualdad de acceso a la función pública, así como al artículo 22 del Pacto Internacional de Derechos Civiles y Políticos y los artículos 11 y 17 del CEDH. El Tribunal declaró que:

> «La neutralidad de las Fuerzas Armadas en materia política (art. 26.2 de la Constitución) tiene dos vertientes. En primer lugar, significa que las Fuerzas Armadas no pueden ser una entidad autónoma dentro de la estructura política estatal, capaz de influir en las decisiones políticas de los órganos constitucionales estatales. Esta neutralidad política se asegura, en particular, mediante el control civil, sometiendo a los militares a los órganos constitucionales de la república. El segundo aspecto de la neutralidad de las Fuerzas Armadas es que deben ser apartadas de la esfera de influencia directa de los partidos políticos».

Las políticas moderadamente restrictivas de neutralidad política, por otro lado, buscan restringir la forma en que el personal de las Fuerzas Armadas participa en la vida pública. El objetivo es evitar la apariencia de que los militares y / o los individuos identificados como personal de servicio están públicamente alineados con una causa política. En Finlandia, por ejemplo, el

101 Tribunal Constitucional de Polonia, Comisionado de Derechos de los Ciudadanos contra el Estado, 10 de abril de 2002, caso núm. K 26/00.

personal militar puede presentarse a las elecciones locales como candidatos independientes, pero no participar en actividades políticas, publicidad electoral y manifestaciones mientras esté uniformado[102].

Se aplican restricciones similares en Italia, Bélgica y el Reino Unido (Nolte, G. y Heike, K., págs. 79-80). En el Reino Unido, se pueden imponer limitaciones al personal de servicio que ocupe cargos en partidos políticos, pero no sobre la afiliación a partidos políticos.

Las políticas menos restrictivas de neutralidad política tienen como objetivo fomentar la participación política limitando las restricciones a los derechos políticos de los miembros de las Fuerzas Armadas, siempre que el ejercicio de tales derechos no interfiera con el deber militar.

Los Países Bajos siguen este enfoque e incluso permiten, en determinadas circunstancias, que se celebren manifestaciones en instalaciones militares o la participación de personal de servicio uniformado en reuniones públicas. Al igual que con los medios altamente restrictivos, la razón fundamental de las restricciones mínimas puede ser proteger los valores democráticos.

El enfoque alemán de «ciudadano en uniforme», por ejemplo, tiene como objetivo promover los principios democráticos en el ejército permitiendo la participación política de miembros individuales de las Fuerzas Armadas.

Todos estos enfoques han demostrado ser efectivos en términos de garantizar la práctica democrática y equilibrarla con los derechos individuales de los miembros de las Fuerzas Armadas (Cienfuegos, S. C. y Donoso, R. C., 2018, págs. 131-154).

Si bien no se puede prescribir un enfoque único, todos los enfoques requieren sensibilidad como hasta cuando la actividad política realmente cuestiona la neutralidad de las Fuerzas Armadas y cuando las restricciones a los derechos de las personas son excesivas. Las restricciones a los derechos del personal de servicio que tienen en cuenta los diferentes tipos de cargos políticos, los diferentes grados de participación política y los requisitos de los diferentes contextos militares pueden justificarse más fácilmente.

En ese sentido, se prefieren las políticas menos restrictivas que se centren en las circunstancias individuales. Al mismo tiempo, la historia o situación particular de un Estado puede requerir un enfoque más restrictivo para establecer y mantener la neutralidad política de las Fuerzas Armadas en apoyo de los procesos democráticos. También sería difícil justificar prohibiciones basadas en el tipo de visión política que apoya un miembro de las Fuerzas Armadas, excepto en el caso de un partido político que aboga por el derrocamiento de las instituciones democráticas (Hincapié, D. J. V.; Navarro, R. F. T., 2020, págs. 187-207).

---

102 Respuesta de Finlandia al cuestionario ODIHR-DCAF 2018.

En el caso Guja contra Moldavia de 12 de febrero de 2008, el TEDH decidió que los militares tienen derecho a la libertad de asociación, lo que significa que tienen el derecho de unirse a sindicatos y otros grupos de su elección. El TEDH también estableció que cualquier restricción a este derecho debe estar justificada y ser proporcional a un interés legítimo, como la seguridad nacional o la disciplina militar. En resumen, la sentencia reconoce la importancia de proteger la libertad de asociación de los militares y establece que cualquier restricción a este derecho debe estar justificada y ser proporcionada.

En la siguiente tabla se contempla un resumen de los derechos en diferentes países de la Alianza, apreciando una gran similitud entre los mismos:

Tabla 2. Resumen de derechos en diferentes países de la Alianza Atlántica en relación con las Fuerzas Armadas

Países de la Alianza Atlántica	Derecho de expresión	Derecho de asociación	Derecho de manifestación	Derecho de sindicación
Estados Unidos	Restringido: Los militares no pueden criticar públicamente al gobierno o a sus superiores ni revelar información clasificada.	Permitido: Los militares pueden formar y unirse a organizaciones sin fines de lucro.	Permitido: Los militares pueden participar en marchas y protestas pacíficas.	Prohibido: Los militares no pueden formar ni unirse a sindicatos o huelgas.
Canadá	Restringido: Los militares no pueden hacer declaraciones políticas o criticar públicamente a sus superiores.	Permitido: Los militares pueden unirse a organizaciones sin fines de lucro y asociaciones deportivas.	Permitido: Los militares pueden participar en manifestaciones pacíficas.	Prohibido: Los militares no pueden unirse a sindicatos o realizar huelgas.
Reino Unido	Restringido: Los militares no pueden hacer declaraciones públicas sin autorización previa.	Permitido: Los militares pueden unirse a organizaciones caritativas y deportivas.	Permitido: Los militares pueden participar en marchas y protestas pacíficas.	Prohibido: Los militares no pueden formar ni unirse a sindicatos o realizar huelgas.
Alemania	Restringido: Los militares no pueden hacer declaraciones públicas que puedan afectar a la seguridad o a la eficacia de las Fuerzas Armadas.	Permitido: Los militares pueden unirse a organizaciones sin fines de lucro y deportivas.	Permitido: Los militares pueden participar en manifestaciones pacíficas.	Prohibido: Los militares no pueden formar ni unirse a sindicatos o realizar huelgas.

Francia	Restringido: Los militares no pueden hacer declaraciones públicas que vayan en contra de los intereses de la Defensa Nacional.	Permitido: Los militares pueden unirse a organizaciones sin fines de lucro y culturales.	Permitido: Los militares pueden participar en manifestaciones pacíficas.	Prohibido: Los militares no pueden formar ni unirse a sindicatos o realizar huelgas.
Italia	Restringido: Los militares no pueden hacer declaraciones públicas sin autorización previa.	Permitido: Los militares pueden unirse a organizaciones deportivas y culturales.	Permitido: Los militares pueden participar en manifestaciones pacíficas.	Prohibido: Los militares no pueden formar ni unirse a sindicatos o realizar huelgas.
España	Restringido: Los militares no pueden hacer declaraciones públicas sin autorización previa ni criticar a sus superiores o al gobierno.	Permitido: Los militares pueden unirse a organizaciones sin fines de lucro y culturales.	Permitido: Los militares pueden participar en manifestaciones pacíficas.	Prohibido: Los militares no pueden formar ni unirse a sindicatos o realizar huelgas.

Fuente: elaboración propia

En la tabla se puede observar que, en general, la mayoría de los países restringen el derecho de sindicación para los militares, mientras que permiten el derecho de asociación. También se puede observar que, en muchos casos, los militares tienen ciertas limitaciones en el ejercicio del derecho de expresión, particularmente en lo que se refiere a la crítica del gobierno o de sus superiores, o a la revelación de información clasificada.

Algunas similitudes entre los diferentes países incluyen la prohibición o limitación del derecho de sindicación para los militares, y la necesidad de mantener la disciplina y la cohesión en las Fuerzas Armadas como justificación para las restricciones a los derechos de los militares. También se puede observar que muchos países permiten el derecho de asociación y el derecho de manifestación pacífica para los militares.

Entre las diferencias entre los países, se pueden mencionar las restricciones específicas que se aplican a cada derecho, así como la gravedad de las consecuencias en caso de violación de las regulaciones. Además, algunos países permiten una mayor libertad de expresión para los militares que otros, mientras que algunos países tienen regulaciones más estrictas para el ejercicio de los derechos de los militares en general.

En general, la tabla demuestra que existen diferencias significativas en la regulación de los derechos de los militares en los diferentes países de la Alianza Atlántica, lo que refleja las diferentes prioridades y necesidades de cada país en relación con sus Fuerzas Armadas.

CONCLUSIONES Y RECOPILACIÓN

Primera. En el ordenamiento jurídico español, cualquier persona es titular de la libertad de expresión, incluidos los miembros de las Fuerzas Armadas y de la Guardia Civil, con ciertas limitaciones, puesto que existen ciertos sectores de la población que, por motivo de la función que desempeñan, se someten a ciertos límites estrictos.

El ejercicio de los derechos fundamentales, tanto en el ámbito civil como en el militar, no es algo absoluto y carente de límites. Por ello, se requiere establecer una serie de contornos en los supuestos en los que se produzca una colisión o conflicto. Los militares tienen prohibidos o limitados algunos de los derechos y libertades que tiene el resto de los individuos, aunque estas situaciones deben respetar el ordenamiento y la normativa constitucional, teniendo en cuenta que los principios sobre los que gira la libertad de expresión en las Fuerzas Armadas son la disciplina, la reserva sobre asuntos del servicio y la neutralidad política. En el art. 20 de nuestra Ley Fundamental se reconoce el derecho de todos a expresar y difundir libremente pensamientos, ideas y opiniones. Es, probablemente, la libertad pública más analizada de las que el nuevo sistema político trajo consigo.

Los límites vienen de la propia naturaleza de derecho, de su coexistencia con los derechos de los demás o, como ocurre en el presente caso, de la naturaleza intrínseca de las instituciones del Estado, constitucionalmente definidas.

Segunda. Por lo que respecta a la afiliación sindical, los agentes de policía local no tienen ninguna limitación y pueden afiliarse a cualquier sindicato de forma libre, de acuerdo con los arts. 1.1 y 1.2 de la LOLS.

No obstante, el art. 1.3 de la LOLS establece que »quedan exceptuados del ejercicio de este derecho los miembros de las Fuerzas Armadas y de los Institutos Armados de carácter militar», entre los que ha de incluirse a la Guardia Civil, según la legislación correspondiente. A estos funcionarios ni se les incluye en la LOLS ni se les reconoce la libertad sindical, exceptuándose de dicho ejercicio y careciendo de la condición de titulares del mismo. Esta exclusión se encuentra ampara por los Tratados y Convenios internacionales ratificados por España, que de forma expresa establecen la posibilidad de que se limite el derecho de sindicación de los miembros de las Fuerzas Armadas.

Esta legislación se fundamenta en el mantenimiento de la neutralidad sindical de los militares, por lo que no podrá ejercer el derecho de sindicación y, en consecuencia, no podrá fundar ni afiliarse a sindicatos ni realizar actividades sindicales. Tampoco permitirá su ejercicio en el ámbito de las Fuerzas Armadas, salvo las que para el personal civil se contemplan en la Ley Orgánica 11/1985, de 2 de agosto, de Libertad Sindical y demás legislación aplicable. Asimismo, no pueden acudir a los medios propios de la acción sindical, entendida como negociación colectiva, adopción de medidas de conflicto colectivo y ejercicio del derecho de huelga. Tampoco podrán realizar acciones sustitutivas o similares a este derecho, ni aquellas otras pactadas con el objetivo de modificar el normal funcionamiento de las unidades de las Fuerzas Armadas.

Los miembros de las Fuerzas Armadas en activo no tienen, hoy por hoy, reconocido ningún derecho de asociación profesional. La Guardia Civil, por su parte, está sujeta a la misma exclusión del derecho de libertad sindical y a las mismas obligaciones de neutralidad e imparcialidad. No en balde se trata de un instituto armado de carácter militar.

Tercera. Otro derecho limitado para este instituto es el derecho de huelga, entendida como una medida de presión, regulada en el art. 28.2 CE, que se materializa normalmente en la interrupción o suspensión temporal y concertada del trabajo, por iniciativa de los trabajadores, con abandono del centro de trabajo, para la defensa y promoción de sus intereses laborales y sociales. Sin duda, la ausencia colectiva en el trabajo es la manifestación más típica del fenómeno huelguístico, pero no la única. El modelo huelga-derecho se caracteriza por concebir a la huelga como un derecho subjetivo del trabajador (y en algunos sistemas nacionales del sindicato). El trabajador huelguista al ejercitar un derecho subjetivo goza de la inmunidad propia del que lo ejercita en su ámbito y para los fines que le son propios. La configuración de la huelga como un derecho contribuye sin duda a una función integradora y pacificadora del ordenamiento jurídico, al permitir la institucionalización del conflicto laboral ya que se crea una posición de «ventaja» del lado de la colectividad profesional como forma de compensar la desventaja social y económica de partida. La configuración de la huelga como un derecho subjetivo utilizado esencialmente en pro de la negociación colectiva implica prohibir al empresario cualquier comportamiento que se dirija a constreñir o sancionar su ejercicio legítimo, entendiéndose que se produce una fase de suspensión en la relación laboral que limita la libertad del empresario («inmunidad relativa»).

El derecho a la huelga no es un derecho absoluto, sino que puede ser objeto de limitaciones y restricciones, e incluso prohibiciones al mismo en determinadas circunstancias. Aparte de las Fuerzas Armadas y de la Policía, que son colectivos que habitualmente sufren restricciones y prohibiciones en lo referente a sus derechos colectivos, pueden señalarse otras restricciones del derecho de huelga como las de ciertas categorías de funcionarios públicos «que ejercen funciones de autoridad en nombre del Estado», sin que deban incluirse dentro de este grupo a los maestros de centros de enseñanza públicos, ni a los trabajadores de correos, ni a los empleados de ferrocarriles, así como tampoco al personal civil de las instituciones militares que no tiene a su cargo la prestación de servicios esenciales propiamente dichos. Bajo el concepto trabajadores, por tanto, en materia de libertad sindical, se deberían recoger tanto funcionarios, personal estatutario y administrativo como contratados laborales, y este era un canon aceptable, ante la inexistencia de ley que desarrollara el art. 28.2 CE.

Cuarta. Como criterio general, y con objeto de realizar una adecuada ponderación entre el alcance de las libertades de expresión e información del funcionario público, el Tribunal Constitucional ha estimado que deberán tenerse en cuenta el tipo de servicio prestado por aquél, el grado de jerarquización o disciplina interna al que esté sometido, la condición en la que actúe en el momento de ejercitar estos derechos y cualquier otra circunstancia del supuesto específico. Todo ello a la hora de verificar si mediante la conducta del empleado público se compromete la autoridad de sus superiores jerárquicos o si se ve afectado el buen funcionamiento del servicio, caso en el que se situaría fuera del ámbito de protección de los derechos del art. 20.1 CE.

En el caso concreto de los miembros de las Fuerzas y Cuerpos de Seguridad del Estado, la LOFCS contempla en su art. 5.5 el deber de mantener riguroso secreto respecto a todas las informaciones que conozcan por motivo o con ocasión del ejercicio de sus funciones, sin que se obliguen a manifestar las fuentes de información, excepto que el ejercicio de sus funciones o las disposiciones de la Ley les impongan actuar de otra manera. El propio régimen disciplinario del Cuerpo Nacional de Policía tipifica en su art. 7.h) como falta muy grave «la violación del secreto profesional cuando perjudique el desarrollo de la labor policial, a cualquier ciudadano o a las entidades con personalidad jurídica» y el art. 8.v) como falta grave la misma conducta cuando no se lesione la actuación del cuerpo.

Quinta. Los miembros de las Fuerzas Armadas (Ejército y Guardia Civil) ven moduladas o limitadas sus derechos de la comunicación incluso de forma más intensa. Pese a que tienen derecho a la libertad de expresión y a comunicar y recibir libremente información, también tienen una serie de límites específicos en el ejercicio de estos derechos, motivados por la necesidad de mantener una configuración idónea y eficaz en las Fuerzas Armadas, considerando los fines que les son encomendados. En este sentido, el principio jerárquico se erige como un valor esencial para el buen funcionamiento de estas instituciones, y se requiere una disciplina y organización rigurosas para garantizar su eficacia.

Por lo tanto, aunque los miembros de las Fuerzas Armadas tienen derecho a la libertad de expresión, se imponen ciertos límites en consideración a las necesidades específicas de la organización. En general, se espera que los miembros de las Fuerzas Armadas actúen dentro de los límites de la disciplina militar, lo que puede requerir una modulación o limitación de ciertas libertades comunicativas en interés de la seguridad nacional y la eficacia de la organización.

Sexta. Limitar los derechos de las Fuerzas Armadas con el fin de asegurar la neutralidad del militar es una técnica ampliamente establecida en el Derecho comparado. Nuestro Tribunal Supremo ha destacado la importancia de los límites concretos impuestos legalmente al entender que los miembros de las Fuerzas Armadas no sólo sufren las limitaciones generales comunes a cualquier ciudadano en sus libertades de información y expresión, sino también aquellas específicas. El Tribunal Supremo ha atribuido una especial capacidad limitativa de la libertad de expresión de los militares, incluso en manifestaciones efectuadas fuera de servicio, al deber de disciplina, considerada como valor esencial de la Institución Militar basada en respetar las reglas, internas y externas, que conforman el propio Instituto. En otro sentido, una expresión crítica realizada por un miembro de las Fuerzas Armadas que, por su contenido, formas y circunstancias, no altere la disciplina interna estará plenamente amparada por la libertad de expresión y no podrá ser coartada.

El Tribunal Supremo reconoce la importancia de equilibrar la necesidad de disciplina en las Fuerzas Armadas con el derecho fundamental a la libertad de expresión. Por lo tanto, se espera que los miembros de las Fuerzas Armadas actúen dentro de los límites de la disciplina militar y que las expresiones críticas sean evaluadas en función de su impacto en la disciplina interna.

En definitiva, el Tribunal Supremo reconoce la capacidad limitativa especial de la libertad de expresión de los militares debido al deber de disciplina, pero también establece que las expresiones críticas que no socaven la disciplina estarán plenamente amparadas por la libertad de expresión.

Séptima. Son motivaciones políticas diversas las que han suscitado esta opción legislativa de nuestro sistema jurídico, por la «neutralidad política» de estos cuerpos del Estado. De este modo, no se puede negar que, dada la importante misión que a las Fuerzas Armadas asigna el art. 8.1 de la Constitución, representa un interés de singular relevancia en el orden constitucional el que las mismas se hallen configuradas de modo que sean idóneas y eficaces para el cumplimiento de sus altos fines, de garantizar la soberanía e independencia de España, defender su integridad territorial y su ordenamiento constitucional.

En este contexto, también se impone la necesaria neutralidad de los miembros de las Fuerzas Armadas de carácter internacional. Así, la OTAN, la alianza política y militar más exitosa hasta la fecha, también contempla necesariamente límites a los derechos de los militares. En general, la disciplina militar, la seguridad nacional, la prevención del desorden y del delito, y los sistemas de información clasificada son las piedras angulares a través de las cuales se le ha otorgado a los Estados el poder de interferir legítimamente y limitar la libertad de expresión de las Fuerzas Armadas. El buen funcionamiento de un ejército requiere un régimen legal a través del cual los militares no puedan socavar la disciplina militar; y la Corte Internacional de Justicia no podía ignorar los deberes y responsabilidades específicas que corresponden a los miembros de las Fuerzas Armadas.

Cabe destacar la importancia de la neutralidad política en las Fuerzas Armadas y cómo esto se ha traducido en legislación correspondiente. También se destaca la necesidad de mantener la disciplina militar y garantizar la seguridad nacional y la prevención del desorden y del delito. En este sentido, se reconoce la importancia de encontrar un equilibrio entre la libertad de expresión y la disciplina en el ámbito militar, para garantizar la efectividad y el cumplimiento de las misiones asignadas a las fuerzas armadas.

El TEDH ha pronunciado varias sentencias sobre la libertad de expresión y otros derechos fundamentales de los militares.

En el caso Hadži-Nešić y otros contra Bosnia y Herzegovina, el TEDH determinó que los militares también tienen derecho a la libertad de expresión, pero que este derecho puede estar sujeto a restricciones legítimas en interés de la disciplina y la seguridad nacional. El tribunal considera que la libertad de expresión en el ámbito militar debe ser equilibrada con la necesidad de mantener la disciplina y la eficacia en la defensa del país. No obstante, los soldados y miembros del servicio militar tienen el derecho a expresarse y denunciar abusos de derechos humanos o actividades ilegales sin temor a represalias.

En el caso Rekvényi contra Hungría, el TEDH estableció que los militares tienen derecho a la libertad de expresión, pero que este derecho puede estar sujeto a restricciones legítimas en interés de la disciplina y la seguridad nacional. Sin embargo, en este caso, el TEDH encontró que la restricción impuesta por el Estado era demasiado amplia y no estaba justificada.

En el caso Guja contra Moldavia, el TEDH determinó que los militares tienen derecho a la libertad de asociación y que cualquier restricción a este derecho debe estar justificada y ser proporcionada.

En el caso Stojanović contra Serbia, el TEDH estableció que los militares tienen derecho a la libertad de pensamiento, conciencia y religión, y que cualquier restricción a estos derechos debe estar justificada y ser proporcionada.

En general, el TEDH reconoce que los militares también tienen derechos fundamentales y que cualquier restricción a estos derechos debe estar justificada y ser proporcionada. Sin embargo, el Tribunal también reconoce que, en algunos casos, la disciplina y la seguridad nacional pueden requerir restricciones legítimas a estos derechos.

Octava. Es importante realizar algunos esfuerzos añadidos a la causa de la neutralidad política para intentar determinar qué necesidades reales suscita. En esta tesis únicamente se ha buscado plantear algunos motivos que conducen a pensar en diferentes posibilidades sugerentes que, a través de la interacción de los diferentes actores, podría determinar el estatus jurídico-político de los miembros de nuestras Fuerzas Armadas y cuerpos de Seguridad del Estado.

Se debe realizar un llamado a realizar esfuerzos adicionales para explorar más a fondo las necesidades reales que impulsan la neutralidad política en las Fuerzas Armadas y los cuerpos de Seguridad del Estado. Esto podría contribuir a establecer un marco jurídico y político más claro para estas instituciones y garantizar su eficacia en el cumplimiento de sus misiones, al tiempo que se protegen los derechos y libertades fundamentales de sus miembros.

Novena. En el contexto militar, la libertad de expresión es importante para proteger los derechos humanos y promover la transparencia y la responsabilidad en las fuerzas armadas. Además, el ejercicio de la libertad de expresión también es crucial para garantizar la seguridad y la confianza del público en las fuerzas armadas.

Sin embargo, la disciplina es un valor fundamental en el ámbito militar, ya que garantiza la cohesión y el orden en las fuerzas armadas. En este sentido, los militares están sujetos a ciertos límites en el ejercicio de su libertad de expresión, especialmente en asuntos relacionados con el servicio en las fuerzas armadas.

La obediencia es vista como una virtud esencial en el ámbito militar, y se espera que los militares actúen dentro de los límites de la disciplina y cumplan con las órdenes recibidas. De este modo, es importante encontrar un equilibrio entre la libertad de expresión y la disciplina en el ámbito militar, para garantizar la efectividad y el cumplimiento de las misiones asignadas a las fuerzas armadas.

Así, se reconoce la importancia de la libertad de expresión en el ámbito militar, pero también se debe tener en cuenta que la disciplina es un valor fundamental en las fuerzas armadas, por lo que los militares deben actuar con responsabilidad y respetar los límites de la disciplina, especialmente en asuntos relacionados con el servicio en las fuerzas armadas.

En definitiva, pues, tras el estudio realizado debemos afirmar que la Constitución limita el ejercicio de ciertos derechos a un número de ciudadanos no por otro motivo si no por el hecho de pertenecer a un estamento determinado con clara responsabilidad en el engranaje y funcionamiento del Estado de Derecho o su particular situación en la sociedad, estos son: El Jefe del Estado Español y los miembros de su familia, magistrados, ciertos cuerpos de funcionarios del Estado (como los diplomáticos) así como los miembros de los ejércitos.

La Constitución Española y la legislación desarrollan toda una suerte de normas referentes a las Fuerzas Armadas atendiendo no a otra cosa que al principio de eficacia de estos; en base a esto, sin la debida neutralidad política de este colectivo no sería posible una evaluación positiva de su labor en cuanto al encargo constitucional recibido.

También debemos concluir que la actual coyuntura social y la opinión pública en particular pueden influir en la concepción que la sociedad tiene del militar, de tal modo que, dentro de lo positivo que es, se les vea con tanta naturalidad integrados en la sociedad que se tienda a perder de vista lo específico de este cuerpo de funcionarios vinculados de modo muy singular con la administración pública e incluso lo vital de su papel en el mantenimiento del orden constitucional.

De igual modo debemos concluir que en el contexto internacional se entiende necesario limitar el ejercicio de ciertos derechos a los estamentos castrenses, el uso de los llamados derechos políticos en pro del beneficio público, no sólo del propio estado particular, sino también cuanto al conjunto de estados que pueden conformar una entidad supranacional, como por ejemplo la Unión Europea o la OTAN.

Así la neutralidad política de los ejércitos se hace del todo necesaria y no se puede entender en modo alguno como una discriminación hacia los miembros de estos estamentos, si no que, reconociendo el derecho que les asiste como ciudadanos en el ejercicio de los Derechos Políticos, en base a su especial relación con el Estado y su responsabilidad en el desarrollo de las misiones que los diferentes cuerpos legales les encomiendan, se les limita el ejercicio de algunos de estos derechos.

No hablamos de supresión de los derechos políticos de los militares, sino de la justa limitación del ejercicio de estos en pro del bien común. Por todo ello, teniendo en cuenta el papel de las Fuerzas Armadas en la sociedad y su posición, los tribunales nacionales e internacionales han reconocido en diversas ocasiones la neutralidad política de las Fuerzas Armadas como un fin legítimo en cualquier sociedad democrática lo que ampara la limitación y exclusión de varios de los derechos fundamentales.

BIBLIOGRAFÍA

Abbou Francés, A., «La monarquía española en el discurso de Fernando Garrido: objetivación y subjetivación» en *Del siglo XIX al XXI: tendencias y debates*. Biblioteca Virtual Miguel de Cervantes, 2019, pp. 631-644.

Acosta Sánchez, M., «Ceuta y Melilla en las Estrategias de Seguridad española y europea», *Peace & Security-Paix et sécurité internationales (Euromediterranean Journal of International Law and International Relations)*, 2022, núm. 10.

Adán García, Á. J., «70 años de evolución estratégica en la OTAN. bie3», *Boletín IEEE*, núm. 14, 2019.

Aguiar de Luque, L., «Artículo 23, derecho de participación» en Alzaga Villaamil, O., *Comentarios a las Leyes Políticas*, Madrid, 1984.

Aldaz Casalod, M. y **Rueda Martín, M. Á.**, *Análisis de los límites de la eximente de obrar en cumplimiento de un deber en el ámbito castrense. En especial, el deber de obediencia*, Trabajo Fin de Grado, Universidad de Zaragoza, 2020.

Almendros González, M. A., «Derecho de asociación y derecho de sindicación de los miembros de las Fuerzas Armadas y de la Guardia Civil (Comentario a las Sentencias del Tribunal Europeo de Derecho Humanos de 2 de octubre de 2014, caso Matelly y caso Adefdromil)», *Revista de Trabajo y Seguridad Social (CEF)*, núm. 382, 2015.

Alonso de Antonio, Á. L., «La delimitación de la libertad de expresión en las fuerzas armadas por la sentencia 2171/2015, de 20 de mayo, de la sala de lo militar del Tribunal Supremo», *Revista de Cuadernos Manuel Giménez Abad*, núm. 10, 2015, pp. 265-269.

Alonso González, P. *et al.*, *El principio de igualdad y no discriminación en la retribución de trabajadores temporales contratados por la administración pública*, Máster Universitario en Abogacía, Universidad de Oviedo, 2020.

Álvarez Conde, E., *Curso de Derecho Constitucional*, Tecnos, 2000.

Álvarez Cuesta, H., «Libertad sindical: las garantías y privilegios de los representantes de los trabajadores desde la perspectiva de los derechos fundamental», *Relaciones laborales: Revista crítica de teoría y práctica*, Tirant lo Blanch, 2014.

Álvarez García, V., «Poderes de necesidad y Fuerzas Armadas (i): las respuestas jurídicas previstas por la legalidad ordinaria ante situaciones de crisis (1)», *Revista General de Derecho Administrativo*, núm. 50, 2019.

Álvarez González, D. *et al.*, *La inviolabilidad del domicilio en las actuaciones policiales*. 2022.

Álvarez Rico, M., *Principios constitucionales de organización de los Administraciones públicos*, Instituto de Estudios de administración local, 1986.

Álvarez Rodríguez, I., «Los derechos políticos de los miembros de las Fuerzas Armadas a la luz del principio de neutralidad política», *Estudios de Deusto*, vol. 62, núm. 2, 2014.

Álvarez Rodríguez, I., «El Derecho del ciberespacio. Una aproximación», *IDP: Revista Española de Derecho Militar*, núm. 30, 2019.

Amador Bautista, M. R. *et al.*, *Aprende en casa con #SanaDistancia en tiempos de #COVID-19*. 2020.

Andreski, S., «Military Organization And Society», *Routledge & Kegan Paul LTD*, London, 1968.

Antolí Cortés, R., *Análisis histórico comparativo de los tercios con el ejército español actual desde la perspectiva de la dirección de los recursos humano*, 2020.

Arenas Hidalgo, N. *et al.*, *La libertad de circulación en el territorio de los Estados (la libertad deambulatoria definida en el art. 2 del Protocolo Adicional 4o al CEDH)*.

Argüelles Blanco, A. R., «Recepción en España y dificultades de aplicación de los convenios fundamentales de la OIT: en particular, sobre los convenios núm. 87 y núm. 98», *Documentación Laboral*, núm. 116, 2019, pp. 17-26.

Arias Domínguez, Á., «Denegación del depósito de los estatutos del sindicato de Abogados adscritos al turno de oficio RDA (Red de Abogados)», *Revista de Jurisprudencia Laboral*, 2022, pp. 1-9.

Arlettaz, F. *et al.*, «¿Puede la OSCE (todavía) contribuir a la seguridad europea?: DOI: http://dx.doi. org.10.18847/1.15.10», *Revista de Estudios en Seguridad Internacional*, 2022, vol. 8, núm. 1, pp. 165-184.

Arteaga Martín, F. y **Fojón Lagoa, E.**, *El planeamiento de la política de defensa y seguridad en España*. Instituto Universitario General Gutiérrez Mellado de Investigación sobre la Paz, Seguridad y la Defensa, 2007.

Arteaga, F., «El presidente Macron y la "muerte cerebral" de la OTAN», *Real Instituto Elcano*, vol. 11.

Balaguer Callejón, F., «Soberanía popular y democracia en la Constitución española de 1978», *Revista de derecho político*, 1988, núm. 27-28.

Ballbé, M., *Orden público y militarismo en la España constitucional (1812-1983)*, Alianza Universidad, Madrid, 1983.

Ballena León, D. A., *Vulneración del derecho de libertad sindical por extinción arbitraria de la relación laboral del trabajador que se afilia a un sindicato durante el periodo de prueba*. 2022.

Bañón Martínez, R., «The spanish armed forces during the period of political transition, 1975-1985», *Armed forces and society in Spain. Past an present*, Columbia University Press, New York, 1988.

Barcelona Llop, J., *Los derechos colectivos en el ámbito de la policía local: libertad sindical, huelga y negociación colectiva*, Ponencia presentada en el seminario sobre relaciones colectivas, Barcelona, 2018.

Barrios Flores, L. F., «Las Fuerzas Armadas en la transición democrática de España», *Revista Iberoamericana de Autogestión y Acción Comunal (RIDAA)*, núm. 78, 2021.

Barros, M. y **Salvi, V.**, «Nuevas derechas y disputas memoriales: desafíos de un objeto de estudio en ciernes», *Clepsidra-Revista Interdisciplinaria de Memoria*, 2022, vol. 9, no 17, p. 6-11.

Bassols Coma, M. y **Serrano Alberca, J. M.**, «El artículo 149 de la Constitución en relación con el artículo 150, 2: Análisis de la delegación en materia de las competencias estatales exclusivas», *Revista de administración pública*, núm. 97, 1982.

Baylos, A., *Inmigración y derechos sindicales*, Bomarzo, Albacete, 2009.

Baz Tejedor, J. A., *La tutela judicial de los derechos fundamentales en el proceso de trabajo*, Lex Nova, Valladolid, 2006.

Beetham, D., «The quality of democracy: Freedom as the foundation», *Journal of Democracy*, núm. 4, vol. 15, 2004

Bilbao Ubillos, J. M., «La doctrina del TEDH en relación con los partidos políticos (art. 11 CEDH)» en *La influencia de los tratados europeos sobre derechos humanos en la participación y representación política*, Tirant lo Blanch, 2021. p. 167-205.

Blanco Valdés, R. L.:

— *Rey, Cortes y fuerza armada en los orígenes de la España liberal: 1808-1823*, Tesis Doctoral, Universidad de Santiago de Compostela, 1987.

— *La ordenación constitucional de la defensa*, Tecnos, Madrid, 1988.

Blanco, U., «Esto es lo que ha dicho Biden sobre enviar tropas estadounidenses a Ucrania», *CNN Wire Español*, 2022.

Blasco Avellaneda, A. C. *et al.*, *La libertad y la asistencia religiosas en el seno de las Fuerzas Armadas*, 2019.

Bonet i Pérez, J., «El estado de alarma en España y la cláusula derogatoria del Convenio Europeo para la Protección de los Derechos Humanos y las Libertades Fundamentales. *Revista de Derecho Comunitario Europeo*, vol. 24, núm. 67, 2020.

Bou Franch, V., *Tema 10: La Política Exterior y de Seguridad Común*, Universidad de Valencia, 2022.

Bueno, A., y **Bueno, A.**, «A la búsqueda de una doctrina española sobre reforma del sector de seguridad: estado de la cuestión». *Análisis GESI*, vol. 23, 2018, p. 2018.

Burdeau, G., *Derecho constitucional e instituciones políticas*, (trad. de Falcón Tello, R.), Editora Nacional, Madrid, 1981.

Calvo, J. L. *et al.*, «Estrategia militar de la OTAN: doctrinas y conceptos estratégicos», *Revista de Estudios en Seguridad Internacional*, vol. 8, núm. 1, 2022, p. 53-70.

Canalda Criado, S.:

— «La triple legitimación negociadora de los convenios colectivos de empresa: diferencias entre órganos unitarios y secciones sindicales», *Temas laborales: Revista andaluza de trabajo y bienestar social*, núm. 152, 2020, pp. 139-168.

— «Los derechos sindicales en las cooperativas: un estudio de su regulación en la negociación colectiva», *CIRIEC-España, revista de economía pública, social y cooperativa*, núm. 105, 2022.

Canals Ametller, D., «Género y normas» en *La evaluación de impacto normativo por razón de género: su aplicación efectiva en las instituciones europeas y en España*, Centro de Estudios Políticos y Constitucionales (España), 2020. pp. 15-34.

Cancio Fernández, R., «Aseveraciones falsas, juicios de valor y libertad de expresión en el ámbito castrense: la STC de 24 de abril de 2017», *Revista Aranzadi*, núm. 8, 2017.

Cano Hevia, J., «Fuerzas Armadas», en González Encinar, J. J. (dir.), *Diccionario del sistema político español,* Akal Editor, Madrid 1984.

Carmona Cuenca, E., «Estado de alarma, pandemia y derechos fundamentales ¿limitación o suspensión?», *Revista de derecho político*, núm. 112, 2021.

Carrascosa González, R., *Acoso sexual en el Ejército*. 2019.

Carreón Guillén, J. *et al.*, *Hacia la construcción de una esfera civil de seguridad e identidad pública*, Eleuthera, 2013, vol. 9, p. 99-115.

Caruso, T., *et al.*, *Organización del Tratado del Atlántico Norte. Aproximaciones teóricas y análisis*. 2019.

Casadevall, J. *et al.*, *Freedom of expression: essays in honour of Nicolas Bratza, president of the European Court of Human Rights*, Council of Europe, 2012.

Casado Burbano, P., *Iniciación al Derecho Constitucional Militar*, Editoriales de Derecho Reunidas, Madrid, 1986.

Casas Baamonde, M.ª E., «Vulneración del derecho fundamental de huelga en servicios esenciales por la imposición gubernativa de servicios mínimos. Prescripción, y no caducidad, de la acción resarcitoria de la vulneración del derecho, ejercida frente a la empresa ante la jurisdicción social, desde la firmeza de la sentencia contenciosa anulatoria de los servicios mínimos», *Revista De Jurisprudencia Laboral*, 2021.

Cavas Martínez, F., *El proceso laboral de tutela de la libertad sindical y demás derechos fundamentales*, Aranzadi, Navarra, 2004.

Cea Cienfuegos, S. y **Coronado Donoso, R.**, «Constitución y Fuerzas Armadas en el siglo XXI», *Derecho Público Iberoamericano*, núm. 13, 2018.

Chanca Guerra, J. A., «Eficiencia del Clima Organizacional y Desempeño Laboral del Instituto de Educación Superior Tecnológico del Ejército», *Revista Scientific*, vol. 6, núm. 22, 2021.

Climent Gallart, J. A., «El derecho de libertad sindical en la guardia civil a la luz de la jurisprudencia del TEDH (Casos Matelly y Sdefdromil) y de la STS (Sala de lo Social) de 22 de junio de 2016», *Lex social: revista de los derechos sociales*, vol. 7, núm. 1, 2017.

Cobo del Rosal, M. y **Boix Reig, J.**, *Constitucionalización de los límites penales al derecho de Asociación, en Derecho Penal y la Constitución*, Editoriales de Derecho Reunidas, Madrid, 1982.

Comité de Derechos Humanos de la Onu, *CCPR General Observación N.° 25: Artículo 25, El derecho a participar en los asuntos públicos, el derecho al voto y el derecho a la igualdad de acceso a la función pública*, 12 de julio de 1996

Consejo General Del Poder Judicial, «Buscador de Contenidos», *Poder Judicial*, 2015, www.poderjudicial.es/search/openDocument/dd77011c40fe491e.

Cordones Achi, D. *et al.*, *El Derecho a Huelga: Evolución Normativa; Desarrollo, Modalidades y Principios de la OIT*, 2022.

Correa, J., «La modernización del Ministerio de Defensa Nacional», *Anuario de Derecho Público Universidad Diego Portales*, 2010, p. 244-262.

Cosidó Gutiérrez, I., «La Guardia Civil en la defensa nacional», *Cuadernos de la Guardia Civil: Revista de seguridad pública*, núm. 23, 2001.

Cotino Hueso, L.:

— *El modelo constitucional de Fuerzas Armadas*, Universitat de València, 1999.

— «Los Reglamentos en España: la fuente del Derecho más común y quizá la más desconocida», *Revista Iusta,* 2007, vol. 1, no 26, p. 177-202.

Cruz Mantilla de los Ríos, P., *La identidad nacional de los Estados miembros en el Derecho de la Unión Europea*, Tesis Doctoral, Universidad de Sevilla, 2021.

Cruz Villalón, P., «El nuevo derecho de excepción (Ley Orgánica 4/1981, de 1 de junio)», en *Revista Española de Derecho Constitucional*, núm. 2, 1981.

Cuenca Curbelo, S., «El Convenio Europeo de Derechos Humanos. Según la jurisprudencia del Tribunal de Estrasburgo», *Revista de Derecho Comunitario Europeo*, 2021, vol. 25, núm. 69, pp. 795-799.

Cueto Méndez, S. *et al.*, *El derecho de la libertad sindical*. 2021.

Davidi, E., «La crisis del canal de Suez en 1956: el fin de una época en el Medio Oriente y el comienzo de otra», *Historia actual online*, núm. 10, 2006.

De Esteban, J. *et al.*, *El proceso electoral*, Labor, Barcelona, 1977.

De Esteban, J. y **González-Trevijano, P.**, *Curso de Derecho Constitucional Español*, III, Universidad Complutense, Madrid, 1994.

De Heras Durán, J. M., «Marco Jurídico interno de las funciones, no defensa, de las Fuerzas Armadas en tiempo de paz», *Cuadernos de estrategia*, núm. 116, 2002, pp. 177-223.

De la Cámara Hermoso, M., «Un nuevo concepto estratégico para una nueva OTAN», *Cuadernos de estrategia*, núm. 110, 2000.

De la Cerra Juan, J. C. *et al.*, *El derecho de asociación profesional de los miembros de las Fuerzas Armadas*, Tesis Doctoral, Murcia, 2022.

De la Fuente Fernández, J., *El camino hacia la igualdad entre mujeres y hombres. Especial referencia a las Fuerzas Armadas y fuerzas y cuerpos de seguridad de España*. Dykinson, 2021.

De la Iglesia Aza, L., «La clasificación profesional del personal estatutario. El desarrollo pendiente», *Temas laborales: Revista andaluza de trabajo y bienestar social*, núm. 159, 2021.

De la Villa, F., «Modernización de las Fuerzas Armadas durante el reinado de Juan Carlos I», *Araucaria: Revista Iberoamericana de Filosofía, Política, Humanidades y Relaciones Internacionales*, vol. 23, núm. 47, 2021, pp. 403-430.

De Lera-Ikergunea *et al.*, «El recuerdo público de una muerte política: historiografía periodística y etnografía de la ritualidad pública (José Luis Cano Pérez, 1949-1977)», *Cuadernos de Etnología y Etnografía de Navarra*, vol. 2020, núm. 94.

De Salas López, F. y **Laguna Sanquirico, F.**, «Las Reales Ordenanzas en el momento actual de la sociedad española», *Reis*, núm. 36, 1986.

De Vergottini, G., *Derecho Constitucional Comparado*, Madrid, 2005.

Del Arco Moreno, Á. L., «Clasificación legal de las fuerzas y cuerpos de seguridad en una ley mediatizada e inobservada», *Revista de Derecho de la UNED (RDUNED)*, 2021, no 27, p. 217-250.

Del Rey Guanter, S., «Órganos de representación unitario y proceso electoral en la función pública», *Temas labores: Revista andaluza de trabajo y bienestar social*, núm. 10, 1987.

Delpu, Pierre-Marie. *La masculinidad católica en la revolución: un aspecto de la politización de las masas en el Reino de las Dos Sicilias (1820-1848)*. Espacio, Tiempo y Forma, Serie V, Historia Contemporánea, 2021, p. 63-83.

Díaz Sanabria, C., *Una nueva visión de la OTAN frente al derecho internacional y sus implicaciones en el Estado colombiano*, Universidad Externado de Colombia, Bogotá, 2018.

Díez Alegría, M., «El cambio en el gobierno de la Defensa Nacional», en *Anales de la Real Academia de Ciencias Morales y Políticas*, núm. 52, 1975.

Díez Herrero, L., «Los derechos a la libertad de expresión e información en el marco del ejercicio de funciones públicas: comentario a la Sentencia del Tribunal Europeo de Derechos Humanos de 12 de febrero de 2008 #(asunto Guja contra Moldavia)», *Asamblea: revista parlamentaria de la Asamblea de Madrid*, núm. 18, 2008.

Domínguez-Berrueta de Juan, M. Á., y **Sánchez Hernández de Gatta, F. P.**, «El Modelo Policial ante el Tribunal Constitucional», *Revista de administración pública*, 123, 1990.

Egido Trillo-Figueroa, J. L. *El régimen disciplinario de las fuerzas y cuerpos de seguridad*, 2006, pp. 1000-1022.

Esteban Miguel, A., «Empleo público», *Anuario de Derecho Municipal*, núm. 15, 2021.

Estrada, A., «Los tribunales constitucionales y la eficacia entre particulares de los derechos fundamentales», *Teoría Constitucional y Derechos Fundamentales*, Comisión Nacional de los Derechos Humanos, 2007.

EUROPEAN COURT OF HUMAN RIGHTS, *Guide on Article 3 Protocol 1: Right to Free Elections*, Strasbourg, 2018. Disponible en: https://www.echr.coe.int/Documents/Guide_Art_3_Protocol_1_ENG.pdf.

Falsone, M., «Union Freedoms in the Armed Forces: Still a Taboo?», *Industrial Law Journal, Forthcoming*, 2021.

Fernández Arribas, J., «Operaciones de mantenimiento de paz», en *Aproximación a la historia militar de España*, 2006.

Fernández-Costales Muñiz, J., «La influencia de la Constitución española y la jurisprudencia constitucional en la configuración, desarrollo y consolidación del sistema español de relaciones laborales», *Revista de estudios políticos*, 2021, no 192, p. 95-126.

Fernández de Gatta Sánchez, D., *El estado de alarma por la epidemia del coronavirus y sus problemas constitucionales legales*, 2020, pp. 27-40.

Fernández de Gatta Sánchez, D., **Fernando Pablo, M. M.** y **Domínguez-Berrueta de Juan, M. Á.**, «Reforma policial y constitución: algunas claves para su interpretación», *Revista de Administración Pública*, núm. 109, 1986.

Fernández Espeso, C. «Defensa nacional y seguridad nacional», en el colectivo, *Libertades públicas y Fuerzas Armadas*, Ministerio de Educación y Ciencia e Instituto de Derechos Humanos, Madrid, 1985.

Fernández García, I.:

— *El ejercicio de derechos fundamentales por los militares*, Tesis Doctoral, Universidad de Santiago de Compostela, 2014.

— «La sujeción especial del militar tras la nueva Ley Orgánica de Derechos y Deberes», *Revista Española de Derecho Constitucional*, 2014.

— *Los derechos fundamentales del militar*, Ministerio de Defensa, 2015.

Fernández Pérez, X., *La huelga en la ley de urgente consideración: la ocupación como extensión del derecho de huelga*, 2020.

Fernández Segado, F.:

— «Artículo 8.º: las Fuerzas Armadas», *Comentarios a la Constitución Española de 1978*, Edersa, Madrid, 2006.

— «El estatuto jurídico-constitucional de las Fuerzas Armadas y su desarrollo legislativo. Balance de un cuarto de siglo», *Revista Española de Derecho Constitucional*, núm. 70, 2004, p. 189-230.

— «La libertad de expresión en la doctrina del Tribunal Europeo de Derechos Humanos», *Revista de estudios políticos*, núm. 70, 1990.

— «La participación militar en el estado de sitio y el modelo de régimen democrático», *Revista de Derecho Público*, núm. 96-97, 1984.

— «La posición constitucional de las Fuerzas Armadas en España: Reflexiones en torno al artículo 8 de la Constitución de 1978», *Derecho PUCP*, núm. 49, 1995.

— «La posición constitucional de las Fuerzas Armadas», *Revista Española de Derecho Militar*, núm. 67, 1996.

— «La reforma del ámbito competencial de la Jurisdicción Militar», *Revista del Centro de Estudios Constitucionales*, núm. 9, 1991.

— «Las restricciones de los derechos de los militares desde la perspectiva del ordenamiento internacional», *Revista de Estudios Políticos (Nueva Época)*, núm. 64, 1989.

Fernández-Roca Suárez, C. H., *La configuración de los derechos políticos de los militares en el marco jurídico-constitucional establecido para las Fuerzas Armadas*, Tesis Doctoral, Universidad Carlos III de Madrid, 2018.

Fernández-Zarza Asensio, J. F., *Libertad de enseñanza en relación con la ideología de género. Contenido y límites del derecho reconocido en el artículo 27 de la Constitución Española*, Trabajo de Fin de Grado, Madrid, 2018.

Ferreirós, A., «La neutralidad de Suecia y Finlandia, semejanzas, diferencias y futuro», *Boletín IEEE*, núm. 18, 2020.

Ferrero-Turrión, R., «La Estrategia de Seguridad Nacional y su contribución a los ODS», *La agenda 2030 y los ODS*, vol. 91, 2019.

Flores, F., «Las Fuerzas Armadas y la Defensa en la Constitución de 1978», en *V Congreso De Historia De La Defensa*, 2013, p. 81.4

Fojón, E., «Desarrollos tecnológicos militares frente a nuevos conceptos operativos», *Real Instituto Elcano Royal Institute*, 2019.

Freixes Sanjuán, T., «El Tribunal Europeo de Derechos Humanos y las libertades de la comunicación», *Revista de Derecho Comunitario Europeo*, núm. 7, vol. 15, 2003.

Frenkel, A., «"Disparen contra las olas": securitización y militarización de desastres naturales y ayuda humanitaria en América Latina». Íconos*: Revista de Ciencias Sociales*, núm. 64, 2019.

Frieyro de Lara, B., «Las Fuerzas Armadas española en la transición a la democracia», *Revista de historia actual*, núm. 4, 2006.

Gaddis, J. L., *Nueva historia de la Guerra Fría*, Fondo de Cultura Económica, 2012.

Gadea Rivas, M.ª D., **Pardos Martínez, E.** y **Pérez-Forniés, C.**, «Un análisis del gasto en defensa de los países de la Alianza Atlántica a largo plazo (1960-1999)», en *IX encuentro de economía pública, hacienda y medio ambiente*, Vigo, 2002.

Gajete Molina, Ó. J., «La evolución de la OTAN ante el intervencionismo ruso en el espacio postsoviético», *Instituto Universitario General Gutiérrez Mellado*, 2020.

Galán, C., «Amenazas híbridas: nuevas herramientas para viejas aspiraciones». *Real Instituto Elcano*, vol. 20, 2018.

Galbraith, J., *La anatomía del poder*, Ariel, 1983.

Gallegos García-Lorenzana, J. y **Díez Alcalde, J.**, «Las Fuerzas Armadas de diferentes países en la Protección Civil», *Cuadernos de estrategia*, 2013, núm. 165, pp. 181-214.

Gálvez Biesca, S. «Editorial. Medios de comunicación: la mediatización del pasado», *Historia y MEMORIA*, 2021, no 22, p. 11-26.

Gárate Castro, J., «Derecho de huelga y servicios esenciales», *Civitas: Revista española de derecho del trabajo*, núm. 75, 1996.

García Andrés, C., «La influencia de la Unión Europea en el espacio postsoviético: La asociación oriental (2009-2019)», *Historia Actual Online*, 2020, no 53, p. 31-42.

García Arias, L., «Las Fuerzas Armadas en la Ley Orgánica del Estado», *Revista de Estudios Políticos*, núm. 152, 1967.

García de Enterría, E. y **Fernández, T. R.**, *Curso de Derecho Administrativo*, I, Civitas, 4.ª ed., Madrid, 1986.

García Domínguez, E. *et al.*, *La construcción de la paz y la no violencia*. 2020.

García Gallo, A., *Manual de Historia de derecho español*, Tomos, II, Madrid, 1964.

García Manrique, R., «Libertad de expresión y declaraciones políticas de las universidades: Reedom of expression and political statements of universities», *Derecom*, 2021, núm. 31, p. 1.

García Murcia, J., «Libertad sindical», *Revista de Jurisprudencia Laboral*, 2021, pp. 1-11.

García Noriega, A., *Límites a la libertad de expresión por motivos profesionales*, Difusión Jurídica, Madrid, 2009.

García Ramírez, S. y **Morales Sánchez, J.**, «Recepción de la jurisprudencia interamericana sobre derechos humanos: libertad de expresión, jurisdicción militar y control de convencionalidad», *Cuestiones constitucionales*, núm. 29, 2013.

García Ruiz, M., «Los ejércitos ¿y la armada?», *Revista general de marina*, vol. 268, núm. 5, 2015.

García Salguero, V. M., «El derecho de reunión y manifestación del personal militar: situación actual y aspectos disciplinarios», *Escuela Militar de Estudios Jurídicos*, 2021, p. 267.

García Viña, J., «El concepto de libertad sindical individual en España», *Revista de Estudios Jurídico-Laborales y de Seguridad Social (REJLSS)*, núm. 4, 2022.

García-Andrade Gómez, J., «El «sector público» como referente actual del derecho administrativo», *Revista de administración pública*, núm. 209, 2019.

García-Encina, C. *et al.*, «España en la OTAN: una relación mediatizada por EEUU», *Revista de Estudios en Seguridad Internacional*, vol. 8, núm. 1, 2022.

García, L., «Esas delgadas líneas rojas», *BORDES*, núm. 24, 2022.

García Llorente, R. Milosevich, M.; **Molina Álvarez De Cienfuegos, I.**, «Apuntes para una renovación de la política española hacia los Balcanes Occidentales». *Análisis del Real Instituto Elcano (ARI)*, 2021, núm. 108, p. 1.

Garrós Font, I., «Los límites al derecho de acceso a la información pública. VV. AA.: Instituto Nacional de Administración Pública: Madrid. 2017. 296 p», *Revista del Instituto Español de Estudios Estratégicos,* 2019, núm. 13, pp. 143-166.

Gärtner, H.:

— «Neutrality as a model for the new eastern Europe?» *Institutfuersicherheit*, 2019. Disponible en: https://www.institutfuersicherheit.at/neutrality-as-a-model-for-the-new-eastern-europe/#_ftn4

— *Permanent Neutrality: A Model for Peace, Security, and Justice*, 2020.

— *et al.*, *Engaged Neutrality: An Evolved Approach to the Cold War*. Lexington Books, 2017.

Gifra Durall, J., «Las operaciones de paz de Naciones Unidas del Capítulo VII: ¿Excepción o práctica extendida?», *Revista del Instituto Español de Estudios Estratégicos*, núm. 2, 2013.

Gil Blanco-Rajoy, J. J., *La adhesión de la UE al Convenio Europeo de Derechos Humanos: antecedentes, problemática y perspectivas*. 2020.

Gilar-Corbi, R. *et al.*, *Desarrollando la inteligencia emocional en educación superior: evaluación de la efectividad de un programa en tres países*. 2019.

GOBIERNO DE ESPAÑA, Ley 2/1985, de 21 de enero, sobre protección civil. Agencia Estatal Boletín Oficial del Estado. Referencia BOE-A-1985-02092, BOE, 1985, no 22, p. 2092-2095.

Goerlich Peset, J. A., «La libertad sindical en la jurisprudencia del Tribunal Constitucional», en Casas Baamonde, M. E. y Rodríguez-Piñero y Bravo-Ferrer, M., *Comentarios a la Constitución española*, Ed. Fundación Wolters Kluwer España, Madrid, 2009.

Gómez Pardo, J. C. y **Monforte Moreno, F.**, «Desafíos de la digitalización en la ingeniería militar», *Calidad: Revista mensual de la Asociación Española para la Calidad*, núm. 1, 2021.

González Alonso, F., «Hacia una jurisdicción militar del siglo XXI. Algunas propuestas para la reforma de la justicia militar española a la luz de la jurisprudencia del TEDH», *Revista Española de Derecho Constitucional*, núm. 119, 2020.

González Casas, D., «Discapacidad, capacidad y derechos fundamentales en España: el ejemplo del tratamiento ambulatorio involuntario». *Revista Boliviana de Derecho*, núm. 28, 2019.

González de la Aleja, R., *La titularidad del derecho de huelga en especial en la función pública. Perspectivas jurídico-críticas*. Comares, Granada, 1999.

González Sierra, Y., «Reglamentación de la huelga: España de Damocles y resistencia», *Nueva Sociedad*, núm. 112, 1991

González Vallejo, R., «La Defensa Nacional, las Fuerzas Armadas y la Constitución Española de 1978», en el colectivo, *Posición constitucional de las Fuerzas Armadas en Iberoamérica y en España*, Tecnos-Universidad Hispanoamericana Santa María de la Rábida-Universidad de Sevilla, Madrid, 1992.

González-Deleito y Domingo, N., *La evolución histórica de la jurisdicción penal militar en España*, Tesis Doctoral, Universidad Complutense de Madrid, 1978.

Guindo Morales, S. «La protección de la mujer trabajadora frente al despido», *Relaciones Laborales y Derecho del Empleo*, 2020.

Guinea Bonillo, J., *Historia de la Política de Seguridad y Defensa de la Unión Europea*, Aranzadi/Civitas, 2021.

Guinea Bonillo, J., y **Anguita Osuna, J. E.**, *La acción social y humanitaria de las Fuerzas Armadas. La acción social y humanitaria de las Fuerzas Armadas*, Dykinson, 2019.

Guisao Álvarez, J. D., *Modernización estatal, militares y clase media. Colombia en las décadas de los 50 y 60*, 2020.

Gutiérrez David, M. E y **Alcolea-Díaz, G.**, «El "discurso del odio" y la libertad de expresión en el Estado democrático», *Derecom*, núm. 2, 2010.

Gutiérrez Sánchez, O. C., *Problemáticas del mundo contemporáneo*. 2021.

Hasse, K., «Significado de los derechos fundamentales» en *Manual de Derecho Constitucional*, Editorial Marcial Pons, Barcelona, 2001.

Henríquez Viñas, M., «Las tensiones de la justicia constitucional con el legislador y el juez ordinario», *Icade: Revista de la Facultad de Derecho*, núm. 112, 2021, pp. 1-14.

Herbón Costas, J. J.:

— «Una aproximación al concepto; de la Administración», actuación en *El mandato constitucional de objetividad en la actuación administrativa y el estatuto del militar*. Escuela Militar de Estudios Jurídicos, 2015, p. 103.

— «La gestión de las crisis en el marco de la Ley de Seguridad Nacional: la pandemia por COVID-19 y la necesidad de una urgente reforma», *Revista española de derecho constitucional*, vol. 41, núm. 121, 2021.

— «Los arrestos disciplinarios españoles y el Convenio Europeo de Derechos Humanos: necesidad de una reforma». *Revista de administración pública*, núm. 215, 2021.

— «Sobre el derecho de asociación profesional militar ¿Hacia una libertad sindical?», *Revista española de derecho militar*, núm. 97, 2011.

Hergueta Haro, J., *La suspensión de los derechos fundamentales en el ordenamiento jurídico español: los estados de alarma, excepción y sitio*. 2021.

Hernández Olivencia, A. R., «El militar y la libertad de expresión», *La Ley*, núm. 2, 1996.

Hernández Paliz, S. N., *Desde Estados Unidos con amor: de la Alianza para el Progreso a la Alianza para la Prosperidad del Triángulo Norte*. Tesis de Licenciatura, PUCE-Quito, 2020.

Hernández, Esther González. «El debate constituyente sobre el Título I de la Constitución española de 1978, o la Constitución "cenada"». *Historia constitucional: Revista Electrónica de Historia Constitucional*, 2019, núm. 20, pp. 681-713.

Herrero Fabregat, C. *et al.*, «Panorama geopolítico del mundo actual. El avance oriental de la OTAN y la guerra de Ucrania». *Didácticas Específicas*, 2022, núm. 26, pp. 139-146.

Herrero y Rodríguez de Miñón, M., «Tareas constitucionales de las Fuerzas Armadas: entre el interés nacional y la supranacionalidad», en *Anales de la Real Academia de Ciencias Morales y Políticas*. Ministerio de Justicia, 2001. pp. 223-240.

Hopmann, P. T., «Trump, Putin, and the OSCE», in *OSCE Yearbook 2018* (pp. 39-52). Nomos Verlagsgesellschaft mbH & Co. KG, 2019.

Huerta. Barajas, J. A., «Gobierno y administración militar en la II República española:(14 de abril de 1931/18 de julio de 1936)», *Boletín Oficial del Estado*, 2016.

Huidobro Salas, R. G., *Los derechos fundamentales del militar en España y Chile (Estudio comparativo del ordenamiento jurídico español y chileno)*, Tesis Doctoral, Universidad de Alicante, 2016.

Ienca, M. y **Andorno, R.**, «Hacia nuevos derechos humanos en la era de la neurociencia y la neurotecnología», *Análisis filosófico*, vol. 41, núm. 1, 2021.

Iglesias Machado, S., «La evolución del concepto de orden público a través de las constituciones españolas hasta 1812», *Revista de derecho UNED*, núm. 7, 2010.

Ituren Oliver, A. y **Esteve Segarra, A.**, «El derecho de huelga en tiempos del estado de alarma por el COVID-19». *Trabajo y derecho: nueva revista de actualidad y relaciones laborales*, 2020, núm. 65, p. 3.

Jiménez Jaén, M. E. *et al.*, *Institucionalización de las Relaciones Laborales (el caso español)*, Universidad de La Laguna, 2022.

Jiménez Villarreal, R. X., **Franchi, T.**, «Fuerzas Armadas y Seguridad Pública: estudio comparado de legislación en Ecuador y Brasil». *Revista de Relaciones Internacionales, Estrategia y Seguridad*, vol. 15, núm. 2, 2020.

Jordan Parra, L. O., *Los derechos fundamentales en el ámbito de la justicia militar y los procesos administrativos disciplinarios*, Tesis Doctoral, Universidad Nacional de San Agustín ,2019.

Lafuente Balle, J. M., *El Rey y las Fuerzas Armadas*, Editoriales de Derecho reunidas, 1987.

Laguna Sanquirico, F., «El Militar, Ciudadano de Uniforme, (Deberes y Derechos del soldado)», *Revista de Estudios Políticos*, núm. 56, 1987.

Lahera Forteza, J., *La titularidad de los derechos colectivos de trabajadores y funcionarios*, Consejo Económico y Social, Madrid, 2000.

Lambert, A., «Implementation of democratic control of armed forces in the OSCE region: lessons learned from the OSCE code of conduct on politico-military aspects of security», *Geneva Centre for the Democratic Control of Armed Forces,* 2006.

Landa Arroyo, C., «El control constitucional difuso y la jerarquía de los tratados internacionales de derechos humanos en la sentencia de la juez a Saquicuray». *Ius et Veritas*, núm. 11, 1995, pp. 171-179.

— «Las fuerzas armadas en la Ley Orgánica del Estado», *Boletín de información n.º 19-VI*, Octubre, 1967.

LEIGH, I. D. y **BORN, H.**, «Handbook on human rights and fundamental freedoms of armed forces personnel», *OSCE Office for Democratic Institutions and Human Rights (ODIHR)*, 2008.

LEIRA-CASTIÑEIRA, F. J. *et al.*, *El ejército sublevado y sus combatientes en la Guerra Civil española*, 1936-1939. 2020.

LEÓN BASTOS, C., *La interpretación de los derechos fundamentales según los tratados internacionales sobre derechos humanos*, Tecnológico de Monterrey, 1ª edición Reus, Zaragoza, 2010.

LEÓN CASTAÑO, S., «El marco normativo de los acuerdos colectivos no cubre las expectativas negociales de los empleados públicos sindicalizados». *Inciso*, vol. 20, núm. 2, 2018.

URRUTIA LIBARONA, I. y **URRUTIA PUJANA, L.**, «Crònica legislativa del País Basc. Segon semestre de 2020», *Revista de Llengua i Dret,* 2021, núm. 75, pp. 270-280.

LLOP CARDENAL, ELISA. «Crónica de jurisprudencia del Tribunal Europeo de Derechos Humanos, septiembre-diciembre 2021». *Revista de Derecho Comunitario Europeo*, 2022, vol. 26, núm. 71, pp. 269-298.

LOFFREDO, A., «L'inscindibilità di 'individuale' e 'collettivo' nella titolarità del diritto di sciopero» en LOFFREDO, A. (Coord), *La titolarità del diritto di sciopero*, Cacucci Ed. Bari, 2008.

LÓPEZ AGUILAR, J. F., «Defensa, interés nacional y seguridad colectiva: acotaciones conceptuales desde el ordenamiento constitucional español», en el colectivo, *Constitución y Derecho Público (Estudios en Homenaje a Santiago Varela)*, Tirant lo Blanch, Valencia, 1995.

LÓPEZ ÁLVAREZ, M.ª J., **MATORRAS DÍAZ-CANEJAS, A.** y **SÁNCHEZ-CERVERA VALDÉS, J. M.**, *Relaciones laborales colectivas*, Aranzadi/cívitas, 2022.

LÓPEZ BENÍTEZ, M., *Naturaleza y presupuestos constitucionales de las relaciones especiales de sujeción*, Civitas, Córdoba, 1994.

LÓPEZ DE GEA, J., *Derechos fundamentales y estatuto jurídico de las Fuerzas Armadas*, Tesis Doctoral, Madrid, 2013

LÓPEZ GUERRA, L., «La organización de los candidatos», en AA. VV., *El proceso electoral, Madrid*, 1977.

LÓPEZ HENARES, V., «Problemas jurídico políticos del poder militar», *Revista Española de Derecho Militar*, 1986.

LÓPEZ LORENZANA, A., *La cultura estratégica como factor determinante de las políticas de seguridad y defensa, el caso de España*, 2021.

López Pintor, R., «Opinión pública y encuestas de opinión en España», *Revista mexicana de opinión pública*, núm. 28, 2020.

López Ramón, F., *La caracterización jurídica de las Fuerzas Armadas*, Centro de Estudios Constitucionales, Madrid, 1987.

Rodríguez López, M.ª M., *Las responsabilidades en materia de prevención de riesgos laborales y su perspectiva desde la doctrina judicial*, Aranzadi/Cívitas, 2021.

Loretti, D., y **Lozano, L.**, *El derecho a comunicar: los conflictos en torno a la libertad de expresión en las sociedades contemporáneas*, Siglo XXI Editores, 2019.

Lozano Miralles, J., «El ejercicio de cada una de estas responsabilidades permiten al autor contar diversos capítulos de la historia más reciente de España y, lo más importante, sentar las bases para buscar pistas que puedan conducirnos a hacia esa democracia avanzada que anhela el autor».

Lubertino, M. J., «Aborto. Objeción de conciencia. TEDH. Ellinor Grimmark against Sweden, 11 de febrero de 2020 y Linda Steen against Sweden, 11 de febrero de 2020». *Revista Debates sobre Derechos Humanos*, núm. 5, 2021.

Magdaleno Alegría, A., «Los límites de las libertades de expresión e información en el Estado social y democrático de Derecho», *Teoría y realidad constitucional.*, Madrid, 2006.

Mamani Flores, R., *Adecuación de la Ley Numero 1405 Ley Orgánica de las Fuerzas Armadas de la Nación a la CPE con el fin de realizar control moral y social del efectivo militar para salvaguardar el bienestar y la estabilidad del Estamento militar*, Tesis Doctoral, Universidad Mayor de San Andrés, 2012.

Mantilla de los Ríos, P. C., «Identidad nacional y sistema del Convenio Europeo de Derechos Humanos: Una dudosa analogía», *Anales de Derecho*, Sevilla, 2020. Disponible en: https://revistas.um.es/analesderecho/article/view/452791/294091.

Manzano Sousa, M., «Conflictos de jurisdicción en la aplicación del régimen disciplinario de las Fuerzas Armadas a la Guardia Civil», *Revista General del Derecho*, núm. 538-539, 1989.

Maquiavelo, N., *Del arte de la guerra*, Tecnos, Madrid, 2003.

Marabel Matos, J. J.:

— «Delitos de odio y redes sociales: El derecho frente al reto de las nuevas tecnologías», *Revista de Derecho de la UNED (RDUNED)*, núm. 27, 2021.

— «La directiva inicial militar 5/2020, de 16 de marzo, en el marco del derecho de excepción», *Revista de Derecho de la UNED (RDUNED)*, núm. 29, 2022, pp. 351-388.

Maravall, J. A., «Ejército y Estado en el Renacimiento», *Revista de estudios políticos*, núm. 117, 1961.

Marín Lizarraga, F. J., *Derecho de asociación con fines profesionales en la Guardia Civil*, Editorial Reus, 2012.

Moreno Márquez, A. M.ª, «La seguridad y salud laboral del personal militar: principios inspiradores». *Temas laborales: Revista andaluza de trabajo y bienestar social*, 2006, núm. 83, pp. 75-100.

Martín Hernández, M. L., «Sentencia de la Audiencia Nacional (Sala de lo Social), de 19 de noviembre de 2018. 2019», *AIS : revista europea e iberoamericana de pensamiento y análisis de derecho, ciencia política y criminología*.

Martínez Alcañiz, A., «Guardia civil y derecho penal militar. una relación surgida a causa de la naturaleza militar de este instituto armado y la necesidad de proteger ciertos bienes jurídicos», *Revista española de derecho militar*, núm. 105, 2016.

Martínez Atienza, G.:

— *Fuerzas y cuerpos de seguridad*, Seguridad Pública y Privada, vLex, 2016, pp. 5-12.

— *La defensa nacional y su protección penal*. Ediciones Experiencia, 2020.

Martínez Cuevas, M.ª D., «Estados de alarma de 2010 y 2020 y las limitaciones sobre el derecho de huelga» en *Excepcionalidad y derecho: el estado de alarma en España*. Fundación Manuel Giménez Abad de Estudios Parlamentarios y del Estado Autonómico, 2021. pp. 385-416.

Martínez Martínez, P. A., *El control de la huelga en el modelo español y chileno*, 2018.

Martínez Rompeltien, S. *et al.*, «EL TEDH: de instrumento facilitador del proceso integrador europeo a fiscalizador de la propia Unión Europea», *Revista de Estudios Europeos*, 2022.

Masters, J., «The North Atlantic Treaty Organization (NATO)», *Council on Foreign Relations*, 2019.

Matía, J., Sala, T., Valdés, F., y **Vida, J.**, *Huelga, cierre patronal y conflictos colectivos*, Civitas, Madrid, 1982.

Mejía Cáez, M. R., «El derecho internacional de los Derechos Humanos, un nuevo concepto». *Justicia*, núm. 32, 2017.

Mesa Gil, M.ª D., *Los estados excepcionales. Límites a los derechos fundamentales*, 2021.

Millán Garrido, A.

— «El régimen penal y disciplinario de la guardia civil tras la Ley Orgánica 12/2007, de 22 de octubre», *Diario La Ley*, núm. 7057, 2008.

— *Régimen disciplinario de la Guardia Civil*, Editorial Trotta, Madrid, 1992.

Milne, S., *La venganza de la historia: La batalla por el siglo XXI*. Capitán Swing Libros, 2021.

Moll Noguera, Rafael, *et al.*, «La negociación colectiva en la función pública en Portugal y España: una aportación para el debate», *Lex Social: Revista de Derechos Sociales,* 2022, vol. 12, núm. 1, pp. 298-323.

Mollá Gutiérrez, A., *El Régimen Legal de las Incompatibilidades en el Sector Público y su Impacto en la Policía Municipal, a la luz de la Jurisprudencia*, 2021.

Monereo Pérez, J. L. *et al.*:

— «El derecho fundamental de huelga de los «empleados públicos»: un modelo de regulación insuficiente y la necesidad de su revisión», *Lex Social: Revista de Derechos Sociales*, vol. 11, núm. 2, 2021.

— «Las huelgas ilegales: especial referencia a la huelga político-social», *Lex Social: Revista de Derechos Sociales*, vol. 11, núm. 2, 2021, pp. 353-399.

Monereo Pérez, J. L., y **Rodríguez Iniesta, G.**, «El trabajo a tiempo parcial y su discriminación por la Seguridad Social (A propósito de la STC 91/2019, de 3 de julio)», *Revista de Derecho de la Seguridad Social, Laborum*, núm. 20, 2019, pp. 11-22.

Moradiellos, E., *Historia mínima de la Guerra Civil española*, Turner, 2016.

Morales Antoniazzi, M., y **Lobato, J.**, «Un Paso Al Frente: La Huelga Como Derecho Humano En El Sistema Interamericano De Derechos Humanos (A Step Forward: The Right to Strike as a Human Right in the Inter-American Human Rights System)». *Max Planck Institute for Comparative Public Law & International Law (MPIL)*, Research Paper, 2022.

Morales Villanueva, A., «Derechos y libertades del militar profesional», *Revista de estudios políticos*, núm. 37, 1984.

Mordehai Mironi, M. y **Schlachter, M.** (eds.), *Regulating Strikes in Essential Services: A Comparative'law in Action'Perspective*. Kluwer Law International BV, 2018.

Moreno Álvarez, M. Á., *La discriminación en el cese de los funcionarios interinos y medidas contra el fraude de ley*, Trabajo de Fin de Grado, Universidad de Huelva, 2021.

Moreno Barahona, M. *et al.*, «La contribución de España a la OTAN: el Flanco Este y sus relaciones con Rusia: DOI: http://dx.doi.org. 10.18847/1.15.6». *Revista de Estudios en Seguridad Internacional*, 2022, vol. 8, núm. 1, pp. 87-112.

Morillo García, C. M. *et al.*, *Constitucionalidad del Estado de Alarma en España Durante la Crisis Sanitaria de la COVID-19*, Trabajo de Fin de Grado, Universidad de Cádiz, 2022.

Muñoz Bolaños, R.:

«Militares y civiles: movimientos involucionistas en el proceso de transición y consolidación democrática (1975–1986)», *La Albolafia: Revista de Humanidades y Cultura*, 2018, no 14, p. 15-37.

— «Las Fuerzas Armadas y la legalización del PCE», *Rúbrica Contemporánea*, Vol. 2, núm. 4, 2013.

NATO, «NATO's purpose», *North Atlantic Treaty Organization*, 2020. Disponible en: https://www.nato.int/cps/en/natohq/topics_68144.htm

Sánchez-Rodas Navarro, C., «El artículo 138 de la Ley de la Jurisdicción Social: Luces y sombras del proceso de movilidad geográfica», *IUSLabor: Revista d'anàlisi de Dret del Treball*, 2022, núm. 1, pp. 213-249.

Navas-Sánchez, M.ª M., «Libertad de prensa y derecho de los periodistas a mantener la confidencialidad de sus fuentes de información», *El profesional de la información*, 2019, vol. 28, núm. 4.

Neves Mujica, J., *Derecho colectivo del trabajo: un panorama general*, Palestra Editores, 2017

NTI, *North Atlantic treaty organization (NATO)*, 2020. Disponible en: https://www.nti.org/learn/treaties-and-regimes/north-atlantic-treaty-organization-nato/

Nuñez Martínez, M., «El Tribunal Constitucional y las libertades del artículo 20 de la Constitución Española», *Revista de Derecho UNED*, núm. 3, 2008.

Oehling Hernann, H., *La Función Política del Ejército*, IEP, Madrid, 1967.

Ordóñez Solís, D., y **Cornelio Tácito, C.**, «La ética militar en el contexto jurídico español», *Revista española de derecho militar*, núm. 106, 2016.

Ávila Ordoñez, M.ª P. y **Ávila Santamaría, R.**, «Libertad de expresión: debates, alcances y nueva agenda» en Gómez Germano, G. (Ed.) *Organización de las Naciones Unidas para la Educación, la Ciencia y la Cultura*, 2011.

Ortega Carcelen, M., *Tema 4 del programa de Martin Ortega-Prohibición de la fuerza armada y mantenimiento de la paz*, 2011.

OSCE:

— *Charter of Paris for a New Europe*, 1990. Disponible en: https://www.osce.org/mc/39516.

— «Civil and Political Rights of Armed Forces Personnel», Report of the Fourth Meeting in the *ODIHR Human Rights Discussion Series for Representatives of the Forum for Security Co-operation*, Viena, 2014.

— *Concluding Document of the Second Follow-up Meeting*, Madrid, 1983. Disponible en: https://www.osce.org/mc/40871

— *Document of the Copenhagen Meeting of the Conference on the Human Dimension of the CSCE*, 1990. Disponible en: https://www.osce.org/odihr/elections/14304.

— *Human rights of armed forces personnel: compendium of standars, good practices and recommendations*, Warsaw, 2021.

Palomeque López, M. C., y **Álvarez de la Rosa, M.**, *Derecho del Trabajo*, Editorial Universitaria Ramón Areces, 2016.

Parejo Alfonso, L., «Eficacia, principio de la actuación de la Administración», en *Eficacia y Administración. Tres estudios*, MAP-BOE, Madrid, 1995.

Pastrana Buelvas, E., **Cabrera Ortiz, F.** y **Vera Piñeros, D**. *Seguridad multidimensional, poder nacional y nuevas amenazas de cara a un orden internacional en transición*, Colombia, p. 19.

Perdomo Ramos, T. P., «Avances en el Trabajo de las Fuerzas Militares de Colombia en torno a la Equidad de Género, el Enfoque Diferencial y la Prevención de Violencia basada en Género», *Revista Arista-Crítica*, vol. 1, núm. 1, 2021.

Pérez Alonso, Jose, *et al.*, *La selección de los trabajadores en el despido colectivo*, Trabajo de Fin de Grado, Universidad de Valladolid, 2019.

Pérez González, M., «Fundamentos jurídico-internacionales de las misiones de las Fuerzas Armadas en tiempo de paz», *Cuadernos de estrategia*, núm. 116, 2002, pp. 21-62.

Pérez Martín, J. L. *et al.*, *El régimen disciplinario de la Guardia Civil*, Tesis Doctoral, Universidad de Salamanca, 2011.

Pinilla García, A.:

— *El laberinto del 23-F*, Editorial Biblioteca Nueva/Universidad de Extremadura, 2010.

— *La legalización del PCE*, Alianza Editorial, 2017.

Pinto, M., *Pensando los poderes del gobierno en pandemia*, 2021.

Planells Boned, F., «El futuro de la OTAN: primera parte», *Boletín de Información*, núm. 195, 1986.

Porras Díaz, Óscar. *Límites jurídico-políticos a la adopción de la política común de seguridad y defensa de la UE:¿ pueden ser el art. 42 TUE y la PESCO el inicio de la creación de una defensa común efectiva?* 2020.

Porret Gelabert, Miquel, *et al.*, «La huelga, el asociacionismo sindical y el lockout en países desarrollados», *Revista Técnico Laboral*, 2009, vol. 31, núm. 122, pp. 565-631, 2009.

Puell de la Villa, F. y **Alda Mejías, S.**, *Los ejércitos del franquismo (1939-1975)*, Instituto Universitario General Gutiérrez Mellado/UNED, 2010.

Quiñones Infante, S., «El derecho constitucional a la libertad sindical: una mirada actual a su contenido y alcances», *Derecho y Sociedad*, núm. 51, 2018.

Quirós Diaz, A., «El recurso a la contratación de empresas militares y de seguridad privada. Realidad, presente y necesidad futura: estudio prospectivo objetivo 2030», *Análisis GESI*, núm. 19, 2019.

Ragone, S. y **Ruiz, S.**, «"Supremacismo judicial" al estilo alemán: la sentencia del Tribunal Constitucional sobre el programa de compras de bonos en mercados secundarios», *Anuario iberoamericano de justicia constitucional*, 2020, núm. 24, pp. 421-448.

Redacción Fundación Acción Pro-Derechos Humanos, «Artículo 28 de la Constitución Española», 2021. Disponible en: https://www.derechoshumanos.net/constitucion/articulo28CE.html

Redacción KCL GPRIS, *NATO and Finno-Swedish Neutrality*, 2020. Disponible en: https://kclgpris.com/2020/03/08/nato-and-finno-swedish-neutrality/#_ftn4

Redondo Saceda, L., «Las cláusulas de restricción en el Convenio Europeo de Derechos Humanos», *Teoría y realidad constitucional*, núm. 47, 2021.

Reverter Valls, J. L., «Los funcionarios interinos están integrados dentro del concepto de funcionarios de carrera. Posibilidades de nombramiento», *Anuario aragonés del gobierno local*, núm. 11, 2019.

Martel Robaina, A., «El régimen disciplinario de los empleados públicos», *Supervisión 21: revista de educación e inspección*, 2022, vol. 64, núm. 64.

Roca Suárez, C.F., *La configuración de los derechos políticos de los militares en el marco jurídico-constitucional establecido para las Fuerzas Armadas*, Tesis Doctoral. Universidad Carlos III de Madrid, 2018.

Rodríguez Cobos, R., «Relaciones en Europa del Este: Unión Europea-Federación de Rusia», *Cadernos de Dereito Actual*, 2021, núm. 15, pp. 336-351.

Rodríguez Devesa, J. M., *Derecho Penal Español. Parte Especial*, Dykinson, vol. II, 1995.

Rodríguez Gómez, L. T., **Giraldo Gómez, J.**, y **Calderón Suta, S. H.**, *La libertad de expresión en la jurisprudencia constitucional a la luz del control de convencional*, Universidad La Gran Colombia, Bogotá, 2017.

Rodríguez-Piñero Royo, M., «La huelga de los jueces», *El cronista*, 2009. Disponible en: http://www.forojudicialindependiente.es/2009/02/13/la-huelga-de-los-jueces

Rodríguez-Piñero, M., «Constitución, derechos fundamentales y contrato de trabajo», *Revista de Relaciones Laborales*, núm. 1-2,1996.

Rodríguez-Villasante y Prieto, J. L.

— *Comentarios a la Ley Disciplinaria de la Guardia Civil,* Ministerio del Interior, Madrid, 1993.

— *et al.*, «La reforma de la organización de la justicia militar española en la transición y consolidación democrática», *La Albolafia: revista de humanidades y cultura*, núm. 14, 2018, p. 83-106.

Roitto, M. y **Holmila, A.**, «Liquid neutrality: Paradoxes of democracy in Finnish and Swedish NATO discussions?», en *The Nordic Economic, Social and Political Model*. Routledge, 2021. pp. 91-123.

Rojas Caro, J., «El maltrato de obra a un interior en el Código de Justicia Militar», *Revista General de Derecho*, núm. 493-494, 1985.

Rojas Rivero, G. P., «La protección del derecho de huelga por la OIT en entredicho. Derecho Laboral», *Revista de doctrina, jurisprudencia e informaciones sociales*, 2020, vol. 63, núm. 277, pp. 7-16.

Roldán Martínez, A., «Convenio sobre la libertad sindical y la protección del derecho de sindicación, 1948 (núm. 87)», *Relaciones Laborales y Derecho del Empleo*, 2019.

Romero Ródenas, M. J. y **Moraru, G.**, «Derecho a la tutela judicial efectiva y libertad sindical: derecho de los sindicatos a acceder a la justicia», *Revista de Jurisprudencia Laboral (RJL)*, 2020.

Romero, E., *Breve historia de la Guerra Fría*. Nowtilus, 2018.

Roqueta Buj, R.:

— «La libertad sindical», *Revista del Ministerio de Trabajo e Inmigración*, núm. 93, 2011.

— *Tema. 4. Derechos Colectivos: la representación de los empleados públicos y los derechos de participación, negociación y reunión*. Primera Parte. 2019.

Roqueta Buj, R., y **Sala Franco, T.**, «Los derechos sindicales de los funcionarios públicos», *Los derechos sindicales de los funcionarios públicos*, Tirant lo Blanch, 2019, pp. 1-375.

Rubio Damián, F., «Condicionantes de las intervenciones exteriores de seguridad de la Unión Europea», *Anuario Español de Derecho Internacional*, vol. 28, 2012.

Rubio Llorente, F., «Los deberes constitucionales». *Revista Española de Derecho Constitucional*, núm. 62, 2022, pp. 11-56.

Ruiz Benítez, A., «Pandemia y Fuerzas Armadas ¿nuevos retos o no tanto?», *Global Strategy Report*, núm. 35, 2020.

Sáez Aznar, G., *Un cambio ausente. El orden público durante la primera parte del proceso de transición, 1975-1979*, Crítica, 2008, pp. 117-118.

Sala Franco, T. y **Albiol Montesinos, I.**, *Derecho Sindical*, Ed. Tirant lo Blanch, 9.ª ed, Valencia, 2003.

Salazar Fumero, Pablo *et al.*, *El Derecho a Huelga y La Garantía De Los Servicios Esenciales*, Trabajo de Fin de Grado, Universidad de La Laguna, 2021.

Sánchez Agesta, L., *El sistema político de la Constitución Española de 1978*, Editora Nacional, Madrid, 1980.

Sánchez Agesta, L., «La Constitución y las Fuerzas Armadas», en *Primeras Jornadas Fuerzas Armadas-Universidad*, CESEDEN., Madrid, 1982.

Sánchez de Rojas Díaz, E., *Entre la CSCE y la OSCE: la caída del «Schandmauer»*, 2020, pp. 157-188.

Sánchez Ferriz, R. y **Jimena Quesada, L.**, *La enseñanza de los Derechos Humanos,* Ariel, Barcelona, 1995.

Sánchez Ramírez, P. T., «El conflicto en Ucrania: el primer enfrentamiento serio de Rusia con Occidente durante la etapa de la Post-Guerra Fría», *Foro Internacional*, vol. 56, núm. 2, 2016. Disponible en: http://www.scielo.org.mx/.

Sánchez-Urán Azaña, M.ª Y. *et al.*, «En torno a los criterios flexibles para la designación de delegados sindicales: ¿Una cuestión cerrada?» *Revista de Estudios Jurídico Laborales y de Seguridad Social (REJLSS)*, núm. 4, 2022, pp. 130-158.

Santamaría Pastor, J. A., «Comentario al art. 23 CE», en Garrido Falla, F. *Comentarios a la Constitución*, Madrid, 1980.

Santaolalla López, F., «La jurisprudencia del Tribunal Constitucional sobre la libertad de expresión: una valoración», *Revista de Administración Pública*, núm. 128, 1992.

Scharffs, B. G., **Maoz, A.** y **Woolley, A. I.**, *Religious freedom and the law: emerging contexts for freedom for and from religión*, Routledge, 2018, pp. 55-58.

Schultz, T., «¿Podría Finlandia Unirse a La OTAN En Un Futuro Próximo?», *Deutsche Welle*, 2022.

Sedano Lorenzo, Á., «La Guardia Civil ante la ley penal militar», *Revista Jurídica de Castilla y León*, núm. 34, 2014.

Sempere Navarro, A. V., «Sobre la audiencia al delegado sindical en despidos disciplinarios», *Revista de Jurisprudencia Laboral*, núm. 7, 2020, p. 1-11.

Serra Cristóbal, R., «El derecho de asociación de los jueces: asociacionismo profesional y asociación del juez a asociaciones no profesionales», *Revista española de derecho constitucional*, 2008.

Serrano Alberca, J. M., «Comentario al artículo 8.1», en Garrido Falla, F. (dir.): *Comentarios a la Constitución*, Civitas, 2.ª ed., Madrid, 1985.

Smith Serrano, Andrés. «Naciones Unidas y el mantenimiento de la paz», *Política exterior*, 1998, pp. 51-65.

Soria González, I., «Patrimonio bibliográfico en bibliotecas históricas militares. La Biblioteca Central Militar», *Boletín de la ANABAD*, vol. 64, núm. 2, 2014.

Stuart Mill, J., *Sobre la libertad*. Ediciones Akal, 2017.

Suárez Pertierra, G., «Regulación jurídico-constitucional de las Fuerzas Armadas», *Jornadas de Estudio sobre el Título Preliminar de la Constitución*, vol. 4, 1988.

Subdirección General de Constitucional y Derechos Humanos, «Rafael Benavent Díaz contra España. Decisión. Demanda n.º 46479/10», *Boletín del Ministerio de Justicia*, 2018, no 2205.

Taibo, C., *Rusia frente a Ucrania: imperios, pueblos, energía*, Los Libros de la Catarata, 2020

Tchakarova, V., «Competing geopolitical approaches towards Eastern Europe», *AIES Fokus*, 4, 2017.

Templado, E., «Los derechos de libertad (II). Libertad de expresión e información. Límites», en *Derecho Constitucional*, Volumen I, 4ª Edición, 2000.

Teruel Lozano, G. M., *La transformación constitucional del Convenio Europeo de Derechos Humanos*, Civitas, Madrid, 2020.

Tomás Mallén, B., «La efectividad del Protocolo n.º 16 al Convenio Europeo de Derechos Humanos y su potencial impacto constitucional en España», *Estudios de Deusto*, 2022, vol. 70, núm. 1, pp. 387-420.

Touchard, J., *Historia de las ideas políticas*, Sidalc, 1970.

Trillo-Figueroa, F.:

— «Las fuerzas armadas en la Constitución española», *Revista de estudios políticos*, núm. 12, 1979, pp. 105-140.

— *Las Fuerzas Armadas en la Constitución Española: esbozo de una construcción institucional, Boletín de Información*, núm. 170, 1983

Utrero González, N., **Callado Muñoz, F. J.** y **Aiger Valles, M.**, «Liderazgo en el nuevo sistema de educación del Ejército de Tierra de España», *Revista de Educación*, núm. 385, 2019.

Vacas García-Alós, L. F., «Estudio sistemático de la jurisprudencia militar: Resumen de los primeros treinta años de jurisprudencia de la Sala de lo Militar del Tribunal Supremo (1988–2017)», *Colección Claves de la Jurisprudencia*, Madrid, 2018.

Vasileva, A., «Why the European Union Should Talk with the Eurasian Economic Union», *Security and human rights*, 2017.

Vázquez Hincapié, D. J. y **Téllez Navarro, R. F.**, «La defensa del orden constitucional y la sumisión de las Fuerzas Armadas al pueblo», *Via Inveniendi Et Iudicandi*, vol. 15, núm. 2, 2020.

Velásquez Zambrano, M.ª T. y **Farfán Lagarcha, M.ª B.**, «Determinación de las sanciones en los procedimientos administrativos y el derecho a la seguridad jurídica», 2021.

Velázquez, F. J. «España y los Convenios del Consejo de Europa», *Revista de Instituciones Europeas*, 1978, núm. 5.

Villagra Blanco, D., «Ley Orgánica por la que se regulan las bases de la defensa nacional y la organización militar», en *Cuadernos de Documentación*, núm. 35, Secretaría General Técnica, Presidencia del Gobierno, Madrid, 1980.

Villegas Guzmán, V. H., *Familia, matrimonio y unión de hecho en conflicto en el régimen disciplinario de las Fuerzas Armadas*, Tesis Doctoral, Lima, 2022.

Vivero Serrano, J. B., «El mantenimiento de los servicios esenciales de la comunidad en caso de huelga», ProQuest, Universidad de La Laguna, 2018.

Von Clausewitz, C., *De la guerra: versión íntegra*. La esfera de los libros, 2014.

Weber, M., «La disciplina y la objetivación del carisma», en *La institución militar en el estado contemporáneo*, Alianza, 1985.

Yaben Peral, M., *El deber de imparcialidad en el ejercicio de la función pública*, Editorial Bosch Administrativo, 2015.

Ybáñez Mostaza, F., *El derecho de huelga en los servicios esenciales para la comunidad, Universidad* Pontificia, Madrid, 2020.

Zapirain, H., «La libertad sindical y los miembros de las Fuerzas Armadas y la policía. Derecho Laboral», *Revista de doctrina, jurisprudencia e informaciones sociales*, vol. 61, núm. 269, 2018, p. 43-62.

JURISPRUDENCIA

- ATC de 30 de julio de 1983, n.º 375/1983, rec. 499/1982.
- Naciones Unidas. Joszef Debreczeny v. Netherlands, Comunicación n.º 500/1992, U.N. Doc. CCPR/C/53/D/500/1992 (1995). Comunicación pronunciada el 4 de abril de 1995.
- SAN de 11 de febrero de 2019, rec. 342/2018.
- STC de 10 de octubre de 1983, n.º 81/1983, rec. 42/1983.
- STC de 11 de julio de 1994, n.º 210/1994, rec. 2366/1993.
- STC de 11 de noviembre de 1991, n.º 214/1991, rec. 101/1990.
- STC de 13 de diciembre de 1993, n.º 371/1993, rec. 2469/1991.
- STC de 13 de mayo de 1991, n.º 101/1991, rec. 993/1985.
- STC de 14 de febrero de 1991, n.º 28/1991, rec. 852/1987.
- STC de 15 de octubre de 1982, n.º 62/1982, rec. 185/1980 y 402/1981.
- STC de 15 de septiembre de 2003, rec. 6316/2000.
- STC de 16 de noviembre de 1989, n.º 194/1989.
- STC de 17 de enero de 2000, n.º 6/2000, rec. 2677/1996.
- STC de 20 de abril de 1989, n.º 69/1989, rec. 66/1987.
- STC de 20 de junio de 1993, n.º 254/1993, rec. 1827/1990.
- STC de 20 de marzo de 1990, n.º 47/1990, rec. 1609/1987.
- STC de 22 de marzo de 1988, n.º 49/1988, rec. 990, 991 y 1007/1985.
- STC de 24 de abril de 2017, n.º 38/2017, rec. 7430/2015.
- STC de 24 de julio de 1986, n.º 107/1986, rec. 514/1985.
- STC de 24 de noviembre de 1987, n.º 187/1987, rec. 61/1986.
- STC de 27 de octubre de 1994, n.º 288/1994, rec. 1385/1993.
- STC de 29 de julio de 1985, núm. 97/1985, rec. 809/1983.
- STC de 31 de marzo de 1982, n.º 12/1982, rec. 227/1981.
- STC de 31 de octubre de 2001, n.º 219/2001, rec. 4077/1997.

- STC de 5 de octubre de 2000, n.º 235/2000, rec. 830/1992 y 2351/1993.
- STC de 8 de abril de 1981, n.º 11/1981.
- STC de 8 de junio de 1992, n.º 85/1992, rec. 1105/1889.
- STEDH de 12 de febrero de 2008, Guja vs Moldavia.
- STEDH de 19 de diciembre de 1994, Caso Vereinigung Demokratischer Soldaten Österreichs y Gubi Contra Austria.
- STEDH de 2 de octubre de 2014, Matelly v. Francia.
- STEDH de 20 de noviembre de 2012, Harabin v. Eslovaquia.
- STEDH de 22 de diciembre de 2009, «Hadži-Nešić y otros contra Bosnia y Herzegovina».
- STEDH de 8 de junio de 1976, caso Engel vs Países Bajos.
- STEDH, de 20 de mayo de 1999, caso Rekvényi contra Hungría.
- STMC de 29 de mayo de 2019, rec. 121/2018.
- STS de 11 de mayo de 2016, n.º 401/2014, rec. 3323/2014.
- STS de 14 de octubre de 2013, rec. 71/2013.
- STS de 16 de junio de 1993, n.º 30/1993.
- STS de 18 de febrero de 1994, rec. 1735/1992.
- STS de 19 de abril de 1993, n.º 20/1993.
- STS de 19 de enero de 2009, rec. 15/2008.
- STS de 20 de diciembre de 2005, rec. 76/2005.
- STS de 20 de mayo de 2015, rec. 144/2014.
- STS de 22 de diciembre de 2014, rec. 99/2014.
- STS de 24 de enero de 2018, n.º 79/2018, rec. 299/2017.
- STS de 26 de mayo de 2010, rec. 941/2007.
- STS de 29 de octubre de 2004, rec. 201/31/2003.
- STS de 30 de noviembre de 2004, rec. 6573/2001.
- STS de 5 de noviembre de 1991, n.º 3.468/1991.
- Tribunal de Apelaciones de los Estados Unidos en el caso »National Institute of Military Justice contra Department of Defense» en 2012.

Made in United States
Cleveland, OH
04 November 2026

47647978R00110